스토리만이 살길

지은이 **리사 크론**

출판, 방송, 영화, 광고계를 망라하는 세계적인 스토리 컨설턴트이자 전문 연사다. UC버클리를 졸업하고 유명 출판사 W. W. 노턴과 존 뮤어 출판사에서 문학에디터로 근무하며 유능한 편집자로 명성을 쌓았다.

베테랑 편집자 경력을 바탕으로 방송계의 러브콜을 받아 폭스TV, 미러맥스, 코트TV, 쇼타임 등에서 스토리 에디터와 선임 프로듀서로 활약했다.

이후 스토리텔링의 전쟁터인 할리우드로 넘어가, 미국 최대 영화사 워너브라더스를 비롯하여, 윌리엄 모리스 에이전시, 빌리지 로드쇼 등 굵직한 영화사에서 시나리오 각색을 돕는 스토리 컨설턴트로 일했다. 또한 안젤라 리날디 문학 에이전시에서 출판 에이전트로 활동하며 수많은 작가와 협업했다.

이러한 경험을 바탕으로 강연을 이어 나가며, 작가 지망생은 물론, 광고, 비즈니스, 마케팅 분야 종사자, 크리에이터들 사이에서 최고의 스토리텔링 강사로 인정받고 있다.

《스토리만이 살길》은《끌리는 이야기는 어떻게 쓰는가》《할리우드 스토리 컨설턴트의 글쓰기 특강》에 이은 그녀의 세 번째 책으로, '살아남는 스토리'의 핵심 노하우만을 담았다. 이 책은 오늘도 스토리를 통해 '콘텐츠'를, '브랜드'를, '나'를 각인시키려 고군분투하는 사람들을 위한 '가장 완벽한 스토리 바이블'이 되어 줄 것이다.

STORY OR DIE

: How to Use Brain Science to Engage, Persuade, and Change Minds in Business and in Life

Copyright ⓒ 2021 by Lisa Cron
All rights reserved.

Korean translation copyright ⓒ 2022 by BOOKIE Publishing House, Inc.
Korean translation rights arranged with Defiore and Company Literary Management, Inc. through EYA(Eric Yang Agency).

STORY
or
DIE

스토리만이 살길

콘텐츠 전쟁에서 승리하는 27가지 스토리 법칙

리사 크론 지음 | 홍한결 옮김

부·키

옮긴이 홍한결

서울대학교 화학공학과와 한국외국어대학교 통번역대학원을 나와 책 번역가로 일하고 있다. 쉽게 읽히면서 오래 두고 보고 싶은 책을 만들고 싶어 한다. 옮긴 책으로 《걸어 다니는 어원 사전》 《책 좀 빌려줄래?》 《인간의 흑역사》 《진실의 흑역사》 《한배를 탄 지구인을 위한 가이드》 등이 있다.

스토리만이 살길

초판 1쇄 발행 2022년 6월 17일 | 초판 8쇄 발행 2023년 3월 22일

지은이 리사 크론 | **옮긴이** 홍한결
발행인 박윤우
편집 김송은, 김유진, 성한경, 장미숙
마케팅 박서연, 이건희, 이영섭
디자인 서혜진, 이세연
저작권 백은영, 유은지
경영지원 이지영, 주진호

발행처 부키(주)
출판신고 2012년 9월 27일
주소 서울 서대문구 신촌로3길 15 산성빌딩 5-6층
전화 02-325-0846 | **팩스** 02-3141-4066
이메일 webmaster@bookie.co.kr
ISBN 978-89-6051-929-9 03320

만든 사람들
편집 김송은 | **디자인** 서혜진 | **조판** 이세연

참으로 묘한 시대에 자기 이야기를 펼치게 된
바이얼릿에게

그리고 자기 이야기를 너무 일찍 접어 버린
노아 더비코를 기리며

추천의 말

이 책은 '스토리를 활용해 잘난 체하는 법' 같은 걸 알려 주지 않는다. 스토리텔링 능력이 '이타심'에 근거한다는 매우 중요한 비밀을 이타적으로 알려 줄 뿐이다. 그리하여 먼지 쌓인 기억을 꺼내 자기반성하게 만드는 힘이 있다.

나의 반성은 주로 회의실에서 이루어진다. 직장인이라면 누구나 겪어 봤을 법한 그런 상황 있잖은가. 목에 핏대 세우며 A에 대해 열변을 토하는데 동료들이 시큰둥하게 "그래도 A보다는 B가 낫죠"라고 단정해 버릴 때. '나한테 왜 이러지?' 혹은 '저 사람 왜 저러지?' 싶은 도무지 이해하기 어려운 순간을 맞닥뜨릴 때. 그 답답함을 해결할 도리가 없어 퇴근 후 맥주 한잔이 간절할 때.

그럴 때마다 언변이 부족하다며 나를 탓하거나, 이해력이 부족하다며 남을 탓하기 일쑤이지 않은가. 하지만 알고 보면 그저 상대에 대한 배려가 부족했던 것뿐이다. 그리고 배려는 학습을 통해 얼마든지 발전시킬 수 있는 능력이다. 이 책은 그 사소한 진실을 스토리의 작동 원리에 비추어 깨닫게 한다.

유쾌하게 노하우를 나누어 주며 우리를 학습시키고 희망을 속삭여 주는 책을 만나 기쁘다. 저자가 《스토리만이 살길》을 통해 궁극적으로 전하고 싶은 메시지는 '서로 배려하며 살아가는 길'일지도 모르겠다. 그 길을 함께 걷고 싶은 이에게 이 책을 추천한다.

● 김키미, 카카오 브런치 브랜드 마케터, 《오늘부터 나는 브랜드가 되기로 했다》 저자

~~~~~~

글을 읽는 사람보다 쓰는 사람이 더 많은 시대라고 한다. SNS의 발달로 이제는 누구나 자신의 메시지를 세상에 전할 수 있는 시대가 된 것이다. 하지만 모두의 메시지가 세상에 전달되는 것은 아니다.

콘텐츠를 만드는 일을 시작하며 가졌던 가장 큰 고민은 "어떻게 나의 메시지를 더 많은 사람에게 전할 수 있을까?"였다. 과거에 디자이너로 마케팅팀에서 일했을 때도 브랜드의 메시지를 더 많은 사람에게 전하는 것이 가장 어려운 과제였다. 자극적인 카피나 공격적인 마케팅으로 잠깐의 갈증을 채울 수는 있었지만 원천적인 문제가 해결되는 것은 아니었다.

문제에 대한 '답'은 '스토리'에 있었다. 사람들은 반짝이는 광고보다 스토리를 가진 드라마에 열광하기 때문이다. 결국 나의 메시지를 어떤 스토리에 접목하여 전달하느냐가 수많은 정보가 쏟아지는 세상에서 사람들이 기억하는 브랜드가 되는 방법이었다.

'드로우앤드류'는 비슷한 메시지를 담은 콘텐츠 시장 속에서도 대체 불가능한 나만의 스토리를 통해 메시지를 전달한 결과, 유일무이한 나의 코어 콘텐츠가 되었다. 리사 크론의 《스토리만이 살길》은 이처럼 중요한 스토리의 힘과 핵심 요소 그리고 끌리는 스토리를 만들 때의 유의 사항까지 아주 자세하고 친절하게 알려 주고 있다.

당신의 메시지에는 아무런 문제가 없다. 단지 그걸 전달하는 스

토리가 부족할 뿐. 누구나 세상에 전하고 싶은 멋진 메시지 하나쯤은 있다. "어떻게 나의 메시지를 더 많은 사람에게 전할 수 있을까?"라는 고민을 하고 있다면, 이 책을 통해 당신의 스토리를 점검해 보길 바란다.

● 드로우앤드류, 자기 계발 크리에이터, 《럭키 드로우》 저자

"브랜딩이란 뭘까요?"라는 질문을 받을 때마다 "이야기"라고 대답한다. 브랜드의 성패를 좌우하는 것, 브랜딩에서 최우선으로 생각하는 핵심, 우리 팀의 특공 법을 물을 때에도 대답은 같다. 이야기가 잘 통하는 친구에게 끌리듯, 사람들은 매력적인 스토리가 담긴 브랜드와 관계 맺고 싶어 한다.

여기 스토리에 관한 한 권짜리 비법서가 있다. 할리우드 영화사들의 스토리 컨설턴트로 일해 온 스토리텔링 전문가가 쓴 이 책은 전교 1등의 해답 노트처럼 스토리에 관한 핵심이 일목요연하게 정리되어 있다. 브랜드에 이야기를 담고 싶은 사람, 혹은 어떻게 이야기를 시작해야 할지 몰라 망설이는 사람에게 일독을 권한다. 사람을 끄는 스토리의 비밀이 어디에 숨어 있는지 찾아내는 기쁨을 맛볼 수 있을 것이다.

인간의 진화, 뇌 구조, 욕망으로부터 파헤치는 스토리의 비밀을 알고 나면, 마치 임무를 깨고 보상받듯 이야기를 시작할 수 있는 용기가 생긴다. 이 책을 읽고 각자의 이야기를 찾는 모험을 시작할 수 있기를 바란다.

● 소호, 모빌스그룹 프로듀서 · 대표, 《프리워커스》 저자

스토리는 힘이 세다. 사실과 논리를 모두 이겨 먹고도 남는다. 일 잘하는 사람들은 다들 알고 있지만 제대로 아는 사람은 또 많지 않다. 스토리는 커뮤니케이션의 핵심이다. 브랜딩, 마케팅, 영업, 기획 등 사람들이 이야기를 듣게 만들고 마음을 바꾸게끔 설득하는 일에 종사하는 모든 사람에게 이런 깨달음이 필요하다. 우리의 생각을 바꾸는 것은 결국 '스토리'라는 것.

나는 브랜딩을 업으로 하며 스토리의 중요성과 기술을 말하는 책을 여러 권 읽었다. 이 책은 가히 2022년 버전의 스토리 가이드 종합판으로서 훌륭한 구성을 갖추고 있다. 《스틱!》을 읽었던 분이라면 자신 있게 읽어도 좋다고 추천한다.

사람들이 왜 사실을 거부하는지, 왜 논리로 설득할 수 없는지, 왜 스토리가 필요하고, 스토리가 어떻게 결정적인 역할을 할 수 있는지 여러 근거를 들어 이야기한다. 여기 나오는 스토리를 활용한 몇몇 사례들은 나도 실시간으로 보면서 감동했다.

이 책을 시작만 할 수 있다면 이야기에 끌려서 계속 읽게 될 것이다. 스토리가 중요하다는 걸 받아들이게 되면 이어지는 스토리 창작법을 저절로 보게 된다. 스토리의 핵심을 알고 기술까지 익힐 수 있다. 나도 나에게 필요한 이야기를 만들 수 있어야, 그 변화까지 이르러야 완성된 독서라고 할 수 있지 않은가.

커뮤니케이션 문제로 고심하는 모든 분께 이 책이 실질적인 도움이 될 것이라고 믿는다.

● 장인성, 우아한형제들 Chief Brand Officer, 《마케터의 일》 저자

차례

1부

스토리 본능
삶과 죽음을 가르는 '스토리'

스토리 핵심

서로 다른 세상을 잇는 접점

스토리 창작

끌리는 스토리 만들기

들어가는 말

"이야기를 들려주는 자가 세상을 지배한다."

● 호피족(아메리카 원주민 부족) 속담

비행기가 뉴욕 라과디아 공항 활주로에 내려앉는 순간 나는 안도의 한숨을 내쉬었다. 기상 문제로 이륙이 늦어졌지만 다행히 비행 시간이 생각보다 짧았기에, 맨해튼 도심의 회의장까지 늦지 않게 찾아갈 수 있을 것 같았다. 몇 달간의 준비 끝에 열리는 회의였다.

그런데 게이트를 향해 굴러가는 줄 알았던 비행기가 가다 말고 비행장 한복판에 떡 서는 것 아닌가. 뭔가 불안한 기분으로 승객들과 함께 덜컹거리는 철제 계단을 밟으며 비행기에서 내렸다. 작업 차량이 휙휙 지나다니는 사이로 저 멀리 공항 청사를 향해 발걸음을 옮겼다. 청사 안에 들어가서는 부랴부랴 밖으로 빠져나왔는데, 나는 그만 자리에 덜컥 멈춰 서야 했다. 알고 보니 라과디아 공항은 대대적인 공사 중이었다. 난장판도 그런 난장판이 없었다. 택시든 버스든 탈 곳을 찾아 정신없이 두리번거리는데, 지친 표정의 한 이용객이 내 어깨를 두드리더니 기다란 줄을 가리켰다. 셔틀버스 줄이었다. 일단 그 셔틀버스를 타고 몇 킬로미터 밖의 어딘가로 나가야 무슨 교통수단이든 이용할 수 있는 모양이었다.

나가는 데만 40분 이상 걸린다고 하니 제시간에 회의장에 도착하기는 글렀다 싶었다.

뭐, 공항이란 게 증축도 할 수 있고 공사도 할 수 있는 것 아닌가. 비행기가 늦을 수도 있는 거고. 나도 이해한다. 하지만 그 과정이 정말 힘들었던 이유는 따로 있었다.

나를 진짜 괴롭게 한 건, 공사판을 느릿느릿 빠져나가는 셔틀버스 안에서 끊임없이 반복 재생되는 안내 방송이었다. 활기찬 목소리의 남자 성우는 불편을 드려 죄송하다고 하더니, 이게 다 감수할 만한 고생이라는 취지의 설명을 이어 나갔다. 이유인즉슨, 앞으로 청사가 기가 막히게 멋지고 근사하고 능률적인 모습으로 신축된다는 것이었다. 커다란 통창으로 바다 풍경이 내다보이고, 최신 현대식 시설에 각종 고급 식당이 즐비할 것이고, 공간이 널찍널찍하고 아주아주 편안해진다면서 예찬을 늘어놓았다.

하려는 말이 뭔지는 명백했다. 자기들이 뭔가 굉장한 걸 짓고 있으니 이용객들이 조금 불편하더라도 충분히 치를 만한 희생이라는 데 다들 공감하리라는 것이었다.

큰 착각이었다.

실제로 전해진 내용은 그게 전혀 아니었으니까.

이용객들은 안내 방송을 듣고 확실히 깨달을 수 있었다. 이 공항 사람들은 지금 우리가 느끼는 기분에는 눈곱만큼도 관심이 없구나. 우리가 어떤 불편을 겪을지 진지하게 생각해 본 적이 없구나. 연결 차편을 놓치든, 몸이 고생하든, 속이 터지든 알 바 아니구나. 우리는 전혀 중요하지 않고, 오로지 자기들 시설과 자기들 공사만 중요하구나.

공항 측은 아마 자기들이 바라보는 사실을 그대로 전하면 우리도 자기들 생각에 공감하리라고 생각했을 것이다. 그러니까 공항이 얼마나 멋지게 변신하는지 설명해 주면, '아 그렇구나, 공항이 근사해지려면 우리의 사소한 불편쯤은 참아야겠구나' 하고 동감할 줄 알았을 것이다. 그 안내 방송의 대본을 쓴 사람은 우리가 겪는 고생을 겪어 본 적이 없는 게 분명했다.

만약 겪어 봤다면 그런 이야기를 들려주진 않았을 테니까. '자기들' 사정이 아니라 '우리' 사정에 주목해서 이야기할 수 있었으리라. 자기들은 우리에게 불편을 줘야만 하는 사정이 있었지만, 우리는 그 불편 때문에 우리가 얼마나 고생하는지 좀 알아줬으면 하는 사정이 있었다. 우리가 보기엔 암만 봐도 손해만 있고 이익이 없었으니까. 그런데 방송 내용은 불난 데 부채질하는 격이었다.

풀리처상을 수상한 언론 비평가 에밀리 누스바움도 이런 트윗을 올렸다. "한참을 걸어서 택시 승강장에 갔는데 거기서 또 버스를 타고 택시를 타러 가라니, 라과디아 공항은 이게 대체 뭐 하는 짓인가? 버스에 올라타니 성난 승객들이 한가득이다…… 정신 나간 안내 방송은 티 없이 명랑한 목소리로 엉망진창 시스템을 설명하면서 공항이 앞으로 멋지게 변신한다고 자랑을 늘어놓는다. 사람들 눈빛엔 살기가 가득하다."[1]

그 말 그대로였다.

여기서 교훈은 '듣는 사람'에게 관심을 주지 않고 자기 말만 하는 사람 말은 아무도 안 들어 준다는 것이다. 아무리 설득을 벌여 봤자 상대가 바라보는 세상, 상대가 가진 관심, 상대가 생각하는 자기 모습에 부합하지 않으면, 말하는 사람이 듣는 사람에 대해 아무것도 모른다는 점만 확인시켜 줄 뿐이다.

앞으로 차차 살펴보겠지만 우리는 사실만으로 설득되지 않는다. 우리가 고집불통이거나 비합리적이거나 머리가 나빠서가 아니라, 사실이란 어중간하고 두루뭉술해서 해석하기 나름이기 때문이다. 그 해석이 바로 '스토리', 곧 이야기다.

우리는 스토리라는 자기 서사를 통해 주변 세상을 이해한다. 스토리는 사실을 전후 맥락 속에 놓고 보여 줌으로써 우리에게 사실의 의미와 중요성을 알려 주는 역할을 한다.

처음에 인간이 사용하던 의사소통 수단은 괴성, 손짓, 표정처럼 효과가 확실한 것들이었지만(네안데르탈인이 인상을 팍 쓰는 삽화를 여기 넣으면 딱 좋을 듯), 거기에 언어라는 수단을 추가한 이래로 지금껏 변하지 않은 사실이 있다. 스토리로 사람을 설득해 생각을 바꾸려면 '듣는 사람'의 경험과 통하는 스토리를 들려주어야 한다는 것이다. 스토리를 활용한 덕분에 인류는 생존할 수 있었다. 먼 옛날 이야기꾼들한테 물어보라. 이야기가 아니었더라면, '불을 피해 도망가는 것보다 불을 이용하는 게 낫다'는 걸 처음에 어떻게 설득했겠는가?

남을 설득하려면 듣는 사람의 스토리와 통하는 스토리를 들려주어야 하는 이유다. 그럼으로써 어떤 사실이나 물건이나 주장이 자신에게 갖는 중요성을 느낄 수 있게 해 주어야 한다. 그렇게만 할 수 있다면, 남들의 생각을 바꾸는 데 그치지 않고 남들의 삶을 바꿀 수 있다. 심지어 생명을 구할 수도 있다.

2013년 브라질에서 바로 그런 일이 있었다. 굉장히 절박한 문제가 있었는데, 거기에 비하면 공항에서 겪는 불편 정도는 사실 아무것도 아닐 것이다. 죽지 않아도 될 사람이 죽어나가고 있었다. 장기 기증자가 점점 부족해져서 장기 이식 대기자 명단이 어마어마하게 길었기 때문이다.

이건 세계적인 문제이기도 한데, 미국의 경우 운전면허증의 '장기 기증 희망'란에 체크한 사람은 40퍼센트에 불과하다.[2] 장기 기증을 하면 아픈 사람을 돕고 생명을 살릴 수 있을뿐더러, 다 떠나서 어차피 우리가 죽은 후의 일인데 문제 될 게 뭐가 있겠냐마는, 그래도 잘 하지 않는다.

장기 기증 희망란에 체크하는 것쯤 별일 아닐 것 같아도 그게 말처럼 쉬운 일이 아니다.

우선, 사람은 자기가 언젠가 죽는다는 사실을 납득하기가 의외로 굉장히 어렵다. 나도 대학생 시절에 한번은 철학 교수가 "누구나 죽는다"라고 하자 '응, 누구나 죽지만 나는 예외지' 하고 속으로 생각했던 기억이 있다. 열아홉 살 때였으니 그럴 만도 했다. 세상 모든 일이 실감이 안 나는 때니까. 죽음도 마찬가지고.

하지만 사람은 언젠가 다 죽는다는 사실을 납득한다고 해서 꼭 장기 기증 희망란에 체크하게 되는 건 아니다. 일단 상상해 보면 좀 심란하다는 문제가 있다. 내 몸을 열고 심장을 꺼내서 얼음 위에 올려놓으면, 누가 휙 들고 가는데…… 앗, 저 다람쥐 잡아라! 뭐 그렇게 되지 않으리라는 보장도 없고.

그런 생각을 하다 보면 더 흉측한 상상이 고개를 들지도 모른다. 내가 장기 기증자라는 걸 알면 의사가 굳이 기를 써가며 나를 살리려고 할까? 아니, 혹시 의사의 어머니한테 심장이 필요한데 내 심장이 딱 맞는 크기라서, 멀쩡한 내 몸을 놓고 무슨 꿍꿍이라도 벌이는 것 아닐까?

누가 그런 위험을 감수하려 하겠는가?

이렇게 장기 이식 문제는 논의를 가로막는 고질적인 장벽이 많아서 해결이 어렵다.

브라질은 기증 희망자를 확보하기가 더 어려웠는데, 미국과 달리 운전면허증에 기증 여부를 체크하는 란이 없다. 사망자의 유족이 허락을 해야 장기 기증이 가능한데, 유족은 충격과 상심에 빠져 있는 데다가 죽은 사람의 뜻을 알 길도 없어서 거절하는 경우가 많다.

전국적으로 장기 기증자가 부족하다 보니 살 수 있는데 죽는 사람도 많고 고통받는 사람도 많았다. 기증을 독려하는 시도가 없었던 것도 아니다. 시민의 의무에 이성적으로 호소하는 완벽한 문구에다가 사실과 숫자를 곁들여 진지한 홍보를 벌였다. 효과가 없었다. 일단 그런 식의 캠페인은 사람을 혼내는 느낌이 들게 해서 문제다. 아무리 합리적이고 객관적인 설명으로 행동 변화를 촉구한다 한들 결국 우리가 지금 뭘 잘못하고 있다는 얘기다. 잘하는 행동이면 왜 바꾸라고 하겠는가? 또, 남에게 이래라 저래라 지시받는 걸 좋아하는 사람이 있을까? 사람은 남이 행동을 바꾸라고 해서 바꾸지 않는다. 자기가 원해야 바꾼다.

그럼 어떻게 해야 사람의 행동을 자발적으로 변화시킬 수 있을까?

스토리만이 살길이다. 이 사례에서는 정말 말 그대로 스토리만이 사람을 살릴 길이었다.

그런데 무슨 스토리를 들려줘야 할까? 새 캠페인을 맡은 광고 회사, 오길비 브라질Ogilvy Brazil의 기획자들은 고민했다. 자기 자신의 죽음이란 생각만 해도 불편한 주제이니, '부탁'의 모양새를 취한다면 효과가 없을 게 뻔했다. 배우자에게 "우리 얘기 좀 해"라고 말하는 것과 다를 게 없다. 상대의 경계심과 거부감을 부추기기 딱 좋은 방법이다. 더군다나 주제가 죽음이라면? 사실 사람은 겉으로는 아닌 척해도 속으로는 대개 은밀한 염원을 품고 있다. 영원히 죽지 않고 살면서 우리가 좋아하는 것, 우리가 믿는 것, 우리가 열망하고 갈구하는 것을 언제까지나 추구하고 싶은 마음이 다들 있다.

오길비는 바로 그 점에 착안했다. 일으키고자 하는 변화가 아니라, 변화시키고자 하는 사람에 주목했다.

던져야 할 질문은 이것이었다. 브라질 사람들이 열망하고 갈구하는 것은 무엇인가? 구체적으로?[3] 사람들에게 스스로 바뀌려는 마음을 심어 주려면 사람들이 진정으로 아끼고 자신의 일부처럼 여기는 무언가를 겨냥해야 했다. 열정은 숨기기 어려운 법이니, 파고들어야 할 지점이 곧 드러났다. 브라질 사람들이 열광하는 것이라면 바로 축구다. 그리고 브라질에서도 유난히 열렬한 축구 팬은 스포르트 헤시피Sport Recife 구단의 팬들이다. 스포르트 헤시피의 팬들은 거의 집착에 가까운 광적인 팬심으로 남미 전역에서 유명하다. 팬들은 부모에서 자녀로 대를 이어 구단에 충성하면서 서로 똘똘 뭉쳐 거대한 공동체를 이루고 있다. 스포르트 헤시피에 영원한 사랑을 맹세하며, 심장마저 일치된 박자로 뛰고 있다.

옳거니! 스토리의 실마리가 잡혔다.

팬이 세상을 떠난 후에도 그 심장은 헤시피를 위해 뛸 수 있다면? 그 눈으로 헤시피의 경기를 볼 수 있다면? 팬으로서 영원한 충성을 맹세할 수 있다면?

그렇게 해서 탄생한 것이 '불멸의 팬' 캠페인이다.[4]

슬로건은 이랬다. "스포르트 헤시피의 팬들은 브라질에서도 가장 열렬한 팬들입니다. 영원히 팬으로 남고 싶어 합니다. 이제 그 바람을 이룰 수 있습니다."[5]

광고상을 수상한 홍보 영상은 이렇게 시작된다. 열혈 소녀 팬이 함성을 지르다 쉬어 버린 목소리로 외친다. "우리가 최고의 팬이에요. 아무도 못 따라와요. 발끝에도 못 미쳐요.

다 소용없어요. 오직 스포르트 헤시피뿐이에요."

누가 그런 열정을 잠재우고 싶을까? 장기 이식을 절실히 필요로 하는 환자들은 팬들의 염원을 이뤄 줄 마음이 얼마든지 있었다.

"당신의 눈이 스포르트 헤시피의 경기를 계속 관전할 겁니다. 약속합니다." 한 눈먼 남성이 맹세한다.

"당신의 폐가 스포르트 헤시피를 위해 계속 숨쉴 겁니다." 스무 살도 안 되어 보이는 남성이 다짐한다.

죽기에는 너무 젊어 보이는 여성이 이렇게 약속한다. "당신의 심장이 항상 스포르트 헤시피를 위해 뛸 겁니다." 그러고는 눈물을 훔치며 환하게 웃는다.

팬들이 화답했다. 한 팬이 이렇게 말한다. "전 죽고 나서도 스포르트 헤시피입니다. 제 영혼이 스포르트 헤시피니까요."

어떤 팬은 사후에도 라이벌 구단을 이길 큰 그림을 그린다. "제가 장기를 기증해서 제 폐가 라이벌 구단의 팬에게 가면, 그 사람은 스포르트 헤시피의 숨을 쉬는 거예요."

스포르트 헤시피를 위해 모든 걸 바친다. 내가 죽은 후에도. 탁월한 발상이었다. 그야말로 죽음의 두려움을 영원한 생명의 약속으로 탈바꿈시킨 캠페인이었다.

캠페인이 요청한 행동은 단순명료하고 구체적이었다. 팬들은 경기장이나 온라인에서 장기 기증 희망자 카드를 발급받아 지갑에 넣고 다니면 된다. 그러면 언젠가 때가 됐을 때 가족들이 카드를 보고 기증 의사를 알 수 있다. 카드는 충성의 증표이자 영광의 증표였다. 게다가 카드를 소지한 팬들은 가족들에게도 자랑하고 싶어 했으므로 기증자를 더 늘리는 효과가 있었다. 평소에는 불편해서 꺼내기 어렵던 장기 기증이라는 주제를 놓고 온 나라 사람들이 자연스럽게 대화하게 됐다. 사람들은 스스로 장기 기증 희망자라는 의식을 확고히 품게 됐다. 거기엔 인간의 본능적인 갈망을 충족해 주는 면이 있었다. 우리는 소속감을 원하고, 우리가 어떤 사람인지 남들이 알아줬으면 하고, 후대에 뭔가를 남겨서 큰 뜻에 기여하고 싶어 하지 않는가. 생각해 보면 뭔가 흐뭇하고 위안이 되는 면도 있다. 내가 죽은 후에도 우리 팀을 영원히 응원하며 막판 결승 골을 기원할 수 있으니까.

캠페인은 누구도 예상치 못한 대성공이었다. 그해 말까지 5만 1000명의 팬들이 장기 기증 희망자 카드를 발급받았고, 장기 기증 건수는 무려 54퍼센트 늘었다. 까마득하게 많았던 심장과 각막 이식 대기자 수가 사상 처음으로 0명이 됐다.

거기서 끝이 아니었다. 이듬해까지 6만 6000장의 장기 기증 희망자 카드가 발급됐고, 다른 나라에서도 비슷한 캠페인에 착수했다.[6]

이 사례가 우리에게 주는 의미가 뭘까? 이 장기 기증 캠페인의 기획자처럼, 여러분도 타인의 변화를 이끌 사람이다. 여러분이 설득하려는 상대는 고객일 수도 있고, 유권자일 수도 있고, 일반 대중일 수도 있고, 10대 아들일 수도 있다. 믿을 생각이 없는 사람을 믿게끔 설득하는 건 쉽지 않은 일이다. 자칫하면 상대방이 마음을 돌리거나 지루해하기 십상이다. 아니면 상대방이 애초부터 변화를 거부하는 이유만 더 뚜렷해질 것이다.

난관을 뚫을 방법은 하나뿐이다. 누구나 자기 자신에 관한 서사가 있다. 그 서사를 위협하는 스토리가 아니라, 그 서사와 맞물리는 스토리를 만드는 것이다.

물론 사람을 설득해 생각을 바꾼다는 건 과거 어느 때보다도 어려워졌다. 주제가 무엇이건 그렇다. 어느 정당에 투표할 것인가, 백신을 맞아도 안전한가, 무슨 치약을 쓰는 게 좋은가 할 것 없이 모든 분야에서 기존 입장을 고수하려는 경향이 예전보다 강해졌다. 아무리 명료한 사실을 들어 내 주장의 장점을 또박또박 설명해도 소용이 없을 때는 소 귀에 경 읽는 기분이 들기도 한다. 그 이유는 앞으로 살펴보겠지만, 상대방이 고집불통이어서가 아니다. 우리 뇌가 본래 그렇게 생겼기 때문이다. 인간이 작은 부족을 이루어 살면서 하루하루 연명하기 바빴던 그 시절부터 이어져 온 뇌의 특징이다. 현대판 '부족주의'의 벽이 우리 앞을 번번이 가로막는 오늘날, 사실만으로 설득이 안 된다는 건 이제 더더욱 명백한 현실이 됐다.

남의 생각을 조금이라도 바꿔 보려면, 먼저 남을 변화시키는 게 왜 그렇게 어려운지부터 알아야 한다. 인간의 뇌가 작동하는 원리에 비추어 보면 알 수 있다. 그것을 알고 나면 스토리의 힘을 빌려 사람들이 세상을 보는 눈을 변화시킬 수 있다.

오직 스토리만이 타인의 관심을 사로잡고 설득과 변화를 이끌어 낼 수 있는 '유일한' 수단이니까.[7] 내가 그동안 일하면서 배운 교훈 중 가장 놀라운 점이 바로 그것이었다.

나는 수십 년에 걸쳐 사람들의 관심을 사로잡는 스토리의 요건은 무엇인지, 또 그런 스토리를 지면으로 옮기려면 어떻게 해야 하는지 연구했다. 출판 쪽에서 시작해 TV 방송으로 옮겨갔고, 이어서 워너 브라더스Warner Brothers 등 영화사의 스토리 컨설턴트로 일하다가 뉴욕 스쿨 오브 비주얼 아츠 The School of Visual Arts의 석사 과정 강의를 맡았고, 지금은 개인 스토리 코치로 일하면서 그 주제를 계속 고민해 왔다. 해마다 소설가, 전기 작가, 시나리오 작가들과 함께 작업했는데 그중엔 숙련된 전문가들도 많았다. 그 과정에서 굉장히 의외의 깨달음을 얻었다. 내 관심을 사로잡고 계속 글을 읽어 나가게 만든 힘은 플롯도 아니요, 필력도 아니요, 극적인 외부 사건도 아니요, 아름다운 문장도 아니었다. 나를 혹하게 한 힘은 한마디로, 이런저런 일들 속에서 주인공의 신념 체계가 흔들리며 스토리 전반에 걸쳐 바뀌어 나가는 과정이었다.

왜 그랬을까?

스토리와 관련된 신경 과학 쪽 문헌을 파 보니 답을 찾을 수 있었다. 인지 심리학과 진화 생물학 등의 분야도 깊이 연관돼 있었다. 알고 보니 우리 뇌에 스토리 본능이 장착된 이유는 과학적으로 설명이 가능했다.[8] 그래서 우리는 스토리에 빠져들면 알게 모르게 사물을 보는 관점이 바뀌는 것이다. 또 그렇기에 스토리야말로 그 무엇보다 강력한 의사소통 수단이자 상대를 변화시킬 도구다.

내 스토리가 여러분과 무슨 관련이 있냐고? 여러분의 목표는 스토리를 듣게 될 고객이나 관객, 독자 혹은 구독자 그러니까 청중의 관점을 바꾸는 것이다. 이 책에서 내 목표는 여러분이 그렇게 할 수 있도록 돕는 것이다.

우선 1부에서는 우리 뇌에 장착된 스토리 본능을 살펴본다. 우리 뇌가 수신한 정보를 어떻게 처리하는지 그리고 왜 사실을 서사로 바꿔서 그 서사를 목숨처럼 지키려고 하는지 알아본다. 그 이해를 바탕으로 2부에서는 상대방이 품은 저항감의 실체를 파악하는 방법을 배워 본다. 그러기 위해, 중요하면서도 오해하기 쉬운 두 가지 질문에 대한 답을 찾아본다.

첫째, 우리가 이야기를 들려주고자 하는 상대방은 누구인가? (언뜻 드는 생각과 다를 수 있다.) 둘째, 우리가 그 상대방에게 요청하는 것은 무엇인가? (처음 예상과는 다를 수 있다.) 마지막으로 3부에서는 여러분이 직접 스토리 창작 과정을 차근차근한 단계씩 밟아 본다. 어떻게 스토리를 만들어야 상대가 기존의 관점을 바꾸고 저항감을 극복해 우리의 요청을 받아들일 수 있을지 함께 알아본다.

생각해 보면 참 신기한 일이다. 논리와 사실과 숫자를 아무리 들이밀어도 귀를 닫았던 브라질 국민들이 축구 팬들의 힘으로 생명을 살리는 대화의 꽃을 피운 것처럼, 여러분의 청중도 여러분이 시킨다고 해서 행동하지 않는다. 행동하려면 마음이 움직여야 하고, 감정이 원해야 한다.

그렇게 만드는 게 바로 스토리의 힘이다.

1부

스토리 본능

삶과 죽음을 가르는 '스토리'

1강

스토리만이 살길

"의식이 생겨나는 시점은 뇌가 스토리를 들려주는 능력을 갖추는 순간이다. 그리고 그건 복잡한 능력이 아니다."[1]
● 안토니오 다마지오, 신경 과학자

몇 년 전 뉴저지주의 조그마한 교육구에서 의뢰가 들어와 학교 선생님들을 가르친 적이 있다. 주제는 글쓰기 수업에 스토리를 도입하는 요령이었다. 교육감이 나를 부른 이유는 분명했다. 스토리가 빠진 글은 알맹이가 없다는 점을 아이들에게 깨우쳐 주려는 생각에서였으면 좋았겠지만 아니었다. 스토리의 이해가 곧 비판적 사고의 토대임을 절감했기 때문이었으면 좋았겠지만 그것도 아니었다.

물론 그런 생각도 없진 않았겠지만, 사실 교육감이 내게 도움을 청한 이유는 학생들의 표준 시험 점수가 낮아서였다. 학생들에게 스토리의 힘을 활용하는 법을 가르쳐 주면 점수

올리는 데 좀 도움이 되지 않을까 생각했던 것이다.

　내 앞에 놓인 어려움이 곧 실감났다. 선생님들은 하나같이 시험을 질색했다. 시험에 나올 내용을 아이들에게 암기시키는 일이야말로 모든 선생님의 골칫거리였다. 교사들과 처음 만난 자리에서 어느 5학년 선생님은, 살면서 절대 알 필요가 없는 것들을 오로지 시험에 나온다는 이유로 학생들에게 몇 달 동안 가르쳐야 했다며 불만을 터뜨렸다. 아예 아이들에게 솔직하게 털어놓는다는 선생님도 있었다. "얘들아, 지금 이 내용의 90퍼센트는 살면서 절대 쓸 일이 없으니까 시험만 끝나면 잊어버려도 돼. 그런데 어쨌든 일단은 외워야 해." 그러면 아이들은 무척 어이없어한다는 것이다. 시험에 나온다는 이유만으로, 수량화된 사실들을 그렇게 수없이 많이 외워야 한다니!

　여기서 키워드는 '수량화quantifiable'다. 거기에 안타까운 아이러니가 있다. 무엇이든 일단 수량화가 가능해야 테스트할 수 있으니, 우리는 데이터를 무엇보다 소중히 여기는 습관을 자연히 익히게 된다. 데이터는 수량화할 수 있기 때문이다. 데이터를 기억해야 시험을 잘 볼 수 있고, 우리가 똑똑한 사람이라는 것을 세상에 알릴 수 있다. 그러니 우리 머릿속에는 명확한 메시지가 새겨진다. '데이터 암기 능력이 지능의 징표다.'

하지만 실제로는 데이터를 외우는 능력보다 더욱더 중요한 지능의 징표가 있다. 인간의 번영에 훨씬 더 근본적으로 기여한 그 능력은, 자신의 뜻을 남들에게 이해시키는 능력이다. 그런데 우리는 사실의 힘을 과신하다 보니 그 믿음에 오히려 가로막혀 우리 뜻을 남들에게 이해시키지 못하기 일쑤다.

나는 어느 7학년 영어 시간에 시범 수업을 하면서 그 점을 단단히 깨달았다. 열두 살 학생들에게 스토리가 왜 사실보다 강력한지를 깨우쳐 줄 생각이었다. 마침 완벽한 예문이 내 손에 있었다. 그 무렵 린든 B. 존슨 대통령의 1964년 '가난과의 전쟁' 선포 50주년을 맞아 상반되는 입장의 두 칼럼이 《월스트리트 저널》에 실렸다. 칼럼의 저자는 둘 다 국회의원이었는데, 한 사람은 공화당 하원 의원, 한 사람은 민주당 상원 의원이었다.

두 칼럼은 한 지면에 나란히 실렸는데, 서로 큰 차이가 있었다. 정치적인 차이야 당연하지만 그 얘기가 아니고, 글을 전개하는 모양새가 달랐다.

아이들은 내 주위에 모여 앉아 귀를 쫑긋 기울였고, 나는 각 칼럼의 처음 몇 문단을 읽어 줬다. 첫 칼럼은 이렇게 시작됐다.

"석 달 동안의 의정 활동을 통해 직접 경험할 수 있었지만, 의원들이 당파로 갈려 정쟁에 휩싸이다 보면 시급한 사안에 상식적으로 대처하기 위한 조치를 놓고도 좀처럼 의견이 한데 모이지 않는다."

그러고는 추상적인 주장과 통계를 이어 나갔다. "빈곤 문제를 논하는 사람이 많아진 것은 반가운 일이다. 하지만 우리는 흑백으로 양분된 것처럼 보이는 정치판의 단순성에 무력하게 굴복해서는 안 될 것이다."

또 이렇게 논변을 폈다(자세히는 읽지 않아도 된다).

"우리는 공허한 정치적, 이념적 수사가 아닌 데이터를 기반으로 의제를 설정해야 한다. 그러니 사실을 정확히 짚어 보자. 연방 정부의 반세기에 걸친 노력으로 노인 빈곤율은 1960년 35퍼센트에서 2011년 9퍼센트로 크게 줄었다. 빈곤 선 50퍼센트 미만인 이른바 '극빈 인구'의 비율은 5.3퍼센트로 낮아졌다. 또 세제 혜택과 기타 지원을 고려하면 전체 빈곤율은 3분의 1로 줄었다고 대통령 경제자문위원회의 최근 보고서는 밝히고 있다."[2]

아이들은 열심히 들으려고 애쓰는 모습이었다. 그도 그럴 것이, 특별 초대 교사가 와서 수업하고 있으니 예의를 지키고 싶었을 것이다. 하지만 멍한 눈빛은 이렇게 말하고 있었다. '뭐래?'

다음으로 두 번째 칼럼을 읽어 줬다. 첫머리가 이렇게 시작됐다.

"어느 날 밀워키의 펄래스키고등학교에서 두 학생 사이에 싸움이 붙었다. 학교 직원들이 둘을 떼어놓았지만, 매리아나라는 여학생은 도저히 분을 참지 못했다."

아이들이 갑자기 몸을 앞으로 내밀었다. 멍하던 눈빛도 사라졌다. 이야기는 이어졌다.

"학교 측은 '룰루'라는 이를 무전으로 호출했다. (…) 현장에 도착한 룰루는 재빨리 상황을 진정시켰다. (…) 그 학교의 교사와 직원을 통틀어 그날 매리아나에게 말을 붙이는 데 성공한 사람은 룰루뿐이었다. '룰루'는 루이자 선생님의 별명이다. 그를 포함해 다섯 명의 청년 상담사가 이 학교의 '폭력 청정 지역' 프로그램에 소속돼 활동하고 있다. 상담사들 대부분은 도심 빈민가에서 자란 최근 졸업생으로, 나름의 거친 상처를 안고 있다. 조직 폭력단에 속하기도 했고, 폭력을 직접 겪으면서 자랐다. 학위나 자격증은 없다. 그 대신 더 중요한 무언가를 갖췄다. 바로 신뢰성이다. 청년 상담사들은 학생들의 고충을 누구보다 잘 안다. 본인들이 똑같은 어려움을 겪어 봤기 때문이다."[3]

칼럼을 읽어 준 후 내가 학생들에게 물었다. "어떤 칼럼에 관심이 갔어요?"

학생들은 한목소리로 두 번째 칼럼이라고 대답했다.

그런데 "어느 칼럼이 더 좋은 글 같아요?"라고 물었더니 나온 대답이 놀라웠다.

첫 번째 칼럼이라는 것이었다.

"왜 그렇게 생각했어요?"

한 학생이 대답했다. "글 쓴 사람이 훨씬 더 똑똑해서요."

"그렇군요. 그런데 그 글에서 하려는 말이 뭔지 이해한 사람 있어요?"

학생들은 눈을 껌벅거리더니 단체로 고개를 가로저었다.

"그 글에서 한 말 중에 혹시 기억나는 말 있어요?"

아이들은 겸연쩍은 듯 다시 고개를 저었다. 한 아이가 불쑥 외쳤다. "그래도 확실히 똑똑한 사람이었어요!"

문제는 거기에 있다. 사실이나 도표나 데이터를 제시하면 사람이 똑똑해 보이고 본인 스스로도 똑똑한 기분이 들지만, 그것만으로는 요점이 잘 전달되지 않는다. 듣는 사람의 기억에 남지도 않는다. 그러니 정작 목표를 이루는 데는 거의 도움이 되지 않는다. 정말 똑똑한 사람은 명료한 커뮤니케이션으로 상대방의 관심을 사로잡고 설득과 변화를 이끌어 낼 줄 아는 사람이 아닐까.

그건 우리 모두의 바람이기도 하다. 우리는 남들이 우리 말을 들어주고 이해해 주길 갈구한다. 세상에 뭔가 영향을 미치고 싶어 한다. 앞으로 살펴보겠지만, 그건 우리 DNA에 새겨진 본능이다.

안타깝게도, 우리 유전자의 보유 기술에서 빠진 것 하나가 우리의 논지를 실제로 잘 전달하는 요령이다. 그래서 우리는 언어가 생겨난 이래로 죽 써온 방법을 그냥 쓴다. '설명'을 하는 것이다. 그것도 장황하게. 거기에 분석적 근거, 도표, 그래프, 통계, 정교한 데이터를 동원하기도 하지만, 수면제보다 더 졸리기 마련이다. 청중은 귀를 닫고, 한눈을 팔고, 휴대전화를 만지작거리거나 점심 메뉴를 고민하기 시작한다. 청중이 들어주고 고민하고 실천하리라는 바람을 안은 채 우리가 하는 말들은 순식간에 윙윙거리는 소음이 되어버린다.

얼마나 답답한 노릇인가?

내 수업을 들었던 학생들도 그랬지만, 청중은 여러분을 고의로 무시하는 게 아니다. 아마 집중하려고 나름대로는 노력했을 것이다. 아무리 노력해도 주의가 자꾸 딴 데로 흩어져서, 산책 나온 강아지처럼 산만해지는 것일 뿐.

그렇다고 여러분 자신을 탓할 필요도 없다. 여러분 잘못도 아니니까. 여러분도 그 똑똑한 의원처럼 사실과 데이터와 통계를 열심히 잘 제시했을 것이다. 추론 과정도, 파워포인트 자료도, 비용 편익 분석도 다 정확했으리라. 청중이 귀를 닫은 이유는 다른 게 아니라, 우리 뇌가 정보를 그런 식으로 받아들이지 않기 때문이다. 더군다나 듣는 사람의 행동을 변화시키려는 목적으로 제시된 정보라면 더더욱 그렇다.

다시 말해, 그 똑똑한 의원처럼 여러분도 애초부터 가망이 없었던 것이다.

우리는 누가 사실을 들이밀면 외면하지만, 같은 사실도 스토리를 통해 인격화하면 주목한다.[4] 우리 의지로 그러는 게 아니다. 사람은 원래 생물학적으로, 효과적인 스토리에 사족을 못 쓰게 돼 있다. 과장 같은가? 그렇지 않다. 행동과학자 제니퍼 아커 박사에 따르면 우리는 남에게 설명을 들은 것보다 스토리를 통해 깨우친 것을 22배 더 잘 기억한다고 한다.[5] 그 이유를 이해한다면 스토리의 힘을 활용할 수 있다. 더 나아가 청중이 내가 하는 모든 말을 어떻게 받아들일지 가늠해 볼 수 있다.

스토리 생존 법칙 1

우리는 누가 사실을 들이밀면 외면하지만, 같은 사실도 스토리를 통해 인격화하면 주목한다.

이 강에서는 우리 뇌가 본능적으로 정보를 받아들이고 이해하며 행동을 결정하는 원리를 알아볼 것이다. 우리가 접하는 거의 모든 정보는 암암리에 '인지적 무의식'이라는 녀석의 평가를 거친다는 얘기다. 이어서 우리가 스토리의 힘을 그리도 간과하는 이유가 뭔지 파고들어 본다. '객관성'의 미신을 깔끔히 타파하고, 스토리란 즐거움을 주기 위한 것이라는 오해를 바로잡는다. 마지막으로, 스토리가 갖는 진화적 목적을 살펴본다. 과거에 인간은 소규모로 긴밀하게 엮인 부족에 속해 근근이 살아가야 했지만, 그 시절 못지않게 지금도 스토리는 중요하다. 오늘날도 여러모로 옛날과 비슷하니까.

무의식의 숨은 활약

예전에 언젠가 듣기로, 일간지 주말판 한 부에 담긴 정보의 양이 중세 시대 사람이 평생 습득한 정보의 양보다 많다고 한다. 지금은 그 말조차 고색창연한 아날로그 시절 이야기로 들린다. 오늘날은 정보를 현관문 앞에서 집어 와 여유 있게 뒤적거리며 읽는 세상이 아니니까. 인터넷 덕분에 사방에서 정보가 끊임없이 날아든다. 더군다나 정보의 대부분은 선별을 거치지 않고 홍수처럼 쏟아진다. 정보의 양이 기하급수적으로 늘어났을 뿐 아니라 정보 제공자의 진짜 동기를 알 수 없을 때가 많다는 뜻이다.

더 아찔한 소식이 있다. 인터넷으로 밀려드는 정보는 우리의 오감으로 매초 쏟아지는 세상의 데이터에 비하면 새 발의 피에 불과하다. 내 첫 책《끌리는 이야기는 어떻게 쓰는가》에서 밝힌 것처럼, 그 데이터의 양은 1100만 비트다.[6] 1초에 1100만 비트의 데이터가 쏟아진다니. 그렇다, 도무지 상상이 안 되는 숫자다. 우리가 그 모든 사실을 다 이해해야 한다면 어떨까. 아니면 날마다 내리는 모든 결정을 의식적으로 고민해야 한다면 어떨까. 사람은 매일 약 3만 5000건의 결정을 내리는 것으로 추정된다.[7] 먹는 것에 대해서만 226건이라고 한다.[8] 우리가 저녁으로 뭘 먹을지 결정하기가 그리 어려운 것도 이상하지 않다.

다행히 그 3만 5000건 중에서 의식적으로 고민해야 하는 것은 약 70건에 불과하다.[9] 게다가 그 70건 중 대부분은 '노란색 양말을 신을까, 초록색 양말을 신을까?' 같은 식의 결정일 거라고 본다. 그러니까 여러분이 노란색 양말 회사의 사장이면 모를까, 어떻게 결정하든 별 상관이 없다. 매초 쏟아지는 1100만 비트의 데이터는 어쩌냐고? 우리 뇌가 어렴풋이나마 의식할 수 있는 데이터는 기껏해야 한 번에 40비트 정도에 불과하다.[10] 그중에서도 뇌가 실제로 집중할 수 있는 데이터만 따지면 한 자리 수로 줄어든다.[11]

무려 1100만 개의 정보를 단 몇 개로 추려서 거기에만 집중한다니, 그 몇 개는 엄청 중요한 것일 듯하다. 맞다. 적어도 우리에겐 중요한 것들이다. 우리 뇌는 접수된 모든 사실을 촘촘한 거름망으로 걸러낸다. 기준은 아주 간단하다. '이 게 지금 나와 관련이 있는 건가?' '나한테 영향이 있는 건가?' '내가 주의를 기울여야 하나?' 그렇게 걸러내야 할 데이터가 1099만 9999비트가 더 있으니 복잡하게 따질 여유가 없다. 뭔가 엄청나게 중요한 것이 레이더망을 뚫고 잠입해서 우리 에게 일격을 가하기라도 하면 어쩌겠는가.

바로 그 레이더 역할을 하는 것이 신경 과학자들이 말 하는 '인지적 무의식cognitive unconscious'이다. 인지적 무의식 이란 우리의 안전을 쉼 없이 돌보는 경호원이라고 할 수 있 다. 우리에게 무엇이 중요하고 중요하지 않은지 끊임없이 모 니터링하면서 알아야 할 것을 알려준다. 물론 우리 상식과 는 어긋나는 그림이다. 우리는 뇌가 '의식적'으로 그런 판단 을 내린다고 생각하니까. 그도 그럴 것이, 우리는 온종일 의식 적으로 결정을 내린다. 그리고 인간의 그런 능력을 자랑스럽 게 생각한다. 당연히 자랑스러워할 만하다. 그런데 우리 뇌 의 '생각'하는 부분은, 다시 말해 수백만 개의 무의미한 신호 가운데서 인지적 무의식이 추려낸 몇 개를 곰곰이 따져보는 부분은, 아주 아주 느리다는 게 문제다. 무척 간단한 결정을 내리는 데도 집중력과 체력과 에너지를 엄청나게 쓴다. 유 발 하라리가 《사피엔스》라는 책에서 지적하듯이, 우리 뇌는 몸무게의 2퍼센트를 차지할 뿐이지만 집중할 때는 에너지의

25퍼센트를 소비한다.[12] 열심히 생각만 해도 칼로리가 소모된다는 것이다. 그것만으로 다이어트까지는 안 되는 것 같긴 한데, 어쨌든 많이 소모된다.

우리 뇌의 생각하는 부분이 맡은 역할은, 인지적 무의식이 알아서 처리하지 못하는 문제를 어떻게 처리할지 궁리하는 것이다. 이를테면 주택 담보 대출을 받을 때 30년 만기 고정 금리형이 유리한가, 15년 만기 변동 금리형이 유리한가와 같은 문제다. 태곳적이라면 굶주린 사자를 따돌리려면 어디에 숨어야 하나, 또 그런 맹수를 이겨내려면 다른 인간들과 어떻게 뭉쳐야 하는가와 같은 문제였을 것이다.

그런 능력은 인간이 가진 가장 뛰어난 재주라고도 하며, 결코 낮잡아 볼 능력이 아니다. 판단하고 궁리하고 궁금해하고 따지는 인간의 능력은 참으로 위대한 것이고, 우리에게 그런 사고 능력이 없었다면 지금처럼 이런 주제를 논하지도 못했을 것이다. 문제는, 우리 뇌의 생각하는 부분이 처음부터 혼자서 모든 일을 해낸다고 오해하기 쉽다는 것이다. 전혀 그렇지 않다. 뇌의 생각하는 부분이 무척 중요한 일을 하는 건 사실이지만, 가장 힘든 일은 거의 다 깜깜한 무대 뒤에서 무의식적으로 행해진다. 묵묵히 자리를 지키면서 한시도 경계를 늦추지 않는 인지적 무의식의 노고가 없다면, 우리는 하루하루 목숨을 부지하기도 쉽지 않을 것이다.

예를 들어 이런 장면을 생각해 보자. 차를 몰고 퇴근길에 올랐다. 길모퉁이를 돌아드니 차들의 빨간 후미등 불빛이 눈에 들어온다. 만약 뇌의 생각하는 기능에 의존해 상황을 파악해야 한다면 이런 식이 될 것이다. '음, 빨간 불빛이군. 그렇다면 아마 저 차들은 속도를 줄이는 중이겠지. 아니야, 조금 더 관찰해 보니 제자리에 서 있는 거군. 그런데 나는 지금 꽤 빨리 가고 있어. 그렇다면 아무래도 발을 꾹 밟아서……' 그때쯤이면 이미 앞의 차에 들이받은 후일 것이다. 다행히도 그런 일은 절대 일어나지 않는다. 우리의 인지적 무의식이 든든히 감시해 주고 있기 때문이다. 아닌 게 아니라 가끔은 빨간 후미등 불빛을 우리가 인식하기도 전에 발이 먼저 나가 브레이크를 밟는 것 같기도 한데, 실제로 그렇게 되는 게 맞다. 신경과학 연구로 밝혀졌는데, 인지적 무의식이 통제권을 쥐고 몸의 반응을 유발할 때도 있다.[13] 인지적 무의식이 진화한 목표는 오로지 하나, 우리가 계속 숨 쉬고 살아가면서 자기 감각을 온전히 유지하게 하는 것이니까. 우리의 인지적 무의식이 중요한 것만 콕 집어내고 온갖 잡다한 사실과 숫자와 데이터를 말끔히 무시해 주지 않았더라면, 우리는 정보의 홍수 속에 허우적대면서 그 모든 정보를 의식적으로 처리하려다가 미쳐버렸을 것이다.

같은 이치로, 우리가 청중에게 어떤 행동을 요구하면서

그 행동이 청중에게 왜 중요한지를 모른다면, 아무리 완벽하게 기획하고 연출한 설득의 말도 정보의 홍수에 휩쓸려 흘러가기 마련이다. 잡동사니와 무의미한 사실과 플라스틱 용기 따위와 함께 떠밀려 가버린다.

하지만 청중에게 중요한 게 과연 무엇인지 알기 전에, 먼저 생각해 봐야 할 것이 있다. 청중은 자신에게 중요한 게 뭔지 어떻게 알까? 우리는 우리에게 중요한 게 뭔지 어떻게 알까? 우리의 인지적 무의식이 늘 우리보다 한발 앞서서 우리의 바람이 충족되도록 만전을 기하고 있다면, 그 녀석은 우리의 바람이 뭔지 어떻게 아는 걸까? 답은 간단하다. 인지적 무의식은 우리의 '스토리'를 손바닥처럼 꿰뚫고 있다.

무엇이 중한가?

스토리의 역사는 글보다 훨씬 길다. 스토리는 생존을 위한 필수 도구로 생겨나서 발전했다. 스토리가 '픽션'이라는 딱지를 달고 소설, 영화, 스트리밍 영상, 그럴듯한 거짓말 등에 국한된 개념으로 여겨지게 된 건 훨씬 나중의 일이다. 우리는 스토리를 발명한 적이 없다. 발견했을 뿐이다. 스토리는 원래부터 존재했다. 우리 뇌는 원래 모든 것을 스토리라는 안경을 통해 바라보니까. 애초에 스토리란 픽션과 아무 관련이 없었다고 하는 이유가 그것이다. 우리는 무언가와 마주칠 때마다 그 의미를 파악하기 위해 이런 질문을 던진다. '내가 가진 동기를 고려할 때, 이것은 나와 무슨 상관이 있는가?' 그 답을 찾기 위해 활용된 수단이 바로 스토리다.

태곳적에 그 동기란 간단했다. 생존이었다. 오늘날은 그 것보다는 좀 더 복잡하다. 하루하루 무사히 살아가는 것도 물론 중요하지만, 이왕이면 좋은 집에서, 사랑하는 가족과 함께, 만족스러운 일을 하며 그리고 은행에 돈도 좀 넣어 두고 살고 싶지 않은가.

우리는 각자 인생 스토리 속의 주인공으로서, 무언가와 마주칠 때마다(물건이든, 개념이든, 사회적 상황이든) 우리에게 어떤 영향을 주는지를 기준으로 판단한다. 비행기 안에서 나오는 안내 방송도 "본인의 산소마스크를 먼저 착용한 다음에 주변 사람을 도와주세요"라고 하지 않는가. 그도 그럴 것이, 자기가 숨을 쉬지 못하면 남에게 무슨 도움이 되겠는가? 어떤 경우에도 자신이 우선이다. 진화는 그 점에 있어서 철저하다.

우리의 인지적 무의식은 개체의 생존이라는 임무를 결코 잊지 않는다.[14] 마지막 순간까지 우리에게 충성한다. 그래서 어떤 상황에서든 눈앞에 무슨 일이 벌어졌을 때 '이게 내게 득이 되는가, 해가 되는가?'라는 기준으로 그 의미를 판단

한다.

우리에게 인지적 무의식의 도움이 필요한 이유는, 우리가 마주치는 사실이 그 자체로는 중립적이기 때문이다. 예를 들어 지금 밖에 비가 억수처럼 내린다고 누가 알려줬다고 하자. 여러분에게 그게 무슨 의미가 있을까? 아마도 대단히 큰 의미는 없을 것이다. '이런, 우산을 들고 나오려다 말았는데' 하는 정도가 아닐까. 하지만 여러분이 만약 농부인데 3년 동안 극심한 가뭄이 들어 농사를 완전히 포기하기 직전이라면 얘기는 달라질 것이다. 그렇다면 여러분은 빗속에서 덩실덩실 춤추고 있지 않을까. 혹은 그날이 사랑하는 아들의 공들여 준비한 야외 결혼식 날이라면? 집 안에 틀어박혀 엉엉 울고 있을지도 모른다.

아니, 엉엉 울고 있는 사람은 그 농부일지도 모른다. 애초에 자기는 농부가 되기 싫었는데 어쩔 수 없이 가업을 이었고, 완고한 부모가 가뭄에 못 이겨 마침내 농장을 팔려던 참이었던 것. 그런가 하면 그 새신랑 아버지도, 아들의 결정이 못마땅하던 차에 결혼식이 연기돼서 아들이 지금이라도 정신을 차리길 바라며 속으로 기뻐하고 있는지도 모른다.

비가 온다는 똑같은 사실에 전혀 다른 다섯 가지 의미가 부여됐다. 의미의 차이가 비롯된 지점은 비가 온다는 사실 자체가 아니라, 주인공의 바람을 놓고 볼 때 비가 온다는 사실이 주인공에게 득이 되느냐 해가 되느냐였다. 여기서 알 수 있듯이, 의미란 주관적이며 항상 맥락에 따라 결정된다. 그 맥락이 되어주는 게 바로 스토리다. 우리가 스스로에게 들려주는 스토리나 남에게서 듣는 스토리가 모두 그런 역할을 할 수 있다.

인지적 무의식은 우리와 어떤 상관이 있는지 모르겠거나 상관이 있는지 없는지도 알 수 없는 것은 나머지 1099만 9960가지 사실과 함께 통째로 걸러내 버린다. 고등학교 때 선생님들이 꼭 외우라고 강조했던 주기율표처럼 무시해 버리는 것이다. 사실이란 어떤 맥락 속에서만 중요성을 갖는다. 맥락이 없는 사실은 감정에 와닿지 않고, 따라서 의미도 없다.

그래서 우리의 논지를 다른 사람에게 잘 전달하려면, 또 우리 말을 다른 사람에게 전하고 이해하게 함으로써 만족감과 더 나아가 유능감을 느끼려면, 스토리를 활용하는 게 열쇠다. 우선 스토리가 우리 삶을 지배하는 이유를 이해하고, 그런 다음 스토리가 갖는 강력한 변화와 설득의 힘을 활용해야 한다.

그런데 우리는 왜 그렇게 하지 않고 있을까? 크게 두 가지 이유가 있다.

객관성의 미신

우리가 스토리의 힘을 간과하는 첫 번째 이유는, 우리가 실제로는 서사를 통해 생각하면서도 그렇지 않다고 인식하는 경향이 짙어서다. 자신이 사물을 '객관적으로' 보고 있다고 믿는 것이다.[15] 누구나(아니, 자신만큼 분별 있고 똑똑하고 센스 있는 사람이라면 누구나) 자신처럼 볼 것이라고 생각하고, 자신이 '주관적으로' 보고 있다고는 생각하지 않는다. 자신만의 특수한 상황으로 인해 특정한 관점에서 보고 있다는 생각은 하지 못한다. 그래서 우리가 보기에는 아무리 명료하고 뚜렷한 사실이고 당장 행동해야 하는 상황이라 해도, 듣는 사람에 따라서는 고개를 갸우뚱거리면서 '대체 무슨 소리지?' 하는 반응을 보이는 것이다. 당연한 얘기처럼 생각될지 몰라도, 실제 상황에서는 잊기 쉽다. 데이비드 포스터 월리스의 책 《이것은 물이다》에 이런 농담이 실려 있다. 나이 든 물고기가 어린 물고기 두 마리에게 묻는다. "어이, 물 좀 어때?" 나이 든 물고기가 지나가고 나서 어린 물고기 한 마리가 다른 물고기를 바라보며 말한다. "물이 도대체 뭐야?"[16]

우리는 각자의 주관적 스토리라는 물속에서 헤엄치고 있다. 각자의 개인적 서사라는 안경을 통해 모든 것을 바라본다. 그렇게 되는 원리와 이유를 일단 이해해야만, '듣는 사람'의 스토리에 맞물리는 스토리를 들려줄 수 있다.

지금까지는 우리 각자의 '내면'에 담긴 스토리를 논했다. 그런데 스토리에는 우리가 오해하는 일면이 하나 더 있다. 우리는 스토리를 통해 우리가 겪는 모든 일을 전략적으로 이해하게 되어 있다. 태어난 순간부터 지금 이 순간까지 경험한 모든 일을 그렇게 이해하고 있다. 하지만 스토리는 앞으로 일어날 수 있는 일을 내다보는 수단이기도 하다. 우리는 스토리를 통해 다른 세상 속에 빠져든다. 흔히 '허구'나 '공상'으로 치부되는 세상이다.

스토리의 강력한 힘을 우리가 의식하지 못하는 두 번째 이유가 여기에 있다. 스토리는 오락물로 포장되어 전달되기에, 그 현란하고 황홀한 재미에 가려 진가가 잘 드러나지 않는 것이다.

빠져들게 만드는 기막힌 미끼의 세계

스토리가 우리의 관점을 바꾸는 데 얼마나 효과적인 수단인지 생각해 보면, 그 힘을 깨닫지 못하는 게 이상하다. 그런데도 그 힘은 빤히 보이되 보이지 않는 곳에 태곳적부터 숨어 있었다.[17] 생각해 보면 바퀴가 없어도, 상수도 시설이 없어도, 신발이 없어도, 고도로 발달한 문명사회는 있었다. 하지만 스토리는 인간 사회라면 어느 곳에나 있었으니, 그 점만 봐도 스토리란 즐거운 놀잇감 이상의 의미가 있는 게 분명하다.

우리가 스토리를 현실 도피라고 생각하기 쉬운 이유는, 스토리에 빠져들면 기분이 너무나 기막히게 좋기 때문이다. 우리가 현실 세계에서 일을 뼈 빠지게 하고 집에 와서 하는 일이 뭔가? TV를 틀거나 영화를 보거나 소설책을 집어 든다. 현실의 고난과 시련은 잊고, 한자리에 틀어박혀 쉬고 싶으니까. 험한 세상에서 뭔가 중요한 일을 하고 나서 그 정도의 보상은 받을 만하지 않은가?

그때 스토리는 기대를 톡톡히 충족해 준다. 이야기에 빠져드는 순간, 정지 버튼이 눌러지며 머릿속을 시끄럽게 하던 고민들이 모두 조용해진다. 그러니 스토리를 단순히 오락거리로 보게 되는 것도 무리가 아니다. '스토리가 없으면 삶이 훨씬 무료하긴 하겠지. 그렇지만 스토리가 사는 데 꼭 필요한 건 아니야. 기껏해야 심심풀이 땅콩이지, 실생활에 무슨 쓰임새가 있는 것도 아니잖아.' 이런 식으로 생각하는 것이다.

너무나 큰 착각이다.

내가 《끌리는 이야기는 어떻게 쓰는가》에서 말했듯이, 스토리는 인간의 진화에서 엄지손가락보다 더 결정적인 역할을 했다. 인간의 엄지손가락은 다른 네 손가락과 마주칠 수 있게 돼 있다는 점에서 인간의 큰 특징 중 하나로 많이 회자된 바 있다. 그러나 엄지손가락은 뭔가를 붙잡는 구실을 할 뿐이다. 무엇을 붙잡아야 할지 알려 주는 것이 스토리다.

스토리는 우스꽝스러운 헬멧만 안 썼을 뿐 최초의 가상 현실이라고 봐도 무방하다. 스토리가 없었더라면 우리는 기껏해야 지금 이 순간 벌어지는 일밖에는 인식하지 못했을 것이다. 내일이라는 게 있다는 것도 몰랐을 테니, 내일 찾아올 위험이나 즐거움을 내다볼 수 있을 리 없다. 아니, 스토리가 없다면 과거도 없을 테니, 무엇이 위험하고 무엇이 즐거운지조차 알 수 없을 것이다. 그랬다면 온갖 곤란한 일을 당할 것은 물론이고, 인간이라는 종이 오래 존속하지도 못했을 것이다.

스토리 생존 법칙 2

스토리는 인간의 진화에서 엄지손가락보다 더 결정적인 역할을 했다. 엄지손가락은 뭔가를 붙잡는 구실을 할 뿐, 무엇을 붙잡아야 할지 알려 주는 것이 스토리다.

스토리란 시뮬레이션이다. 우리는 스토리 덕분에 안전한 동굴 속이나 편안한 안락의자에 앉아, 아직 경험해 보지 못한 난관을 맛보기도 하고, 감히 도전할 엄두가 나지 않는 꿈을 상상해 보기도 한다. 그렇게 하는 목적이 뭐냐고? 어떤 기분이 드는지 미리 느껴보고, 무얼 배워야 하는지 미리 알아봄으로써 생존 확률을 높이는 것이다.

이를테면 이런 식이다. '저기 빨간 열매가 달려 있네. 맛있어 보인다. 지금 배도 너무 고프고. 게다가 지금은 석기시대이니 마트에 가서 냉동 만두를 사다가 전자레인지에 돌려 먹을 수도 없지. 그렇지만 옆집 네안데르탈인이 딱 저렇게 생긴 열매를 우걱우걱 먹고 어떻게 됐는지 들은 이야기가 있어. 입에 거품을 물고 쓰러져서 몸부림치다가 죽었다지. 죽은 것도 끔찍하지만 죽으면서 진짜 고통스러웠겠더라고. 그러니 저 열매는 포기하고 퀴퀴한 딱정벌레 몇 마리로 식사를 대신해야겠어. 그래야 내 목숨을 유지하지.'

다시 말해, 스토리란 인간의 생존에 워낙 중요하고 필수적이었기에 자연은 인간이 스토리에서 즐거움을 느끼게 만들어 놓은 것이다. 그래야 스토리에 귀를 기울이고 빨간 열매를 먹지 않을 테니까. 스토리가 즐거운 이유는 음식이 맛있고 섹스가 기분 좋은 이유와 똑같다. 모두 인간의 생존에 꼭 필요한 것들이다. 그렇다면 우리가 스토리에 빠질 때 느끼는 즐거운 기분은 덧없는 것도, 무의미한 것도 아니요, 그저 쾌락을 위한 쾌락도 아니다. 그 즐거움은 생물학적 장치이자 우리를 사로잡는 미끼로서, 우리가 현실 세계를 잊고 스토리의 세계에 온전히 빠져들게 해 준다. 잘 만들어진 스토리는 즉각 강렬한 호기심을 자아내면서 도파민이라는 신경 전달 물질을 쏟아내는데, 그때 우리는 즐거움을 느낀다.[18] 우리 뇌는 그런 식으로 보상을 던져 우리로 하여금 호기심을 좇고 스토리의 결말을 확인하게끔 만드는 것이다. 그러다 보면 꼭 알아야 할 뭔가를 알게 될지도 모르니까.

그리고 혹시나 도파민이 분비되기 전에 스토리의 마법이 풀려서 빨간 열매를 먹는 불상사를 막기 위해, 스토리가 즉각 활성화하는 신경 전달 물질이 두 가지 더 있다.[19] 코르티솔은 스토리의 주인공에 대해 우리가 느끼는 불안감으로 인해 활성화되고('그 열매 먹으면 안 돼, 먹으면 죽는다고!'), 옥시토신은 우리가 주인공의 안위를 신경 쓰게 만드는 역할을 한다('죽으면 안 돼. 제발 그것 말고 딱정벌레를 먹어').

스토리는 일종의 생존 수단으로서, 인류 진화상 굉장히 중요했던 게 틀림없다. 옛날에는 뇌가 현실 세계를 벗어나 스토리에 빠져든다는 것이 상당히 큰 모험이었으니까. 오늘날에는 흥미진진한 이야기에 빨려들어 새벽까지 잠을 안 잔다고 해도 최악의 사태는 아침에 좀 피곤하고 까칠해지는 게 전부다(물론 트위터 삼매경에 빠진 채로 찻길을 건넌다면 목숨이 위험할 수도 있지만). 하지만 석기시대에는 언제 어디서든 정신 줄을 놓으면 위험했다. 그렇다면 스토리에 빠져듦으로써 얼는 이점이 꽤 강력했으리라 짐작된다.

실제로 그랬다. 스토리를 통해 얻는 내밀한 정보는 삶과 죽음을 가르기도 했으니까.

부족에 충성, 부족의 스토리에 충성

우리는 직장에서 들려오는 뒷담화, 식사 자리에서 우연히 들은 이야기, 소문이나 풍문, 목사의 설교를 막론하고 어떤 스토리를 마주할 때마다 무의식적으로 이런 질문을 하게 되어 있다. 내가 또 하루를 무사히 살아가려면 여기서 무엇을 배워야 하나? 내가 물리적 환경 속에서 살아남으려면 여기서 무엇을 배워야 하나? 더 나아가, 내가 사회적 환경 속에서 살아남으려면 여기서 무엇을 배워야 하나? 부족이라는 이름으로 긴밀하게 엮인 사회적 환경이 없었더라면, 인간은 자연을 지배하지 못하고 어중간한 서열에 머물러 있었을 것이다.[20]

집단에 소속되고자 하는 우리의 욕구는 음식, 물, 산소에 대한 욕구와 다를 바 없는 생물적 욕구다. 물론 인간이 기본적인 물리적 환경을 어느 정도 파악한 후에, 즉 벼랑 끝을 향해 무작정 걸어가면 안 된다라든지 먹이사슬에서 우리의 위치가 대강 어디인지를 알고 나서, 진화는 '할 일 다했다'라며 손을 놓을 수도 있었을 것이다. 하지만 세상을 지배하는 종이

되려면 서로 똘똘 뭉치는 방법밖에 없었다. 다시 말해, 남들과 협동하는 방법을 배워야 했다.

그런 변화를 가능케 하기 위해 우리 뇌는 약 10만 년 전에 마지막으로 폭발적인 성장을 했다. 그때 인간의 신경 회로에 새겨진 것이 바로 집단에 소속되고자 하는 욕구다. 이러한 뇌의 진화 과정은 우리의 통념과 정반대라고 신경 과학자 매슈 D. 리버먼은 《사회적 뇌》라는 책에서 지적한다. "우리는 인간의 큰 뇌가 추상적 사고를 하기 위해서 진화했다고 대체로 배웠다. (…) 하지만 최근 여러 연구에 따르면 우리 뇌가 커지게 된 주요 원인 중 하나는 사회적 인지 능력, 즉 남들과 소통하고 잘 지내는 능력을 촉진할 필요성이었다. 지금까지 우리는 가장 똑똑한 사람이란 분석적 사고력이 특출한 사람이겠거니 하고 생각했다. 하지만 진화적 관점에서 볼 때, 가장 똑똑한 사람은 사회적 기술이 가장 뛰어난 사람일지 모른다."[21]

인간이 먹이사슬의 꼭대기에 오를 수 있었던 것은 협업 능력 덕분이었다. 어떻게 하면 우리가 가진 분석적 사고력을 활용해 하루하루 목숨을 유지하고 앞날의 목표를 달성할지 머리를 맞대고 궁리한 덕분이었다. 유발 노아 하라리는 "그리하여 인간은 강력한 사회적 유대를 형성하는 쪽으로 진화했다"고 말한다.[22] 신경 과학자 마이클 가자니가도 《왜 인간인가?》라는 책에서 비슷한 말을 한다. "인간은 뼛속까지 사회적이다. 이는 결코 부정할 수 없는 사실이다. 인간의 큰 뇌는 그 주목적이 사회적 문제를 다루기 위한 것이지, 열역학 제2법칙을 보거나 느끼거나 고민하기 위한 것이 아니다."[23]

앞으로 이 책에서 계속 다루겠지만, 흔히 '소프트 스킬'이라는 이름으로 폄하되는 사회적 지능이야말로 스토리가 부여해 주는 능력이자, 스토리가 그토록 강력한 이유다. 우리는 귀에 들려오는 스토리마다 샅샅이 뜯어 보면서 다른 사람의 생각, 느낌, 믿음을 들여다볼 실마리를 열심히 찾는다. 그건 그 사람이 겉으로 말하는 내용과는 꼭 상관이 없다. 여기서 그 무엇보다 강력한 원리 하나를 알 수 있다. 우리가 스토리에 귀 기울이는 목적은 현실 도피가 아니라 현실을 헤쳐 나가기 위해서라는 것. 물론 그 현실의 상당 부분을 결정하는 것은 다른 사람들이고, 사람들은 모두 저마다의 스토리가 있다.

스토리 생존 법칙 3

우리가 스토리에 귀 기울이는 목적은 현실 도피가 아니라 현실을 헤쳐 나가기 위해서다.

하지만 진화적으로 볼 때 '최근'까지는 사람들의 스토리가 서로 그렇게 많이 다르지 않았다. 많이 다를 수가 없었다. 약 1만 년 전까지만 해도 세상이란 눈에 보이는 게 거의 전부였으니까. 모든 사건은 실시간으로 일어났고, 개인이 속한 집단의 크기는 진화 심리학자 로빈 던바에 따르면 150명 규모를 넘지 않았다고 한다.[24]

그 150명은 우리가 속한 부족 사람들이었고, 우리는 그날그날 목숨을 유지하고 살아가려면 부족원들과 평생 긴밀한 관계를 맺고 협업해야 했다. 우리 행동이 늘 남의 눈에 노출되어 있었기에, 자기 행동을 거짓으로 속인다는 건 위험한 모험이었다. 틀림없이 누군가는 실제 있었던 일을 목격했을 테고, 입이 간지러워서 당장 사방에 고자질했을 것이다. 요즘 인터넷에서 바이럴 영상이 퍼지는 것과 다를 게 없다. 그렇게 해서 가십(남의 뒷이야기)이라는 게 생겨났다. 가십도 역시 스토리다.

우리는 가십을 부정적으로 보지만, 사실 과학자들은 가십이 진화적으로 무척 중요한 역할을 했다고 본다. 부족 사회 구성원들이 책임 있는 행동을 하게 만든 게 가십이라는 것이다.[25] 부족원들은 당장 하루를 무사히 넘긴다는 기본 목표 하나를 공유하고 있었으므로 책임 있게 행동할 수밖에 없었다. 모든 사람의 목표는 명확하고 단기적이었다. 사냥하거나 굶어 죽거나, 물을 구하거나 목말라 죽거나, 맹수를 피하거나 잡아 먹히거나 해야 했으니까. 그런 목표를 이루려면 힘을 합쳐야 했다. 만약 꾀부리고 자기 몫을 하지 않는 사람이 있다면 그런 기만적인 행동은 빤히 드러날 뿐 아니라, 그 결과로 부족 전체가 곤경에 처할 수도 있다. 그런 짓을 하고 발각됐다간 집단에서 배척된다. 참으로 끔찍한 벌이 아닐 수 없다.

그때도 그랬고 지금도 그렇지만, 우리는 사회적 고통을 극심히 두려워하므로 우리 부족의 신념 체계에서 웬만하면 벗어나지 않으려 한다. 캘리포니아대학교 로스앤젤레스 캠퍼스 사회·감정 신경 과학 연구소의 나오미 아이젠버거 소장은 이렇게 말한다. "사회적 고통은 일찍이 진화 과정에서 중요한 역할을 했다. 인간은 늘 타인에게 의존하여 생존했다. 우리를 키워 주고, 먹을 것을 함께 구해 주고, 맹수와 적대 부족으로부터 지켜준 것은 언제나 타인이었다. 사회적 관계 없이는 말 그대로 목숨을 부지할 수 없었다. 그렇다면 남에게 배척당하는 고통도 신체적 고통처럼 생명의 위험을 알리는 신호로서 진화한 게 아닐까. 그리고 자연은 새로운 메커니즘을 처음부터 만들기보다는 영리하게도 기존의 신체적 고통 메커니즘을 그대로 '빌려 온' 게 아닐까. 그래서 결국 몸의 상처와 마음의 상처가 우리 뇌 속에서 그토록 긴밀히 맞물리게 된 게 아닐까."[26]

　　이렇게 사람은 타고난 본능상 자신이 속한 집단에 충성
하려고 하기에, 집단의 믿음에 어긋나는 행동을 요구받으면
위협을 받은 것으로 간주한다. 사실에 완전히 부합하는 말이
라 해도 소용없다. "싸우자"라는 말로 들릴 뿐이다.

　　그러나 똑같은 주장도 상대방의 세계관에 맞춘 스토리
의 형태로 전달한다면 우리가 바라는 변화를 일으킬 수 있을
뿐 아니라, 상대방의 마음을 움직여 집단 전체에 우리 주장을
옹호하도록 유도할 수 있다.

핵심 요약

우리 뇌는 나름의 원칙으로 정보를 거르고, 걸러낸 정보는 기억하기는커녕 거들떠보지도 않는다. 그러나 스토리에는 늘 VIP 특별 입장권을 안겨 주기에, 스토리에 담긴 정보는 장기적 기억으로 옮겨지기 쉽다. 스토리를 만들려면 우선 다음을 잊지 말자.

- ◆ 우리 뇌는 매 순간 워낙 많은 정보를 접하기에 우리와 상관없는 정보는 죄다 걸러낸다. 그 문지기 역할을 하는 것이 인지적 무의식으로, 우리 생존에 불필요하다고 여겨지는 데이터는 길목을 막고 차단한다.

- ◆ 우리는 모든 정보를 다음 기준으로 접근한다. '내가 가진 동기를 고려할 때 이것은 내게 득이 되는가, 해가 되는가?' 양쪽 다 해당되지 않으면 백색 소음이다.

- ◆ 스토리는 일종의 생존 수단으로서, 우리는 스토리 덕분에 과거와 현재를 이해할 수 있고, 미래를 머릿속에 그리며 앞으로 찾아올 위험과 즐거움에 대비할 수 있다. 따라서 스토리는 뇌가 구사하는 언어라고 할 수 있다.

- ◆ 최근 여러 연구에 따르면 인간의 뇌가 진화한 목적은 추상적 사고를 잘하기 위해서가 아니라 남들의 마음을 더 잘 읽기 위해서다. 그 목적은? 집단 내 구성원들과의 유대를 강화하고, 뭔가 바보짓을 해서 영영 따돌림을 당하는 불상사를 막기 위해.

사실은 사실로
물리칠 수 없다

"정보의 풍요는 관심의 결핍을 낳는다."

● 허버트 사이먼, 노벨경제학상 수상자

사실fact이라고 하면 편안하게 느껴진다. 확고부동하고 냉철하고 중립적이면서, 완벽히 논리적이라는 인상을 준다. 사실이면 곧 믿을 수 있고, 믿을 수 있는 게 곧 사실 아니겠는가? 사실은 객관적이니까. 객관적이란 건 사전에 따르면 '정신과 독립하여 실제로 존재하는' 것을 뜻한다. 다시 말해 이론의 여지없이 명백한 진실을 가리킨다. 그런데 안타깝게도 사실에는 늘 모호한 구석이 있는 듯하다. 우리는 사실을 여러 의미로 해석하기 때문이다.

> **사실** 지구의 기온이 높아지고 있다. (높아지는 건 맞는데, 그게 인간 탓은

아니라고.)

사실 인간이 달 표면을 걸었다. (달 표면 좋아하시네. 영화 세트장에서 찍은 사진을 믿으라고?)

사실 건강에 좋은 식사를 하고, 담배를 피우지 않고, 운동을 충분히 하는 것이 장수의 비결이다. (그럼 우리 할아버지는? 술고래에 골초인 데 다 가공식품만 드셨어도 105살까지 사셨는데.)

1강에서도 언급했듯이, 우리를 비롯해 모든 사람은 '객관적' 현실을 주관적 안경 너머로 본다. 각자의 개인적 서사라고 하는 안경이다. 그러므로 사실 그 자체는 정신과 독립하여 존재한다 해도, 사실이 갖는 '의미'는 절대 그렇지 않다. 격렬한 정치 논쟁을 지켜보면 알 수 있지만, 사람마다 객관적 현실이라는 것을 완전히 다르게 본다. 그러나 우리는 생물학적으로 자신의 주관성을 깨닫지 못하게 되어 있으니(물고기가 물이 뭔지 알겠는가?) 누가 우리의 사실 해석에 동의하지 않는다고 하면 혀를 끌끌 차며 이렇게 생각한다. '아! 현실을 있는 그대로 저들에게 이해시킬 수만 있다면 저들도 내 생각에 동의할 텐데. 그래, 한 번만 더 설명해 주자.' 물론 화가 머리끝까지 나서 식식거리며 자리를 박차고 나갈 수도 있다. 자랑은 아니지만 나도 그랬던 적이 한두 번이 아니다.

그런데 알고 있는가? 상대방은 사실을 완전히 다른 의미로 받아들이기 때문에 오히려 우리가 사실을 못 보고 있다고 생각한다.

좋은 소식은 그래도 상대방이 우리 말을 듣긴 듣는다는 것이고, 나쁜 소식은 듣는 이유가 반론을 준비하기 위해서라는 것이다. 우리가 말을 마치자마자 자기 설명을 늘어놓으리라. 이해해 주자. 상대방이 고집불통이어서 그러는 게 아니니까. 자기가 그러고 있다는 것도 모를 공산이 크다. 그럼 누구를 탓해야 하냐고? 다 인간의 신경 회로 탓이다.

우리는 뭔가를 한번 믿기 시작하면 그걸 믿음이라고 생각하지 않는다. 누구나 눈만 똑바로 뜨면 볼 수 있는 사실이라고 생각한다. 그래서 사실을 사실로 물리칠 수 없다고 하는 것이다. 문제는 사실 자체가 아니라, 상대방이 사실에 부여하는 주관적 의미니까. 그 때문에 우리의 말이 상대방에게 통하지 않는 것이다. 그리고 인정하고 싶진 않지만, 상대방 말이 우리에게 통하지 않는 이유도 똑같다.

그래서 상대방의 세상 보는 관점을 바꿔줄 스토리를 만들려면 알아 둬야 할 것이, 상대가 부여한 주관적 의미는 애초에 다 무미건조한 사실에서 왔다는 점이다. 그 점을 이해하지 못한다면 우리도 똑같은 실수를 저지르기 쉽다. 우리가 사실에 부여한 주관적 의미를 객관적 의미로 착각하는 것이다.

이 강에서는 과학자들의 연구 결과를 통해, 타인이 우리의 믿음을 반박하려고 할 때 우리가 본능적으로 거부하게 되어 있는 원리를 알아본다. 우리가 사실이란 객관적이므로 믿을 만하다고 착각하고 사실의 힘을 오해하는 과학적인 이유도 살펴본다. 또, 사실을 스토리에 담아내면 우리도 모르는 사이에 신념 체계에 저절로 스며들 수 있음을 알아본다.

하지만 그전에 머리에 새겨야 할 원리가 하나 있다. 사실을 '사실'의 형태로 접했을 때 우리가 어떻게 반응하느냐 하는 것이다.

사실에 관한 사실

우리 뇌는 사실을 네 가지 범주로 깔끔하게 구분한다.

❶ **중립적 사실** 현재 우리와 아무 상관없어 보이는 사실로, 우리 뇌가 저절로 무시하게 되어 있다. (껌에는 고무가 들어 있다, 우주에는 은하가 수천억 개 있다.)

❷ **경고성 사실** 우리에게 틀림없이 해로운 무언가를 나타내는 사실이다. 그 무언가는 물리적 요인일 수도 있고(사자다, 도망쳐!), 사회적 요인일 수도 있다(네가 차 긁은 걸 엄마가 알면 넌 평생 외출 금지야!).

❸ **입증하는 사실** 우리가 가진 믿음을 뒷받침하는 사실이다(초콜릿이

몸에 좋다고? 그럴 줄 알았지!).

❹ 　상충하는 사실　우리가 아는 진실과 반대되는 사실이다(지구가 둥
글다고? 말도 안 되는 소리!).

　　누가 위의 마지막 예처럼 반응한다면, 우리는 온갖 사실
과 숫자를 동원해 지구가 평평하지 않음을 증명하려고 할 것
이다. 다시 말해 우리 생각을 입증하는 사실들을 늘어놓는다.
그러면 지구 평면론자는 또 열심히 근거를 제시해 가며 그 사
실과 숫자가 잘못됐음을 증명하려고 할 것이다. 우리 말에
일리가 있을 가능성은 가뿐히 무시한다. 대화의 결론은? 우
리는 상대방의 터무니없는 생각을 깔끔히 논박했다고 생각
하지만, 상대방은 우리가 단단히 오해하고 있다는 확신만 굳
힌다.
　　상대방의 열렬한 믿음을 바꿀 생각으로 사실에 호소한
다면, 잘해야 오해를 빚을 테고 잘못되면 주먹다짐을 벌일 수
도 있다. 왜냐고? 3강에서 알아보겠지만, 사람은 자기가 간직
한 신념에 반하는 사실을 접하면 화가 벌컥 나기 마련이니까.
"지금 싸우자는 거냐?"라는 말을 그럴 때 쓰는 것이리라. 싸
움이 날 만도 하다. 사실 자체가 화낼 만한 내용이어서가 아
니라, 상대방이 그 사실과 관련해 지어낸 서사 때문이다. 그런
사실은 반드시 피해야 한다. 직접 언급하지도 말고, 스토리 속

에 넣지도 말아야 한다.

중립적 사실도 딱히 더 나을 건 없다. 아무리 객관적으로 완벽히 옳은 사실이라고 해도, 우리에게 실제로 아무런 영향을 끼치지 않으니까. 생각해 보라. 지구에서 달까지의 거리가 38만 4400킬로미터라거나, '호박색'이라는 표현이 영어 문헌에 처음 등장한 것은 1500년이었다거나, 아니면……. 여러분, 잠에서 깨길! 내 말 듣고 있는지?

지금 깜빡 졸았다면, 그건 여러분의 뇌가 아주 논리적인 질문을 던지면서 단호하게 저항했기 때문이다. "나랑 무슨 상관이야?" 그게 사소한 질문이 아니다. 신경 과학자 마이클 가자니가는 이렇게 말했다. "우리 뇌는 모든 결정을 '다가갈까 물러날까approach or withdraw' 모드로 검토한다. 다시 말해, '안전한지 아닌지' 묻는다."[1] 엄밀히 말하면, 그냥 안전한지가 아니라 우리가 가진 구체적 동기에 비추어 안전한지를 묻는다.

안전을 유지하려면 품이 많이 든다. 추상적, 관념적, 중립적인 사실을 상대할 여유가 없다. 남들이 아무리 중요하다고 믿는 사실이라도 소용없다. 게다가 사실을 제시받고 나면 할 일이 얼마나 많은가. 그 사실에 대해 생각해 보고, 의미를 판단하고, 맥락을 상상해 스토리로 만들어 스스로에게 들려준 다음, 내게 과연 중요한 것인지, 중요하다면 왜 중요한지를 파악해야 한다. 무급으로 하는 일치고 여간 많아 보이지 않는다. 신경 과학자 폴 잭은 《대뇌Cerebrum》라는 책에서 이렇게 말한다. "주의력이라는 것은 희소한 신경 자원이다. 우리 뇌는 자원을 아낄 필요가 있는데, 주의력을 유지하려면 에너지가 많이 든다."[2] 우리는 진짜로 중요한 것을 위해 주의력을 아끼게 되어 있다. 중요치 않은 일에 주의력을 낭비하는 것만큼 어리석은 일도 없다.

그렇다면, 우리가 학교 다닐 때 수업 시간에 한눈팔아서 야단맞았던 것도 다 우리 잘못이 아니다. 우리가 그러고 싶어서 그런 게 아니니까. 다 우리 뇌의 잘못이다. 왜냐고? 사람은 가령 미국의 역대 대통령 이름 외우기처럼 자기와 전혀 관련 없어 보이는 일이라면 아무리 집중하려고 한들, 선생님에게 지목이라도 받기 전에는 자기도 모르게 딴 생각을 할 수밖에 없다.[3] 이를테면 점심시간이 얼마나 남았나 궁금해지는 것이다. 그건 정말 중요한 일이 맞으니까. 특히 급식 반찬이 잘 나오는 날이면 말할 것도 없다.

그러나 초등학교 때부터 남들은 늘 우리 앞에 이런저런 사실을 제시한다. 마치 '객관적으로 옳다'라는 이유만으로 당연히 그 사실이 우리한테 중요한 것처럼. 하지만 스토리가 빠져 있다면, 그래서 사실을 맥락 속에 놓고 볼 수 없다면, 그 사실이 우리한테 시급하고 중요하다 한들 우리가 무슨 수로 알겠는가?

　그 문제를 나는 직접 겪어 봤다. 예전에 스토리의 힘을 주제로 강연을 하러 미국 해양대기청에 갔을 때다. 강연을 들으러 모인 사람들은 '생동하는 지구Science On a Sphere'라는 이름의 교육용 체험 시설에 쓰일 내레이션 대본을 만들고 있었다. 그 시설은 웹 사이트의 설명에 따르면, "구체형 디스플레이 장치가 설치된 체험 시설로, 거대한 동영상 투사체라 할 수 있는 지름 2미터의 공 표면에 컴퓨터와 프로젝터를 이용해 지구 관측 자료를 표시해 준다"고 한다. 뭔지 상상이 가는가? (나도 안 간다.) 이런 것이다. 깜깜한 방에 들어가면 거대한 공이 공중에 떠 있는데, 그게 지구다. 지구 모형은 은은한 빛을 발하면서 바다, 태풍, 해일, 눈부신 일출 등을 생생히 묘사해 준다.

　어쨌든 진짜 문제는 이거였다. 해양대기청 사람들의 목표는 일단 관객의 관심을 사로잡은 다음(거기까진 지구 모형으로 쉽게 가능했다), 관객들에게 기후 변화로 인해 우리 앞에 닥칠 재앙을 피부에 와닿게 해 주는 것이었다. 그런데, 웃지 말길. 과학자들은 다음과 같은 문장이 왜 효과가 없는지 영 이해하지 못했다. "대기 중 이산화탄소는 계속 늘어나 2100년이면 717피피엠ppm에 이를 것으로 예상됩니다. 2000년 이산화탄소 양의 거의 두 배에 달하는 수치입니다. 이 모형의 예측에 따르면 북미 대륙의 기온이 섭씨 4.9도 오르고, 지구 전체의 평균 기온은 섭씨 2.9도 오르게 됩니다."[4]

　그래서 좋다는 걸까 나쁘다는 걸까? 나는 두꺼운 옷 입는 걸 별로 좋아하지 않아서 섭씨 4~5도쯤 오르는 건 괜찮을 것 같은데? 나 같으면 그 설명이 나올 때까지 집중해서 들었을 것 같지도 않지만. 그런데 과학자들은 망연자실했다. 그런 엄청난 사실을 말해 줬는데 관객들이 왜 관심을 보이지 않는 거지? 당장 플라스틱, SUV, 햄버거, 장시간 온수 샤워 등을 끊겠다고 맹세해야 하는 것 아니야?

　'그 사람들 참 순진하네'라며 실소하고 싶지만, 우리도 늘 저지르는 실수다. 마이클 가자니가는 이렇게 말한다. "사람들은 자신이 알고 믿는 것을 남들도 알고 믿으리라 생각하는 경향이 있다. 또 남들의 지식을 과대평가하는 경향이 있다."[5] 그런 경향을 가리켜 '지식의 저주'라고 한다. 한마디로, 사람은 일단 뭔가를 알고 나면 모르는 사람의 입장에서 생각하는 게 거의 불가능하다는 얘기다. 이 현상을 잘 보여 준 연구가 있다. 1990년 스탠퍼드대 심리학과 학생 엘리자베스 뉴턴의 박사학위 논문인데, '두드리는 사람과 듣는 사람tappers and listeners'이라는 실험이 등장한다.

　뉴턴이 검증하려고 나선 가설은 "우리는 남들이 눈앞의 상황을 우리와 똑같이 판정하리라고 생각한다"라는 것이었다.[6] 다시 말해, 남들도 세상을 우리와 똑같이 바라보며 세상

속 사건을 우리와 똑같은 의미로 해석하리라고 당연히 생각한다는 것이다. 뉴턴은 실험 참여자를 두 그룹, '두드리는 사람'과 '듣는 사람'으로 나눴다. 두드리는 사람은 〈생일 축하합니다〉처럼 간단한 곡의 박자에 맞춰 탁자를 두드리고, 듣는 사람은 무슨 곡인지 맞히는 게임을 했다.

그런데 그전에 두드리는 사람에게 듣는 사람의 몇 퍼센트나 정답을 맞힐지 예측해 보라고 했다. 누구나 아는 곡조인데 그거 맞추는 게 얼마나 어렵겠는가? 두드리는 사람들이 평균적으로 예측한 정답률은 50퍼센트였다. 실제 정답률은 어땠을까?

참담했다. 120회나 실험을 벌였는데 듣는 사람이 정답을 맞힌 건 딱 세 번이었다. 말하기도 안쓰럽지만, 고작 2.5퍼센트의 정답률이었다. 두드린 사람들은 영문을 알 수 없었다.

어떻게 그렇게 못 맞추나 싶었을 것이다. 그런데 두드리는 사람들이 간과한 점이 있다. 자신은 박자를 두드리면서 〈생일 축하합니다〉 노래를 머릿속으로 능숙하게 연주하고 있었다는 사실이다.

뉴턴은 이렇게 지적한다. "두드리는 소리는 머릿속의 멜로디 연주에 전혀 방해가 되지 않는다. 오히려 멜로디를 보완하면서 연주의 핵심 요소를 이룬다. (…) 반면 상대방은 우리 머릿속 연주를 들을 수 없으니 우리가 두드리는 소리에 전적으로 의존해야 한다. 우리는 음이 이어지고 있다고 상상하는 구간이, 듣는 사람에게는 두드림이 없는 구간일 뿐이다. 두드림 소리에서 우리의 상상이 생생하게 만들어 낸 음악적 맥락을 제거하면, 남는 건 그저 두드리는 소리뿐이다."[7]

사실을 앞세우다 보면 똑같은 실수를 하기 쉽다. 해양대기청 과학자들이 저지른 실수가 그랬다. 아마 과학자들은 통계 숫자만 제시하면 듣는 사람 머릿속에 곧바로 만년설이 녹고 식량난이 극심해지고 사람들이 집단으로 이주하는 광경이 펼쳐지리라고 생각했으리라. 그러나 관객의 귀에 들려온 것은 장황해 보이는 숫자와 데이터뿐이었다. 아무 스토리도, 아무 의미도 읽히지 않는 중립적 사실뿐이었다. 관객들은 기껏해야 이렇게 생각했을 것이다. '쩝, 과학자들이 뭔가 중요한 얘기를 하려는 것 같긴 한데, 무슨 말인지 통 모르겠네.'

어떤 사실이 우리의 관심을 사로잡으려면, 그 사실이 어떤 귀결을 낳는지 우리 눈에 간단명료하면서도 구체적으로 보여야 한다. 꼭 우리에게 직접 영향을 끼칠 필요도 없다. 그러지 않더라도 우리 관심을 단박에 사로잡을 수 있다. 가령 우리의 신념 체계나, 우리의 자아상이나, 같은 집단에 속한 사람들 눈에 비칠 우리 모습과 관련이 있으면 된다. 집단 안에서는 사회적 위상만큼 중요한 게 없으니, 우리는 집단 구성원들의 의견을 중시하기 마련이다. 가령 나를 예로 들면, 네 살짜리 딸이 북극곰을 좋아하니 햄버거를 좀 덜 먹어야겠단 생각이 든다. 기후 변화로 북극 지방 얼음이 다 녹아 버리면 딸이 나중에 커서 엄마를 탓할 테니까.

어떤 사실이 그 자체로 당장 행동을 촉발하는 경우는 딱 하나, 명백하면서 당면한 위험을 전할 때뿐이다. 예를 들면 "앗, 우리 집 마당으로 미사일이 날아온다!"라든지 "그 케이크 안 먹는 게 좋을 텐데. 아빠가 소금하고 설탕을 또 헷갈렸거든" 같은 것이다.

자기 믿음을 입증하는 사실도 우리는 잘 받아들인다. 이미 우리 머릿속에 해석할 틀이 마련돼 있기도 하고, 또 우리 믿음이 옳음을 확인함으로써 스스로 똑똑하다는 만족감도 느낄 수 있으니까. 다시 말해, 그런 사실은 우리의 주관적 서사에 잘 들어맞고 또 엄청난 효과가 있다. 여러분의 목표가 스토리를 듣는 상대의 현재 상태를 더 공고히 해 주는 것이라면 말이다.

그런데 여러분의 목표가 그것인가? 아닐 것이다. 여러분이 주장을 펴고, 광고를 벌이고, 기증을 호소하는 목적은 듣는 이로 하여금 하지 않던 행동을 하게 하는 데 있다. 한마디로 상대방을 변화시키는 것이다. 다음 강에서 살펴보겠지만 그게 분명히 가능한 일이긴 한데, 쉬운 일은 아니다. 상대방이 머리가 나쁘거나 성격이 비뚤어져서가 아니다. 태곳적부터 몸에 축적된 경험을 통해, 현재 상태를 바꾸면 치명적인 결과를 초래할 수 있다는 점을 잘 알기 때문이다.[8]

그래서 현재 상태를 반박하는 사실을 던지면 상대방의 저항을 살 수밖에 없다.

이때 사람을 전투 모드로 만드는 것은 사실 그 자체가 아니다. 호소나 설득이나 주장 그 자체가 아니다. 사실이 그 사람의 개인적 서사에 어떤 식으로 들어맞느냐가 문제다. 개인적 서사는 일종의 '암호 해독기'라고 볼 수 있다. 우리는 무슨 사실이든 그것으로 해독한다. 암호 해독기를 돌려서 거짓으로 판정되면 차단해 버린다.

가짜 뉴스에 휘둘려선 안 되지 않겠는가?

객관적 사실의 주관적 의미 해독

우리의 암호 해독기는 과연 무슨 기준으로 현재를 해석하는 걸까? 바로, 과거에서 얻은 정보다. 우리가 사물에 부여하는 의미는 거의 전부가 우리 뇌에 처음부터 박혀 있던 것도 아니고, 근본적으로 옳은 것도 아니다.[9] 그 의미는 우리가 살면서 하나하나 터득한 것이다. 사물의 이치를 직접 부딪쳐가며 배운 결과다. 생존하기 위해, 우리가 태어난 부족 안에서 잘 살기 위해서 말이다. 우리는 주어진 환경에 적응하는 능력을 갖추고 태어난다. 부족의 진리를 우리의 진리로 받아들이고, 그에 따라 행동하게끔 되어 있다.

한 예로 분홍색은 여자아이용, 파란색은 남자아이용이라는 관념을 생각해 보자. 남자아이에게 분홍색 옷을 입히면 '남자답지 않다'라는 게 사회의 시선이다. 부모가 뭔가 뜻이 있어서 그렇게 입혔으리라 생각하기도 한다. 아이러니하게도, 우리 사회에서 분홍/파랑 성별 구분은 예전에 정확히 반대였다. 《언쇼의 유아 세계Earnshaw's Infants' Department》라는 전문 잡지 1918년 6월호에 실린 기사를 보면 이런 글귀가 있다. "일반적으로 남아는 분홍색, 여아는 파란색이 원칙이다. 분홍색은 단호하고 강한 색이므로 남아에게 어울리고, 파란색은 섬세하고 앙증맞은 색이라서 여아에게 예뻐 보이기 때문이다."[10] (성 역할 고정관념도 이보다 투철하긴 어려울 듯하다.) 두 색깔을 둘러싼 '스토리'는 1940년대에서 1950년대 무렵이 되어서야 정반대로 바뀌었다.[11]

다 옛날이야기라고? 얼마 전 봄 축제에 놀러 갔을 때 있었던 일이다. 달걀 찾기 게임이 있어서 아이에게 달걀 담을 바구니를 사주려고 긴 줄에 섰다. 내 앞에 어떤 아버지와 어린 아들이 있었는데, 아이가 어떤 바구니를 사달라고 가리키자 아버지가 흘끔 보더니 단호하게 타일렀다. "안 돼. 분홍색 줄이 들어 있잖아. 다른 거 사자." 웬만큼 자세히 보지 않으면 보이지도 않는 분홍색 줄이었는데, 그 아버지에게는 절대 용납이 안 되는 모양이었다.

아이의 아버지를 비판하기는 쉽다. 나도 처음엔 그랬다. 그런데 어떤 현명한 친구 말을 듣고 나서 다시 생각하게 됐다. 그 아버지가 자란 세상에서는 남자아이가 그런 바구니를 갖고 다니면 엄청난 놀림감이 됐거나 따돌림을 당했을 수도 있다는 것이다. 아들이 그렇게 되기를 바라는 아버지가 세상 어디 있겠는가? 아버지의 암호 해독기는 판단을 확실히 내린 것이다. 내 자손의 장래 번영을 위협하는 요인을 그냥 둘 수 없다, 반드시 막아내야 한다! 자손에 대한 위협이라면 진화적으로 당장 조치해야 할 일이 틀림없지 않은가.

그 아버지가 미처 깨닫지 못한 점이라면 자기가 자랐던 세상이(또는 들려오는 이야기를 통해 받아들였던 세상이) 이제는 존재하지 않는다는 것이다. 존재한다 해도 바뀌고 있는 것만은 확실하다. 그런 식의 성 규범은 우리 행동을 구속할 뿐 아니라 사회가 만든 개념에 불과하다는 인식이 커져 가고 있으니까.

우리가 객관적 사실로 여기는 것은 문화적 신념뿐만이 아니다. 우리 문화에서 육체적 생존에 필요하다고 판명한 것도 우리는 내면화한다. 가령 여러분이 가나에서 자랐다면 통통하고 즙 많은 흰개미를 별미로 여길 만하다. 태국에서는 꿈

틀거리는 벌레를 즐겨 먹는다. 나는 미국에서 자란 사람이니 둘 다 생각만 해도 온몸이 스멀거린다. 그런 유형의 음식에 객관적으로 무슨 문제가 있어서가 아니다. 사실 곤충은 우수한 단백질 공급원이다. 그렇지만 나는 햄버거는 맛있게 먹어도 벌레는 눌러 죽이면서 컸으니까. 따지고 보면 햄버거도 별반 다를 게 없는데 말이다. 사실 죽은 소의 살을 갈아서 먹는 게 더 징그럽다고 누가 주장해도 딱히 반박하긴 어렵다. 게다가 햄버거가 아무리 좋아도 직접 소를 잡으라고 하면 나설 사람은 별로 없지 않을까. 벌레라면 쉽게 밟아 죽이겠지만.

그러나 아무리 그렇다 해도, 벌레라면 너무 끔찍한데 어쩌겠는가.

게다가 암호 해독기로 '객관적'이라고 하는 사실을 해석할 때는 정서적, 정신적 영역도 고려해야 한다. 여러분이 인도 사람이라면 이렇게 생각할지도 모른다. "뭐, 소고기를 먹는다고? 소는 신성한 동물인 것 몰라?" 그런가 하면 육식 자체가 잔인하고 비인도적이라고 보는 사람도 있다. 더군다나 모든 집단은 자기들이 옳다고 확신한다. 거기까진 당연하다고 해도, 정말 간과하기 쉬운 점은 이것이다. 우리는 우리와 의견이 다른 사람을 보면, '저 사람은 저렇게 단단히 믿기로 결정했구나' 하고 생각하기 쉽다. 그래서 '저 사람도 자기 믿음에 반대되는 논리적 근거를 접하면 믿음을 바꾸기로 결정하겠지'

라고 생각하곤 한다.

사람은 근거를 객관적이고 냉철하게 따져 본 다음 '실증적 증거'를 토대로 믿음을 결정하게 되어 있다는 생각이야말로 착각이다. 여러 문화권에서는 그런 오해를 인간 본성의 주춧돌로 본다. 인지 신경 과학자 탈리 샤롯은 《최강의 영향력》이라는 책에서 이렇게 지적한다. "결론적으로, 비록 우리는 데이터를 숭상할지라도, 우리 뇌가 데이터에 접근하고 결정을 내리는 데 실제로 쓰는 수단은 우리 뇌가 '마땅히 써야 한다'고 많은 이가 믿는 수단과 전혀 다르다(강조는 내가 넣었다). 정보와 논리를 우선시하는 접근의 문제는 인간을 인간이게 하는 핵심 요소, 즉 동기·두려움·소망·욕구 등을 무시한다는 점이다."[12] 그 '마땅히 써야 한다'라는 생각이 참 문제다. 오로지 순수한 데이터만 놓고 얼마든지 결정을 내릴 수 있으며 더 나아가 그게 바람직하다고 알고 있는 사람이 너무나 많다. 심지어 객관적인 논리 '이외의' 것을 결정 기준으로 삼는다면 그건 그 사람의 성격적 결함이자 약점이라고 생각한다.

다행히 놀랍고도 안심되는 사실이 있다. 인간이 분석적 사고만 가지고 크게 발전할 수 없음을 진화의 섭리는 이미 꿰뚫고 있었다는 것. 물론 분석적 사고도 인간만의 고유한 특징이지만, 아시다시피 인간이 세상을 지배할 수 있었던 힘은 다른 데 있었다.

사실 인간의 가장 뛰어난 재주는 비판적 사고가 아니라, 남들과 힘을 합치는 능력이다. 그래서 우리는 태어난 순간부터 우리 부족이 사물의 의미를 어떻게 해석하는지 관찰하여 암호 해독기에 반영하고, 그럼으로써 늘 부족의 믿음에 부합되게 행동하는 자세를 익힌다. 그것이 우리의 생존 방법이다. 그뿐 아니라 서로 간에 소통을 더욱 확실히 할 수 있도록, 자연은 약 10만 년 전 우리 뇌를 개량할 때 신경 회로를 살짝 손봐서 엄청난 도구의 탄생을 가능케 했다. 그 어떤 화살촉, 돌도끼, 새총을 다 합친 것보다 세련되고 강력한 그 도구는, 바로 언어였다.[13] 인간은 '객관적 사실'의 주관적 의미를 만들어 내고 전달하는 재주를 터득함으로써 서로 뭉치고 앞날을 계획할 수 있었다. 그리하여 오늘날에 이른 것이다.

객관적 사실이라 해도 거짓말처럼 느껴지는 이유

문제는 최근까지만 해도 '객관적' 사실과 우리의 주관적 해석을 딱히 구분할 필요가 없었다는 것이다. 왜냐고? 우리가 진화한 세상이란 굉장히 한정적이었고 그다지 변화가 없어서 눈에 보이는 게 거의 전부였으니까. 그렇다고 따분했다는 건 아니다. 먹을 것과 물은 별로 없고, 날씨는 험하고, 주위엔 덩치 크고 사나운 맹수들이 돌아다녔으니, 목숨을 부지하는 데만 온종일 전력을 다해야 했다. 커피나 낮잠도 즐기지 못하고 항상 경계하면서 살아야 하는 세상이었다.

그런 경험을 통해 배운 전략적 정보는 워낙 확실한 데다 변할 게 없었고, 우리가 속한 부족은 작고 고립된 데다 균질적이었기에, 우리가 세상을 보는 주관적 관점과 세상 그 자체는 딱히 구분되는 개념이 아니라 그게 그거였다.[14] 그것도 엄청나게 오랜 세월 동안 그랬다. 사자 눈에 우리는 늘 맛 좋은 먹잇감이니, 사자를 만나면 도망가는 게 상책이었다. 그렇게 살면서 배운 교훈은 인지적 무의식 속에 일종의 객관적 사실로 박아놓는 게 생물적 이치로 볼 때 현명한 선택이었다. 아니, 그러지 말라고 하는 사람이 누가 있겠는가? 세상을 봐도, 우리 목숨을 지켜주는 부족 사람들을 봐도, 그러지 말아야 할 이유가 없지 않은가. 또 생존하려면 반드시 협력해야 했기에, 우리 부족의 정체성은 곧 개인의 정체성이 됐고, 부족원들은 공동의 믿음을 공유하게 됐다. 매정하리만치 단순한 세상 속에서 하루하루 살아가려면 부족 안의 모든 사람이 사실상 똑같은 암호 해독기를 차고 다녀야 했다.

세상은 그렇게 한동안 잘 돌아갔다. 그런데 우리는 협력에 도가 트고 나서 뭔가를 깨달았다. 맹수의 위협에서 벗어나고 먹을 것을 직접 길러 먹을 수 있다는 것이었다. 그래서 뛰어다니는 대신 한곳에 정착하고, 주변의 모든 것을 바꾸기 시작했다. 그렇게 지난 1만 년을 살아오다 보니, 진화의 결점 하나가 명백히 드러났다. 다름 아니라 변화 속도가 너무, 너무 느리다는 점이었다. 우리는 주변의 환경과 문화를 폭발적인 속도로 바꿔 나갔다. 먹이사슬의 굴레에서 멋지게 벗어나는 데서 시작해, 이제는 10000분의 1초에 수만 명에게 자동으로 전화해 대출을 권유할 줄도 알게 됐다. 하지만 한 가지만큼은 신속하게 바꿀 수가 없었는데, 그건 바로 우리의 신경 회로다.[15]

우리가 진화하며 살아갔던 세상과 우리가 지금 사는 세상은 완전히 딴판이다. 아이러니하게도 우리는 협력을 기막히게 잘하는 바람에 무수한 부족으로 쪼개졌다. 이제 부족은 예전처럼 지리적 위치로만 나뉘는 게 아니라, 종교, 재산, 지지 정당, 좋아하는 곡 등 여러 기준에 따라 다양하게 나뉜다. 부족마다 나름의 암호 해독기가 있고, 각 개인은 그것을 또 나름대로 고유하게 변형하여 갖고 있다. 더군다나 암호 해독기는 계속 변화한다. 그토록 복잡다단하고 역동적이면서 하나의 지구로 엮인 오늘날의 세상에서, 이제 더는 예전처럼 단순명료하고 고정적이지 않다.

심지어 이제는 사실이 현실에 부합하는지 아닌지도 알길이 없다. 옛날에는 돌이라면 그냥 돌이었다. 돌을 깃털이라고 주장하는 사람이 있을 때 반증하려면 돌을 그 사람 머리통에 쳐 주면 그만이었다. 오늘날은 어떤 사실이 참인지 아닌지 증명할 길이 없을 때가 많다. 워낙 복잡한 지식이 필요한 탓에, 우리 스스로 알아낼 도리가 없으니까. 강입자 충돌기 실험이 잘못되면 미니 블랙홀이 생성되어 지구가 송두리째 사라질 우려가 있는지 없는지 여러분은 알 방법이 있는가? 나도 없다. 그런데 세상엔 그런 걱정을 하는 사람도 있는 모양이다. (지구 평면론자 같은 부류의 사람들만 그러는 것도 아니다.)

그뿐인가, 오늘 증명돼 있던 사실이 내일이면 완전히 거짓이 되기도 하고 다시 또 뒤집히기도 한다. 달걀이 몸에 좋다고 했다가, 달걀 먹으면 몇 살 무렵에 심근경색에 걸린다고 했다가, 사실 그렇게 나쁘진 않다고 했다가, 아니다 진실은…… . 그런 식이니 어쩌겠나. 아, 몰라! 하고 달걀이 들어간 팬케이크를 그냥 먹고 말지. 응? 그래, 글루텐 안 들어간 걸로 먹어야겠지.

이런 현실을 가리켜, 벨기에의 사이버네틱스 학자 프랜시스 헤일리겐은 학술지 《정보사회》에 실린 논문에서 다음과 같이 지적했다. "개인은 자신이 원활히 처리할 수 있는 범위 이상의 정보와 기회를 고려해야만 하는 현실이다. 이 같은 정보 과부하 문제를 심화하는 요인이 이른바 '데이터 스모그'로, 정보의 발행이 쉬워진 탓에 질 낮은 정보가 범람하는 현상을 가리킨다."[16] (SNS야, 너 들으라고 하는 말이란다.)

우리의 신경 회로는 우리가 옛 세상에서 살아갈 수 있게 끔 진화했다. 변화가 거의 없던, 지금은 사라진 세상이다. 그런데 우리는 이미 진화를 너무나 한참 앞질러 나갔으니, 진화가 우리를 따라잡기는 이제 글렀다고 봐야 될 것이다. 그래서 우리는 생물적으로 큰 짐을 지고 그 때문에 고생을 톡톡히 하고 있다. 즉, 우리는 일단 경험을 통해 뭔가의 의미를 배우고 나면(부모님이 엄숙히 설파하신 진리든, 흥미롭게 빠져든 이야기든, 실제로 겪은 일이든) 그 의미를 거의 불변의 사실로 회로에 박아 놓고 자신의 일부로 삼는다. 일단 무언가를 믿으면 아무리 사소한 믿음도, 가령 자기가 쓰는 치약이 최고로 좋다는 믿음도(그런데 내가 쓰는 치약은 정말 최고로 좋다) 자기 정체성의 일부가 되고, 이를 반박하는 사실은 나와 내가 속한 집단을 '모두' 반박하는 셈이 된다. 다시 말해 위협으로 인식된다.

그래서 우리는 새로운 사실이라면 일단 눈을 가늘게 뜨고 보지만, 정말 우리 신경을 거스르는 건 누가 우리 믿음을 반박하려고 던지는 사실이다. 우리는 본능적으로 그런 사실을 즉각 거부하게 되어 있어서, 때로는 죽기 살기로 거부하기도 한다.[17] 아닌 게 아니라, 우리 몸에 새겨진 생물적 이치로 보면 정말 죽고 살 일이 맞으니까.

주먹보다 센 게 말

우리가 자기 믿음을 반박하는 말을 들었을 때 '싸우자'라는 식으로 나오는 이유는 간단하다. 내가 《끌리는 이야기는 어떻게 쓰는가》에서 밝혔듯이, 우리는 본능적으로 변화를 거부하게 되어 있다. 때로는 필사적으로 거부한다. 왜냐하면 진화적으로 볼 때 거의 예외 없이, 변화를 거부하면 고집쟁이가 되는 게 아니라 똑똑한 사람이 됐으니까.

이는 한마디로 '항상성'이라고 하는 현상이다. 생체는 일단 평형 상태에 이르면 평형 상태를 계속 유지하려 할 뿐 아니라 바로 '그 특정한' 평형 상태를 유지하려고 한다는 것이다. 과거 경험을 통해 그 상태가 안전하다는 게 증명됐으니까. 지금 계속 살아 있는 게 그 증명이 아니겠는가. 그래서 모든 생물은 신체적 생존이 보장되는 환경을 발견하면 꼼짝하지 않고 거기에 머물게 되어 있다.

숨을 쉬고 있다면 아무리 고달프다 해도 일단 안전하다. 안전지대를 굳이 벗어날 이유가 있을까? 미지의 영역, 예상치 못한 영역에 발을 들여놓을 이유가 있나? 그런 곳은 뭔가 지금보다 나쁜 것이 도사리고 있을지 모르니, 우리가 무엇보다 무서워하는 대상 아닌가.

그래서 우리는 지금 있는 자리에서 꼼짝하지 않고, 마음속에 품고 있는 대대적인 변화의 실행을 나중으로 미룬다. 푹 쉬고 나서, 좋은 기회가 있을 때, 아니면 음양오행론적으로 길일을 택해서 하겠다고 한다. 마크 트웨인도 "모레로 미룰 수 있는 일을 내일 하지 말라"라는 명언을 남기지 않았는가.[18] 쉽게 말해서 절대 안 한다.

그러니 무언가가 우리의 평형 상태를 위협하면, 그게 굶주린 맹수든 우리 믿음을 반박하는 발상이든 간에, 방어막을 치고 힘껏 싸우는 게 당연하다. 그게 우리의 본능이다. 새로운 정보를 활용하면 결과적으로 더 안전해질 수 있는 경우라 해도 그렇다.

스토리 생존 법칙 4

우리는 본능적으로, 때로는 필사적으로 변화를 거부한다. 경험상 안전한 상태, 즉 특정한 평형 상태를 계속 유지하려고 하기 때문이다.

왜 새로운 주장을 무슨 복면 쓴 강도처럼 위험하게 취급할까? 그 이유는 이렇다. 항상성이란 게 처음에는 물리적 환경 변화에 대처하기 위한 생체 반응이었지만, 그게 점점 진화해 사회적 영역까지 아우르게 되면서, 신경 과학자 안토니오 다마지오가 말하는 '사회문화적 항상성'이 탄생한 것이다.[19]

그래서 우리는 우리가 사는 땅을 침략으로부터 지키기 위해서도 필사적으로 싸우지만, 함께 행복하게 살고 있는 이웃들과 공유하는 믿음을 지키기 위해서도 전투를 불사하는 것이다.

그런 결정은 우리가 의식적으로 내리는 게 아니다. 뇌가 총알을 피하는 반사 작용에 가깝다. 실제 총알이든 비유적인 의미의 총알이든 말이다.《사이언티픽 리포트》에 실린 조너스 T. 캐플런 등의 연구에서 실험을 하나 했다. 정치적 신념이 아주 강하다고 자칭하는 사람들을 모집해, fMRI(기능적 자기 공명 영상) 촬영을 했다. 촬영 중 피험자의 생각을 반박하는 내용의 짤막한 주장을 읽어 줬다. 어떤 결과가 나왔을까? 피험자들은 주장의 장단점을 따져보며 객관적으로 듣지 않고, 어떤 감정을 일으켰다. 신체에 공격을 받았을 때 일어나는 감정과 똑같은 부정적 감정이었다. 즉, 주장을 자신에 대한 공격으로 받아들인 것이다. 그런 상황에서는 누구나 그러기 쉽다. 논문의 저자들은 이런 결론을 내렸다. "우리 뇌의 감정 계통은 신체의 항상성을 유지하기 위한 것이지만, 우리가 강하게 동일시하는 정신적 측면, 이를테면 깊숙이 간직한 믿음 등을 보호할 때도 관여하는 듯하다."[20]

왜 그럴까? 캐플런은 뉴스 매체 〈복스〉와의 인터뷰에서 이렇게 설명한다. "우리 뇌의 일차적 역할은 몸을 보살피고 보호하는 것이다. 심리적 자아는 그 역할의 연장선상에 있다고 할 수 있다. 우리의 자아는 공격을 감지하면 몸을 보호하는 데 쓰이는 것과 똑같은 방어 기제를 발동한다."[21]

우리 뇌는 신체에 대한 위협이나 자신의 신념 체계에 대한 반박이나 똑같은 것으로 인식한다. 두 신호 모두 똑같은 신경 통로로 전해지면서 공격이 임박했음을 알리고, 우리 몸이 거기에 반응하는 덕분에 우리는 재빨리 상황을 판단해야 하는 수고를 아낄 수 있다. 우리가 화를 내야겠다고 결정해서 화를 내는 게 아니다. 싸워야겠다고 결정해서 싸우는 것도 아니다. 우리 뇌가 생존에 대한 위협을 감지하고 우리 대신 결정을 내리는 것이다.

그 생물적인 작용은 편도체에서부터 시작된다. 편도체는 대뇌의 측두엽에 있는 아몬드 모양의 부위로, 3강에서 알아보겠지만 앞날을 살아가는 데 도움이 될 만한 기억을 가려내 저장될 수 있게 하는 구실을 한다. 편도체는 무언가 위협을 느끼면 공포 신호를 발생시켜 감정을 다스리는 대뇌변연계를 경계 태세로 만든다.[22] 그러면 뇌의 생각하는 부위는 즉시 동작을 멈춘다. 싸우거나 도망치는 데 필요한 생리적 자원을 확보하기 위해서다.

사람을 설득할 때 사실에만 호소했다가는 정반대 효과만 일으키는 이유다. 탈리 샤롯은 이런 말도 했다. "사람들은 자기 생각에 어긋나는 정보를 제시받으면 원래 생각을 더 강하게 뒷받침하는 반론을 아예 새로 생각해 내기도 하는데, 이를 '부메랑 효과'라고 한다."[23] 이보다 더 아이러니한 일이 있을까.

이런 현상은 사소해 보이는 변화를 요청받았을 때도 일어난다. 이를테면 그릇을 잘 헹궈서 식기세척기에 넣으라거나, 이왕이면 알갱이가 든 땅콩잼을 먹으라거나 하는 것 등. '객관적'인 관찰자가 보기에는 사소한 변화일지 몰라도, 변화를 요구받은 당사자에게는 전혀 사소하게 느껴지지 않는다. 바늘만 한 것을 몽둥이만 하다고 부풀리는 게 아니라, 우리 몸이 정말 몽둥이로 느껴서 그러는 것이다.

상대방에게 뭔가 새로운 사실을 제시하면, 더군다나 어떤 행동을 바꾸면 좋을 것 같다는 권고가 거기에 눈곱만큼이라도 섞여 있으면, 상대방의 머릿속에는 빨간불이 켜지면서 이런 메시지가 번쩍거리기 쉽다. '너 뭔가 잘못하고 있어. 실수한 거야!'

정말로, 그런 시도가 잘 통하는 경우를 한 번이라도 본 적 있는가? 앞에서도 말했지만, 배우자나 애인에게 "우리 얘기 좀 해"라고만 말해도 대화는 잘 될 가망이 희박해진다. 왜 그럴까? 아무리 조심스럽게 말을 꺼낸다 한들, 상대방의 뇌는 재빨리 셈을 해 보고 "우리 얘기 좀 해"라는 말은 곧 "네 행동을 좀 바꿔 줘야겠어"라는 뜻임을 간파하니까. 그러니 상대방은 싸움 태세를 갖출 수밖에. 다 생물적 이치에 따른 것이다.

혹시 이렇게 생각할지도 모르겠다. '엥? 난 아내를 공격할 생각 같은 건 없었어. 그냥 치약 쓰고 뚜껑 좀 닫아 달라고 하려던 것뿐이라고.'

그 말은 뭔가 아내의 잘못을 지적하려고 했다는 것 아닌가? 내가 생각했던 대로다.

우리는 그런 말에 주의가 끌린다. 이제 아내의 목표는 남편이 틀렸음을 증명하는 게 된다. 게다가 결정적인 문제는 이것이다. 그전까지는 조금이나마 공감하는 구석이 있었다 해도(사실 치약 말라붙는 걸 누가 좋아하겠는가), 그 말을 듣고 나면 싹 사라져 버린다. 아내가 대꾸한다. "치약은 그렇다 쳐. 당신 빨래 바구니라는 게 있다는 건 알아? 수건 쓰고 나서 걸어 놓은 적은 있어?" 그러면서 대결에 불이 붙는다.

칩 히스와 댄 히스는 《스틱!》이라는 책에서 이렇게 지적한다. "문제는, 타인에게 갑자기 뭔가를 일깨워 주면 반박을 살 수밖에 없다는 것이다. 상대방에게 메시지를 어떤 식으로 전하느냐에 따라 다른 반응이 유발된다. 상대 앞에서 주장을 펴는 행위는, 내 주장을 따져 보든지 뜯어보든지 비판하든지 하여 평가한 다음, 말로든 머릿속으로든 반론을 펴 보라고 청하는 셈이다."[24]

반면, 스토리는 뇌의 분석 작용을 잠재우는 효과가 있다.

누가 "이야기 하나 해 줄게" 하면 사람들이 긴장을 푸는 것 보았는가? 몸짓언어부터 바뀐다. 몸을 내밀고 귀를 기울인다. 도파민이 분비되면서 뇌의 분석하는 부위에 이런 속삭임이 들려온다. "쉿! 말하지 마. 꼬투리 잡지 마. 나 이야기 세계에 빠져들 테니 말리지 마."

비유가 아니라, 진짜로 빠져든다. 수많은 fMRI 연구를 통해 밝혀진 사실인데, 우리가 스토리에 빠져들 때 활성화되는 뇌의 부위는 우리가 스토리 속 주인공이 하는 행동을 직접 할 때 활성화되는 부위와 동일하다.[25] 진짜로 그 상황 속에 들어가, 실제 상황처럼 경험하는 것이다. 스토리는 어떤 사실이 현실에서 실제로 어떻게 느껴지는지 대리 체험하게 해 줌으로써 변화를 이끌어 내는 효과가 있다. 사실만으로는 그런 변화를 일으킬 수 없다.

스토리 생존 법칙 5

스토리는 어떤 사실이 현실에서 실제로 어떻게 느껴지는지 대리 체험하게 해 줌으로써 변화를 이끌어 내는 효과가 있다. 사실만으로는 그런 변화를 일으킬 수 없다.

예를 하나 들어 보겠다. 2010년에 오하이오주립대학 연구팀에서 여대생들에게 피임 실천을 권장하기 위해 두 가지 방법을 써 봤다. 하나는 임신한 10대의 어려움을 조명한 뉴스 형태의 프로그램 시청, 또 하나는 10대의 삶을 주제로 한 인기 드라마의 시청이었다.

첫 번째 그룹에 보여 준 뉴스 프로그램은 아주 훌륭했다. 기술적인 만듦새가 우수했고, 무시무시한 사실과 통계가 빼곡히 등장했다. 당사자가 임신하여 사망할 때까지 겪게 될 온갖 일들이 언급됐다. 남들보다 더 일찍 사망한다는 정보도 제시됐다. 10대 미혼모와 미혼부들이 등장해 자기들 삶이 송두리째 바뀐 사연을 들려주었지만, 지나간 사건의 사후 요약을 듣는 것과 사건을 함께 직접 겪는 것은 하늘과 땅 차이다. 물론 과거 이야기도 풍성한 디테일을 섞어서 들려주면 관심을 끌 수 있다. 하지만 같은 상황도 요약해서 들려주면 공감을 사기 어렵다. 사실을, 그것도 사실의 일부만을 늘어놓는 셈이니까. 반면 스토리는 그 사실을 실제로 경험하게 해 주는 효과가 있다. 두 번째 그룹이 바로 그런 경우였다.

두 번째 그룹은 〈디 오씨The O.C.〉라는 드라마의 한 회를 시청했다. 두 고교생 라이언과 테리사가 원치 않은 임신을 맞닥뜨리고 애태우는 스토리였다. 사실이나 통계나 데이터는 전혀 등장하지 않았다. 그저 테리사가 어느 날 아침 눈을 뜨고 나니 완전히 다른 세상이 펼쳐지는 이야기였을 뿐이다.

실험 결과가 어땠는지는 벌써 짐작했을 것이다. 뉴스를 시청한 여성들은 행동을 지시받는 느낌이었다. 자신이 지금 뭘 잘못하고 있다는 소리를 듣는 기분이었다. 공격을 감지한 그들의 뇌는 머릿속 갈등을 잠재우려고 애쓰면서 곧장 반론을 떠올렸다. '저런 일이 나한테 일어날 리 없어. 난 절대 저러지 않아. 난 저렇게 멍청하지 않거든.' 그래서 아이러니하게도, 10대 미혼모와 미혼부들이 들려주는 사실들이 '경고성 사실'이 되기는커녕 '상충하는 사실'이 되어 버렸다. 여성들 스스로 인식하는 자신의 모습과 맞지 않는 사실이었으니까. 여기서 요점은 이것이다. 우리가 치른 경험을 통해 남에게 깨달음을 주려면 우리가 무엇을 깨달았다고 가르쳐 줄 게 아니라, 우리와 함께 깨달을 수 있게 해 줘야 한다. 그 수단이 바로 감정을 움직이는 스토리다.

그러니 연구의 결론이 이렇게 나온 것도 놀랍지 않다. "뉴스 프로그램을 시청한 여성들의 생각은 변화가 없었다. 피임 실천 의향이 전혀 변화하지 않은 것으로 나타났다."[26]

반면 라이언과 테리사가 뜻밖의 곤경을 맞아 힘겨워하는 장면을 지켜본 여성들은 달랐다. 한낱 '오락물'인 스토리가, 인생의 중요한 문제에 훨씬 더 큰 힘을 발휘한 이유가 뭘까? 논문의 공저자인 에밀리 모이어구세이는 이렇게 설명한다. "많은 여성이 극 중 인물과 같은 처지에 놓인 자신의 모습을 상상할 수 있었고, 자신도 조심하지 않으면 비슷한 일을 당할 수 있다는 생각을 했다."[27] 그래서였을까, 실험 2주 후에 다시 인터뷰했을 때 앞서 자신을 테리사와 동일시했다고 밝혔던 여성들은 이전보다 취약감이 더 커져 있었고 피임 실천 의향을 더 강하게 보였다.

모이어구세이는 또 이렇게 지적했다. "안전한 성행위를 기피하는 이들 중에는 취약감을 전혀 느끼지 않아서 그러는 경우가 있다. 자기는 잘못될 일이 없으리라는 낙관적 편향에 빠져 있는 것이다. 그러나 서사적 프로그램 시청을 통해 나쁜 결과를 대리 체험하고 나면 직접적 메시지로는 유발되기 어려운 행동 변화도 일어날 수 있다."[28]

그렇다. 스토리는 사실보다 강력하다. 훨씬 더 강력하다. 하지만 스토리는 '사실'의 반대 개념이 아니다. 오히려 사실을 인간답게 만들어 주고 이해하기 쉽게 해 주는 수단이다. 특히 상대방이 사실에 귀를 닫고 저항하려 할 때 스토리의 역할은 더욱 커진다. 그래서 스토리는 강력하고 효과적인 수단일 수밖에 없다.

그뿐 아니라, 스토리의 과학은 심리학이나 사회학 같은 '소프트 사이언스'가 아니다. 다음 강에서 살펴보겠지만, 우리의 모든 의사 결정을 가능케 하는 생물적 시스템이 거창한 관념과 건조한 사실, 추상적 개념을 이해할 통로는 오직 하나, 스토리뿐이다.

그 시스템이 뭐냐고? 바로 감정이다.

핵심 요약

우리는 사실에 호소해 주장을 펴고 싶은 유혹을 강하게 느낀다. 사실이란 워낙 확고하고 안전하게 느껴지기 때문이다. 하지만 남을 설득하여 행동을 변화시키려고 할 때 사실을 던지면, 상대방에게 무의미하거나 난해하거나 위협적으로 여겨지기 쉽다. 스토리는 사실을 인격화해 주므로 듣는 사람이 자신에게 일어날 결과를 구체적으로 경험해 볼 수 있다. 그 이유는 다음과 같다.

- ◆ 주의력이라는 것은 희소한 신경 자원이다. 그래서 우리는 어떤 사실이 뭔가 수량화할 수 있는 결과를 우리에게 당장 일으킬 것이 확실할 때만 그 사실에 집중하게 되어 있다. 물리적 사실이든, 사회적 사실이든, 심리적 사실이든 마찬가지다.

- ◆ 우리는 어떤 사실이 객관적으로 옳다고 해서 꼭 주의를 기울이지 않는다. 우리와 상관이 없거나 구체적이고 중요한 의미를 읽을 맥락이 없다면 거들떠보지도 않는다.

- ◆ 우리는 남들도 내가 아는 것을 알고, 나와 내가 속한 집단이 믿는 것을 믿고, 나와 똑같이 세상을 바라보리라고 짐작하곤 한다. 우리 뇌가 그렇게 되어 있다. 그렇다 보니 착각에 빠지기 쉽다. 사실을 제시하기만 하면 상대방이 우리 말을 알아듣고 행동의 필요성을 깨달으리라고 생각하는 것이다.

◆ 우리는 본능적으로 변화를 거부하고 익숙한 것을 고수하게 되어 있다. 다시 말해 자기 믿음을 놓지 않게 되어 있다. 왜냐고? 지금까지 잘 통했으니까.

◆ 우리는 한 번 무언가가 옳다고 믿으면 그 믿음을 자기 정체성의 일부로 삼기 때문에, 누가 그 믿음을 반박하면 자신에게 도전하는 행위로 여긴다. 우리 뇌는 신체적 위협과 신념 체계에 대한 위협을 똑같은 것으로 인식한다.

◆ 스토리는 우리 뇌의 변화 방어 기제를 우회함으로써 뇌로 하여금 새로운 정보를 물리치지 않고 처리하게 하는 효과가 있다.

3강

감정의 누명을
벗겨라

**"사람들은 당신이 한 말을 잊고, 당신이 한 행동을 잊지만,
당신으로 인해 어떤 기분을 느꼈는지는 절대 잊지 않는다."[1]**

● 마야 앤절로

나는 초등학교 때 이렇게 배웠다. 결정을 내릴 때는 사실과
숫자와 데이터를 전부 모아서, 냉철하면서 객관적인 이성의
눈으로 침착하게 분석해야 한다고. 그때 명심해야 할 점이 있
었다. 무슨 일이 있어도 절대로, 감정을 개입시켜서는 안 된다
고 했다. 감정이란 성질 고약한 악동과 같아서, 두 눈 부릅뜨
고 감시하지 않으면 어느새 살금살금 기어들어 와 우리의 판
단력을 흐리게 한다. 그렇게 되면 우리는 사회에 불만을 품고
집을 뛰쳐나갈 거라고 했다.

참 간단명료한 가르침이었다. 객관적 사고에 의지하면
화를 면할 수 있다는 것이다. 감정에 귀 기울이는 건 무엇이

정말로 중한지 모르는 바보들이나 하는 짓이라고 했다. 마치 이성과 감정이 우리의 영혼을 놓고 링 위에서 대결이라도 벌이고 있는 듯한 모습이 그려졌다. 그게 통념이지만, 실상은 그렇지가 않다. 혹 아니면 백, 이것 아니면 저것의 문제가 아니다. 우리는 감정 없이는 그 어떤 이성적 결정도 내릴 수 없다.

그렇다면 우리가 이렇게 단단히 착각하게 된 건 누구 때문일까? 플라톤이라는 사람 때문이다.

플라톤은 인간 본성에 대해 여러 가지 말을 남겼다. 게다가 사람이 꽤 똑똑해 보여서, 우리는 그의 말에 귀를 기울였고, 그 대가를 지금까지 톡톡히 치르고 있다. 왜냐, 플라톤이 주창한 사상 중 가장 근본이 되는 것 하나가 듣기엔 편안하지만 틀린 얘기였으니까. 그것도 완전히, 철저하게 틀렸다. 그게 뭐냐고? 이성은 감정보다 우월할 뿐 아니라, 감정을 쏙 빼고 순수하게 사용하는 게 최상이라는 것. 그리고 감정이란 녀석은 늘 물밑에 도사린 채 안달복달하면서 무슨 건수만 있으면 자기가 전면에 나서서 우리를 엉뚱한 곳으로 끌고 가려고 호시탐탐 노리고 있다는 사상이다.

플라톤은 그 개념을 그럴듯한 비유로 설명했다. 인간은 전차를 모는 전사라고 했다. 그 전차는 말 두 마리가 끌고 있는데, 여느 평범한 말이 아니다. 두 말은 플라톤이 주장하는 인간 본성의 두 측면을 상징한다. 플라톤의 설명을 직접 들어 보자.

"한 말은 훌륭하고 다른 한 말은 나쁘다고 했지만, 그 훌륭함과 나쁨이 무엇인지는 설명하지 않았는데, 지금부터 논해 보겠네. 오른쪽 말은 몸이 꼿꼿하고 단정하며, 목은 우뚝 솟았고 코는 매부리코이며, 털은 희고 눈은 검으며, 명예와 겸손과 절제를 사랑하며, 참된 의견을 따르고, 채찍질할 필요 없이 지시와 훈계만으로 몰 수 있네. 다른 한 말은 몸이 비뚤고 뒤뚱거리는 짐승으로, 겨우겨우 묶여 있는데, 짧고 굵은 목에, 얼굴은 납작하고 털은 검으며, 눈은 회색인데 핏발이 서 있고, 교만과 자만의 벗으로서, 털이 덥수룩한 귀는 소리를 듣지 못하며, 채찍과 박차에도 아랑곳하지 않네."[2]

서로 싸우는 그 두 말의 정체가 뭐냐고? 흰 말은 객관적 이성이다. 그럼 뒤뚱거리는 검은 말은? 맞다. 그 말에 도사리고 있는 게 바로 감정이다. 여러분은 어느 말을 타고 석양을 향해 질주하고 싶은가? 어느 말을 당장 도축장으로 보내고 싶은가?

플라톤은 한 점의 의문도 남겨두고 싶지 않았는지, 이렇게 똑 부러지게 설명했다. "정신을 이루는 요소 중 더 훌륭한 쪽은 질서와 철학으로 우리를 이끄니, 그쪽이 우세하다면 우리는 이승의 삶을 행복하고 조화롭게, 스스로의 주인으로 질서정연하게 살게 되네."

그때부터 그 생각은 서구 사상의 초석으로 자리 잡았다.

착각도 이만저만한 착각이 아니었다. 우리는 감정 때문에 이성이 마비되고, 사고가 흐려지고, 불합리한 결정을 충동적으로 내리게 된다고 통상 배웠지만, 신경 과학 연구를 통해 밝혀진 사실은 그 반대니까. 우리가 내리는 모든 결정은 다름 아닌 감정에 따라 이루어진다. 또 그래서 다행이기도 하다. 감정이라는 것이 진화한 이유는 무엇이 안전하고 위험한지, 무엇이 '우리에게' 중요한지를 우리에게 찰나에 알려 주기 위해서다. 그리고 그 덕분에 우리는 생존할 수 있었다.

감정은 모든 의미를 살아 숨 쉬게 한다.

이 강에서는 감정이란 것이 왜 그렇게 누명을 쓰고 있는지 그 이유를 들여다본다(우리가 배운 감정의 정의부터가 문제다). 또 어떤 주제에 대한 상대방의 생각을 바꾸려면 그 주제에 대한 상대방의 감정을 바꾸는 방법밖에 없다는 점을 알아본다. 스토리텔링의 성패는 상대방의 교감을 이끌어 내는 데 달려 있음을 살펴보고, 우리가 감정의 목적을 오해하여 스토리라는 강력한 도구를 잊게 된 사정을 짚어 본다. 그리고 그 힘을 활용하려면 어디서부터 시작해야 하는지 알아본다.

스토리 생존 법칙 6
어떤 주제에 대한 상대방의 생각을 바꾸려면 그 주제에 대한 상대방의 감정을 바꾸는 방법밖에 없다.

'감정'과 '감정적'이라는 것

여기서 '감정emotion'이라고 함은 '감정적emotional'이라는 뜻이 아니다. '감정적'이라는 말은 보통 폄하하는 뜻으로 쓰이는데, 그 말이 감정이라는 개념 자체를 집어삼켜 버린 면이 적지 않다. 감정적이라는 말은 감정 중 극히 일부에 해당하는, 너무나 과한 감정을 가리킨다. 우리를 손안에 쥐고 휘두르는 것으로 모자라 아침이면 뻔히 후회할 결정을 내리게 만드는 그런 감정이다. 그리고 그런 일이 가끔 일어난다는 걸 부인할 사람은 없다(설령 그 당시에는 인정하지 않는다 하더라도). 하지만 안타깝게도, 우리는 감정이라는 것 전체를 그렇게 정의하면서 의사 결정에서 배제해야 한다고 배웠다. 마치 어떤 감정도 드러내 보여서는 안 되는 것처럼. 감정에 초연해야 하며, 그러지 않으면 감정의 노예가 된다고 했다. 심지어 사전에도 '감정적'이라는 단어가 "이성이 아닌 감정에 의해 촉발

또는 야기되었거나 좌우되는"이라고 정의되어 있다.

그 메시지는 분명하다. 감정이란 좋을 게 없다는 것.

감정적인 사람으로 간주되면, 아무리 업적이 뛰어나고 성과가 막대하다 해도 그게 다 무색해지기 쉽다. 방송인 오프라 윈프리의 사례만 봐도 알 수 있다. 2017년, CBS 방송의 정통 시사 프로그램 〈60분〉은 오프라가 특별 해설가로 합류한다고 밝혔다. 총괄 프로듀서 제프 페이거는 성명을 내고 "오프라 윈프리는 유일무이한 존재다. 도전한 모든 분야에서 눈부신 성취를 이룬 사람이다. 그녀만의 개성적이고 설득력 있는 목소리를 우리 방송에서 들려주리라는 기대에 가슴이 벅차다"라고 찬사를 늘어놓았다.[3]

적어도 말은 그렇게 했다. 유일무이한 존재라고 칭찬했건만 한 가지 결점만은 만회가 안 된다는 게 제작진의 판단이었던 모양이다. 바로 '감정'이었다. 오프라의 목소리가 개성적이고 설득력 있다고 한 말은 그저 수사적인 표현이었을까.

실제로 제작진이 보기에 오프라의 목소리는 좀 과하게 감정적인 게 문제였다. 오프라는 연예지 《할리우드 리포터》와의 인터뷰에서 이렇게 밝혔다. "제가 제 이름을 말하는 것을 연습해야 한다면 그리고 제 이름을 말할 때 너무 감정이 많이 들어간다는 지적을 받아야 한다면, 결코 유쾌한 일은 아니죠. 제 이름을 말하는 부분만 일곱 번을 찍은 것 같아요. '너무 감정적'이라는 이유로요. '감정이 너무 들어간 곳이 오프라 부분이냐 윈프리 부분이냐?' 하고 제가 물으니, '목소리 톤을 더 평탄하게 해야 한다. 목소리에 감정이 너무 많이 들어 있다'고 하는 거예요. 그래서 제 자신을 허물고 제 개성을 누그러뜨리려고 애를 썼지요. 썩 유쾌한 경험은 아니었어요."[4]

정말 그랬을 것 같다. 하지만 사회가 감정을 꺼리다 보니 우리는 그 요구에 따라야 할 때가 많다. 실제로 느끼는 기분과 상관없이 두루뭉술하고 중립적인 모습을 내보이는 것이다. 마치 감정을 그대로 드러내면 볼썽사납기라도 한 것처럼. CBS 제작진은 플라톤의 사상을 신봉했고, 시청자들도 마찬가지일 것이라고 생각했다. 그러니 보도는 당연히 무덤덤한 어조로 해야 하는 것이고, 해설자가 자신의 이름을 발음할 때도 예외일 수 없다고 생각했으리라. 단순히 개인적 취향 때문에 그런 요구를 하는 게 아니었다. 오프라가 감정을 너무 많이 내보이면 뭔가 프로페셔널함이 떨어지고 프로그램의 인기에 해가 된다고 제작진은 확신했던 것 같다. 그것도 엄청강하게. 아니 세상에 다른 사람도 아니고, 오프라 윈프리를 놓고 그랬다니 말이다. 오프라 윈프리라면 일생에 걸쳐 청중과의 교감을 통해 자신의 요점을 전하면서 감정의 강력한 효과를 직접 보여 준 사람 아닌가.

오프라는 자기 감정을 꽁꽁 묶어둘 바엔 그만두기로 했

다. 프로그램에 한 번도 출연하지 않고 하차했다. 아이러니한 결과가 아닐 수 없었다. 제작진은 오프라의 '애초 성공 비결'이었던 그녀의 감정을 거부함으로써 그녀가 끌어올 수 있었던 시청자를 확보할 기회를 잃고 말았다.

이보다 더 비합리적인 판단이 있을까?

뭉텅이 감정

문제는 감정과 '감정적'이라는 사회적 관념을 혼동하는 현상에 그치지 않는다. 감정의 일반적인 분류 방식을 봐도 우리가 감정을 얼마나 꺼리는지 드러난다. 사랑, 분노, 질투, 증오, 기쁨, 행복, 괴로움……. 우리는 감정을 그렇게 뭉뚱그려서 구분해 놓고 이름을 붙여 놨다. 그런 것을 '뭉텅이 감정big-box emotion'이라고 불러도 될 것 같다. 가장 강력하고 섬세한 감정까지도 싸잡아서 일률적으로 간단하게, 때로는 완곡하게 정의해 버린다. 감정을 간추림으로써 그러한 감정들로부터 안전하고 객관적인 거리를 유지하려는 것이다.

감정을 가둬 놓고 길들이고 싶은 유혹은 확실히 크다. 우리를 집어삼키려 드는 감정의 마수로부터 우리 자신을 지켜야 하니까. 하지만 감정이란 것은 틀 안에 가둘 수 없다. 위에 말한 뭉텅이 감정은 여기저기서 터지고 줄줄 샌다. 그래서 다행이기도 하다. 감정의 목적은 우리의 안전을 위협하는 게 아니라, 우리의 안전을 '지켜주는' 것이니까.

감정이 진화한 목적은 일종의 '조기 경보 시스템' 구실을 하기 위해서다. 뭔가 중요한 사실이 감지되면, 우리의 인지적 무의식은 감정이라는 메신저를 내보내 주의를 잡아끌고 바로 그 순간 중요한 것에 주목하게 한다. 그 과정에서 우리는 겁을 먹기 쉬운데, 감정이 일부러 우리가 무척이나 중시하는 '통제감'을 흔들기 때문이다. 그래서 우리는 명료하고 침착하게 사고하려는 마음에서 감정을 차단하려고 한다. (따지고 보면 '침착하다'라는 것도 감정의 일종이지만 알 게 뭔가.) 신경 과학자 안토니오 다마지오는 《데카르트의 오류》라는 책에서 우리가 감정에 대해 오해하고 있다고 지적한다. "느낌과 감정이란 종잡을 수 없는 존재로서 생각의 유형적 내용물과 나란히 취급하기에 적절치 않다고 여겨진다. 느낌과 감정이야말로 '생각을 구체화해 주는' 존재인데도 말이다(강조는 내가 넣었다)."[5] 다시 말해, 감정을 차단한다는 건 불가능하다.

감정은 우리가 매 순간 끊임없이 느끼는 것이며, 대부분 이름이 없다. 뭉뚱그린 틀로 규정되기를 거부하며, 우리도 모르게 우리 행동을 이끌어 준다. 다마지오는 《자아의 출현》이라는 책에서 이렇게 설명한다. "그 어떤 주제에 관해 그 어떤 심상을 의식에 떠올리더라도 늘 감정과 그에 따른 느낌이 꼬

박꼬박 따라오기 마련이다." 그리고 우리는 그러한 느낌이 드는 것을 "막을 방법이 없다"라고 한다.[6] 아무리 회피하고 합리화하고 정당화하고 부인하고 무감각해지려 한들, 감정을 애초에 느끼지 '않을' 도리는 없다는 것이다. 신경 과학자 데이비드 이글먼도 비슷한 맥락에서 이렇게 말한다. "감정의 역할은 우리 삶을 더 풍요롭게 해 주는 데 그치지 않는다. 감정은 우리가 매 순간 다음 행동을 결정해 나갈 수 있는 비결이기도 하다."[7]

그렇다면 우리는 아무리 기를 써 봤자 감정의 포로가 될 수밖에 없는 걸까? 그렇기도 하고 아니기도 하다. 감정을 느끼지 않을 수가 없다는 점에서는 맞는 말이다. 하지만 감정이 전부가 아니라는 점에서는 틀린 말이다. 감정은 항상 이성과 함께하니까. 앞서도 말했듯이, 이성과 감정은 양자택일이 아니라 공존한다.

그렇지만 최종 결정권자는 감정이다. 그리고 감정은 우리를 대개 옳은 방향으로 이끈다.

감정과 이성: 일단 느끼고 그다음에 생각한다

감정이 항상 먼저다. 생각은 그다음이다. 옛날에 우리는 그런 식으로 생존했다. 생각할 일도 그리 많지 않고 착각할 여지도 거의 없던 시절이었으니까. 풀숲에서 뭔가가 움직이면? 우리 감정이 그 움직임이 사자라는 걸 직감하고 우리를 총알처럼 도망치게 만들었다. 생각을 하다간 걸음만 느려졌을 것이다. 우리가 왜 뛰고 있는지는 뛰면서도 얼마든지 생각해 볼 수 있다. '아, 사자구나! 당연히 뛰어야지!' 하고 인지하면 된다. 그렇게 되면 감정이 우리를 살린 것이고, 그것이야말로 논리적이고 합리적인 대처. 인지 신경 과학자 탈리 샤롯은 이렇게 말한다. "감정 반응이란 우리 몸이 '야, 뭔가 진짜 중요한 일이 벌어지고 있어' 하면서 반드시 대응해야 한다고 알려 주는 신호다."[8]

나는 어느 날 밤에 그 교훈을 생생히 깨달았다. 아파트 5층인 우리 집에서 밤늦게까지 일하고 있을 때였다. 정신없이 몰두하고 있는데 초인종 소리가 들렸다. 그 시간에 초인종이라니 이상했지만 올 사람이 없었기에 누가 잘못 눌렀겠지 하고 무시했다. 그런데 잠시 후, 별안간 아드레날린이 몸속에 핑 돌았다. 동시에 아래의 마당에서 아득하게 들려오는 고함 소리가 귀에 들어왔다. 반사적으로 벌떡 일어나 창밖을 내다봤다. 옆집 창문에서 연기가 피어났고, 사람들이 "불이야" 하고 외치고 있었다. 나는 노트북을 집어 들고, 자고 있던 여섯 살 아들을 일으켜 안고(거기에다가 왠지 모르겠지만 무선 전화기의 수화기를 챙겨 들고), 계단을 뛰어 내려가 건물 밖으로 나왔다.

비가 내리고 있었고, 우리는 맨발이었다. 어쨌든 무사했다. 요술에 홀린 기분이었다. 물론 요술이 아니라 본능 덕분이었다. 믿음직스러운 내 편도체가 당장 몸을 피하라고 신호를 보낸 것이다.

왜 그랬냐고? 내 인지적 무의식은 물밑에서 계속 돌아가고 있었으니까. 수신되는 데이터를 샅샅이 걸러내며 의미를 부여하고 있었던 것이다. 늦은 밤에 마당에서 점점 여러 사람의 목소리가 들려오고 있었고, 그 목소리에 긴박함이 배어 있었고, 소음이 점점 커지고 있었고, 한밤중에 초인종이 울렸다. 하나하나만 놓고 봤을 때는 다 이상할 게 없는 일들이었다. 하지만 종합해 보면 그 메시지는 분명했다. 뭔가 큰일이 났다! 아드레날린을 분비하라! 감정을 발동하라!

물론 감정도 틀릴 때가 있다. 풀숲에서 바스락거리는 소리가 별것 아니라 다람쥐가 몸을 부비는 소리였을 수도 있다. 그러나 중요한 게 있다. 작대기를 뱀으로 백 번 착각해도 큰 피해는 없겠지만, 뱀을 작대기로 한 번 착각했다간 황천길을 갈 수 있다는 것. 진화의 섭리는 주판알을 이미 다 튕겨 보고는, 설령 작대기에 벌벌 떠는 과민한 사람이 될지언정 경계를 바짝 할 수 있다면 괜찮은 장사라고 판단한 것이다.

숨어 있는 뱀을 맞닥뜨릴 일이 거의 없는 오늘날엔, 생각이 도움이 될 때가 많다. 하루는 내가 한밤중에 잠이 깼는데,

주방에 놓여 있는 초콜릿 케이크가 생각났다. 몰래 나가서 뚝딱 해치우고 싶은 충동이 일었다. 하지만 충동을 바로 행동으로 옮기지 않고 가만히 생각해 봤다. 내가 지금 건강한 식사에 신경 쓰고 있는 중이지. 그리고 인터넷을 아무리 찾아봐도 새벽녘에 초콜릿 케이크를 통째로 먹는 게 건강의 비결이라는 얘기는 없었어. 게다가 그 케이크는 내가 내일 우리 딸 생일 파티를 해 주려고 만든 거잖아. 딸이 일어나서 개수대에 달랑 놓인 빈 접시를 보면, 반응이 썩 좋지는 않겠지.

그래서 난 케이크를 먹지 않았다.

왜였을까? 내게, 밤늦게 케이크를 먹는 행동의 위험성을 경고하는 온갖 데이터가 수집된 건 맞다. 그런데 그 데이터 때문에 먹지 않기로 했을까? 물론 아니다. 그런 데이터를 놓고 볼 때, 케이크를 먹으면 내 '기분'이 나빠질 게 뻔했기 때문에 먹지 않은 것이다.

결국 감정의 문제다.

아닌 게 아니라, 감정을 느낄 수 없다면 이성적 결정을 단 하나도 내릴 수 없다. 안토니오 다마지오는 이렇게 말한다. "우리의 사고 전략은 아무리 완벽히 가다듬어져 있다 해도 개인과 사회의 불확실하고 복잡한 문제를 다루기엔 역부족인 듯하다. 합리성이라는 빈약한 수단은 특별한 도움을 필요로 한다."[9] 그 구절을 잠깐 음미해 보자. "합리성이라는 빈

약한 수단"이라고 했다. 합리성을 그렇게 초라하게 취급해도 되나 싶긴 하다. 그런데 기억하겠지만, 이는 양자택일의 문제가 아니다. 감정과 이성은 대결 관계가 아니라 같은 팀이다. '나'라는 팀. 서로가 서로를 보완해 줌으로써 우리는 세상을 살아가는 데 필요한 결정을 내릴 수 있다. 자연 속 정글에서든 도시의 정글에서든 마찬가지다. 그런 맥락에서, 어쩌면 의외일 수도 있는 사실을 하나 제시하겠다. 감정이 없다면 합리성은 빈약하다 못해 아예 무의미하다는 것이다.

예를 하나 들어 보자.

다마지오가 자주 예로 드는, 엘리엇이라는 이름의 환자가 있다.[10] 엘리엇은 성공한 남성이었다. 좋은 직장에 다녔고, 사랑하는 가족이 있었고, 직장에서나 가정에서나 존경받았다. 그런데 안타깝게도 그에게 뇌종양이 생겼다. 검사를 해 보니 다행히 양성이었고, 수술로 종양을 말끔히 제거했지만 이미 전두엽의 일부 조직이 손상된 후였기에 그 부분도 제거해야 했다. 수술에서 회복한 엘리엇은 겉으로는 건강해 보였다. 하지만 그 속은 예전의 엘리엇이 아니었다.

엘리엇의 삶은 엉망이 되어 갔다. 그는 직장과 가족을 잃었고, 터무니없어 보이는 일에 손을 대더니 처참히 실패했고, 얼마 남지 않은 재산을 사기꾼에게 속아 날리고는, 결국 부모 집에 들어가 얹혀살았다.

어떻게 된 걸까? 뭔가 숨기고 있던 성격적 결함이라도 드러난 걸까? 그냥 사람이 게을렀던 걸까? 몇몇 전문가들은 그렇다고 판단해 엘리엇의 장애 수당 수급 자격을 박탈했다.

다마지오가 의뢰를 받은 때가 그 무렵이었다. 그가 풀어야 할 문제는 하나였다. 엘리엇의 행동은 본인의 의지에 따른 것인가, 아니면 모종의 질환 탓으로 보아야 하는가? 다마지오가 종합적으로 검사해 보고 내린 결론은, 엘리엇이 감정을 느끼는 능력을 잃었다는 것. 그런데 그의 '객관적' 지식은 전혀 이상이 없었다.

지능 검사 결과는 여전히 상위 3퍼센트에 들었다.[11] 엘리엇은 어떤 질문을 받아도 가능한 모든 해답을 일일이, 그것도 아주 세세히 내놓았다. 그런데 하나만 고르라고 하면 고르지 못했다. 회사에 출근하면 이런 고민을 했다.[12] 오늘은 상사가 꼭 해달라고 한 그 일을 하는 게 좋을까? 아니면 서류철을 다시 한번 정리하는 게 좋을까? 서류철을 정리한다면, 파란색 펜을 쓰는 게 좋을까 검은색 펜을 쓰는 게 좋을까? 점심시간에는 이 식당 저 식당을 오가며 메뉴를 구경하기만 하고 아무 데도 들어가지 않았다. 자기가 뭘 먹고 싶은지 알 수 없었기 때문이다. 분석적 지능은 탁월했지만, 그것만으로는 점심 메뉴 선택이라는 단순하고 기초적인 결정조차 내릴 수 없었던 것이다.

그 어떤 감정도 영원히 느끼지 못한다는 게 상상이 가는가? 사랑하는 사람이 눈앞에 나타나도, 철천지원수가 기분 나쁘게 씩 웃으면서 나타나도, 아니 사랑하는 사람이 그 원수와 팔짱을 끼고 나타나도, 아무 느낌이 없다면 어떨까?

애초에 내가 누구를 사랑하고 누구를 미워하는지는 알수 있을까? 어쩌면 이성의 힘으로, 우리가 어떤 기분을 왜 느끼는지 이해할 수는 있을지도 모른다. 이성은 또 우리에게 어떤 기분을 느끼라고 지시할 수도 있을 것이다. 하지만 이성이 아무리 힘을 쓴다 한들, 어떤 기분을 실제로 '느끼게' 해 줄 수는 없다.

그건 감정만이 할 수 있는 일이다. 우리가 포드 신차 대신 1954년형 청록색 쉐보레 중고차를 사는 것도 감정 때문이고, 언젠가 여행 가려고 한 푼 두 푼 모으고 있던 돈을 인권 단체에 기부하는 것도 감정 때문이고, 두 구직자의 이력서가 똑같이 우수할 때 어느 한 사람을 뽑게 되는 것도 감정 때문이다.

객관적 이성은 일반적이고 두루 적용되는 '진리'를 다룬다. 이를테면, '아니 새 차가 훨씬 성능이 좋은데 왜 구닥다리 차를 사려는 거야?' '야, 네가 여행 가려고 모은 돈을 왜 생판 모르는 사람한테 기부해?' '음, 두 사람 다 흠잡을 데가 없는 것 같은데 어떻게 정한 거야, 동전이라도 던졌어?' 이런 식이다. 아무리 도표와 그래프와 데이터를 논리적으로 따져도 그런 것은 알 수 없다.

반면 감정은 객관적이지도 않고 일반적이지도 않다. 감정은 구체적이어서, 우리의 경험에 비추어 우리에게 무엇이 옳은지를 감안해 선택을 내린다. 우리가 1954년형 쉐보레를 산 이유는 옛날에 할머니가 몰았던 차라 보기만 해도 기분이 좋아지기 때문이다. 인권 단체에 돈을 기부한 이유는 초등학교 3학년 조회 시간에 마틴 루터 킹 목사의 '나에게는 꿈이 있다' 연설을 들은 이후로 차별받는 이들의 권익 옹호가 얼마나 중요한지 절감했기 때문이다. 그 구직자를 채용한 이유는 어딘지 엄마의 단짝 친구와 닮은 느낌이었기 때문이다. 난관을 척척 해결하고 일을 야무지게 처리하던 분이었다.

그렇다면 궁금해진다. 감정은 과연 어떻게 무엇이 우리에게 옳은지를 판정할까? 그 생물적 원리가 뭘까?

기억이 진화한 이유

우리의 인지적 무의식은 우리가 태어났을 때부터 주변에서 벌어지는 일을 늘 주시하고 있다. 거기엔 두 가지 이유가 있다. 첫째는 지금 이 순간 우리의 안전을 지키기 위해서고, 둘째는 그렇게 얻은 정보를 가지고 앞으로 참고할 매뉴얼을 만들어 나가기 위해서다. 매뉴얼의 목적은 우리에게 앞으로 일어날 사건을 이해하고, 그 중요성을 가늠하고, 적절히 대처할 수 있게 해 주는 것이다. 기본적인 물리적 안전만 얘기하는 게 아니다. 그러니까 길 건너기 전에 이쪽저쪽을 살펴야 한다, 밤에 젖은 머리로 밖에 나가면 감기 걸린다 같은 것도 있지만, 그보다 훨씬 더 미묘하고 다층적이며 종잡을 수 없는 사회적 환경 속에서의 안전도 포함된다.

인지적 무의식은 어떻게 해서 우리만의 판정 기준을 만들어 기억에 꼭꼭 심어놓는 걸까? 감정이라는 파트너의 도움이 필수다. 어떤 사건에 앞으로 쓸모 있을 만한 정보가 들어 있다 싶으면, 감정은 인지적 무의식에게 그 사건을 꼭 기억하라고 알린다. 그리고 그 밖의 사건은 아무 일 없었던 것처럼 스르륵 잊히게 한다. 안타깝게도 압도적인 대다수의 사건은 잊힌다.

지금도 생생히 기억난다. 고등학생 시절 뭔가 생각에 잠겨 수업은 빼먹고 학교 마당을 배회하고 있을 때였다. 내가 빠져 있던 문제는, 어제 온종일 수많은 순간을 분명히 겪었는데 지금 딱히 기억나는 순간은 극소수이고 이미 모든 게 흐릿해져 있다는 사실이었다. 그러다가 불현듯 깨달았다. 열다섯 살이던 그때는 내가 엄청 오래 산 느낌이었는데, 그 살아온 세월이 거의 몽땅 온데간데없이 사라져 버린 듯했다. 분명히 하루하루를 나름 열심히 바쁘게 살았는데. 정신이 번쩍 드는 기분이었다. 하지만 불안감은 오래가지 않았다. 인생이 영원한 줄 알았던 열다섯 나이였으니, 어느 날 방과 후에 가게에 들러 군것질했던 일을 까맣게 잊었다 한들, 화요일에 무슨 옷을 입었는지 기억나지 않는다 한들, 아무렴 어떻겠는가? 지금까지도 생각해 보면 참 아이러니한 것이, 그때 그 깨달음의 순간에 나는 확신했다. 비록 앞으로도 무수히 많은 일이 돌아서면 바로 잊힐 테지만, '그때 그 순간' 만큼은 절대 잊히지 않을 것이라고. 실제로도 지금까지 잊히지 않았다. 뭔가 중요한 삶의 원리를 깨달았다는 생각에, 내 스스로가 똑똑하다는 기분이 들었기 때문일 것이다.

　하지만 나는 그리 똑똑하지 못했다. 그래봐야 잘 모르고 있었으니까. 흔히들 생각하듯이, 나는 기억을 전부 척척 끄집어 낼 수는 없다 해도 기억이 어디 가는 게 아니라 다 뇌 속에서 굴러다니고 있다고 믿었다. 사람은 뇌의 10퍼센트만 쓴다고 했으니(지금은 완전히 틀린 얘기로 밝혀졌지만), 아마 안 쓰는 90퍼센트에 우리가 잊은 온갖 기억들이 꽉 차 있을 거라고 생각했다. 이를테면 동명사란 무엇인가, 또 일곱 살 때 엄마 아빠랑 자주 갔었고 소가죽 소파가 놓여 있던 식당의 이름, 아니면 분수의 곱셈 따위에 대한 기억 등. 기억이란 침대 밑의 먼지 뭉치처럼 마냥 쌓여가는 것이고, 꼭 꺼내려면 꺼낼 수는 있는데 다만 아주 기다란 빗자루가 필요할 뿐이라고 생각했다.

111

그렇게 생각할 만도 했던 게, 우리의 기억은 비디오카메라와 같다는 통념도 있지 않은가(역시 틀린 얘기지만). 테이프가 무한정 들어 있고 배터리 용량이 무한정인 비디오 카메라여서, 무슨 일이 일어났다 하면 다 기록한다는 것이다. 왜냐고? 비디오카메라니까. 그리고 그 기록은 모두 뇌 속 어딘가에 처음 그대로, 객관적으로, 정확하게 저장되고 보존된다는 것이다. 그렇다면 무언가를 기억해 낸다는 것은 대리석 조각상을 (일단 찾아낼 수 있다면) 창고에서 꺼내 감상한 다음 다시 조심스럽게 그대로 넣어 두는 일과 다를 바 없다. 마음이 참 편해지는 얘기 아닌가? 그런데 허황된 얘기다.

그러고 보면 우리가 뭔가를 말해 줬다고 해서 상대방이 기억해 주지 않는 것도 이상할 게 없다. 상대방은 우리가 무슨 말을 했는지 기억 못하는 건 둘째 치고, 우리가 뭔가 말했다는 사실조차 잊곤 한다.

기억이 진화한 이유는 온갖 사실을 담아 두기 위해서도 아니고, 옛 기억을 더듬으며 추억에 젖기 위해서도 아니다. 감정과 마찬가지로, 기억이라는 생물적 메커니즘도 우리의 안전을 지켜주기 위해 진화했다. 살다 보면 언제 어디서나 '예상치 못한 사건'을 맞닥뜨리기 마련이니까. 앞서도 말했다시피, 의외의 사건만큼 경계해야 할 대상도 없다. 신경 과학자던 부오노마노는《우리 뇌는 타임머신Your Brain Is a Time Machine》이라는 책에서 이렇게 설명한다. "기억은 우리를 추억에 젖게 해 주려고 진화한 것이 아니다. 기억의 유일한 진화적 기능은 개체에게 앞으로 무슨 일이 일어날지, 언제 일어날지 그리고 일어나면 어떻게 대응하는 게 최선인지 예측할 수 있게 해 주는 것이다."[13]

우리의 기억은 오로지 하나의 목표를 추구하는 데다 그 목표가 워낙 논리적이고 합리적이니, 어찌 보면 거의 기계적 작용처럼 보이기도 한다. 마치 완벽히 최적화되고 개인화된 알고리즘 같은 건가 싶기도 한데, 꼭 그렇지는 않다. 때로는 황당한 온라인 쇼핑몰의 상품 추천 알고리즘과 달리(나더러 매달 대용량 치즈 크래커를 한 박스씩 정기적으로 사 먹으라고? 날 뭘로 보고!) 우리 뇌의 알고리즘은 훨씬 더 정확하다. 그렇지 않았더라면 오늘날의 인간은 없었을 것이다.

우리 뇌는 세상에 태어난 순간부터 레이더를 가동해 안정적인 패턴을 주변에서 찾는다. '내가 엄청나게 큰 소리로 울면 저 상냥한 사람이 와서 나한테 맘마를 주는구나. 알았어.' 이런 식이다. 믿을 만한 패턴을 발견하고 나면, 암묵적으로 그렇게 되리라 기대한다. 그러다가 기대했던 패턴이 어긋나면? 아드레날린이 솟구치고 감정이 일어난다. 우리 뇌는 '일어날 줄 알았던' 사건의 기억을 즉시 끄집어내서 '왜 안 일어났는지' 궁리한다. 그리고 관련된 기억들을 뒤적여 가며,

지금 도대체 무슨 일이 벌어지고 있는지, 또 어떻게 대처해야 하는지 판단하려고 한다. 부오노마노는 이렇게 말한다. "우리는 의식하지 못할지라도, 우리 뇌는 매 순간 끊임없이 앞일을 예측하려는 시도를 자동으로 벌인다."[14]

감정이 기억을 만났을 때

감정은 우리가 앞날을 살아갈 수 있게 돕는 존재다. 그래서 무엇이 안전하다거나 안전하지 않다는 정보가 새로 입수되면, 감정이 일어나 그 정보를 장기 기억 속에 자리 잡게 해 준다. 예를 들어, 내가 제출하기로 한 보고서는 제출하지 않고 서류철만 계속 정리한다면 상사가 어떤 기분을 느낄지를 깨달았다고 하자. 그러면 감정이 일어나면서, 세세한 이름이나 날짜나 아침에 먹었던 메뉴처럼 중요하지 않은 온갖 사실은 뒤로 제치고 중요한 정보를 귀빈처럼 장기 기억 속으로 모시게 된다.

신경 과학자 V. S. 라마찬드란은 《명령하는 뇌, 착각하는 뇌》라는 책에서 이렇게 설명한다. "편도체는 과거에 저장된 기억을 비롯한 대뇌변연계의 여러 구조물과 합세해 우리 눈앞에 있는 사물의 감정적 중요성을 판단한다. 아군인가 적군인가 짝짓기 상대인가? 먹을 것인가 물인가 위험한 것인가?

아니면 그냥 일상적인 것인가? 통나무나 먼지 보풀이나 바람에 나뭇가지 바스락거리는 소리처럼 중요치 않은 것이라면 아무 기분도 느껴지지 않고 대개는 무시하게 된다. 하지만 중요한 것이라면 즉각 어떤 기분을 느끼게 된다."[15] 중요치 않은 것의 몇 가지 예를 내가 더 보태자면, 알아들을 수 없는 사실 그리고 하루하루 살아가는 데 딱히 관련이 없어 보이는 사실도 있다.

그럴듯한 얘기다. 강한 감정과 결부된 기억은 잘 잊히지 않으니까(사랑, 부끄러움, 기쁨, 상심, 분노 어린 기억을 생각해 보라). 그래서 정보에 감정을 짝지어 주면 정보가 장기 기억에 심어질 가능성이 훨씬 높아지고, 따라서 나중에 더 쉽게 참고할 수 있다.[16]

감정이 강할수록 기억은 오래간다. 인지 신경 과학자 엘리자베스 펠프스는 《신경 생물학 최신 의견》이라는 학술지에 실린 글에서 이렇게 지적한다. "감정과 결부된 사건의 기억은 그 지속성과 생생함이 여타 기억과는 확연히 다른 듯하다."[17] 그건 대체로 잘된 일이기도 하다.

감정이 짙게 밴 기억은 비합리적이라고 흔히들 생각하지만, 그렇지 않다. 사실 대단히 합리적이다. 과학 저술가 조나 레러는 《뇌는 어떻게 결정하는가》라는 책에서 이렇게 말한다. "인간의 감정은 뇌세포의 예측에 근거한다. 뇌세포는 대단히 유연해서 끊임없이 서로 간의 연결을 조절해가며 현실을 반영한다. 우리가 실수를 할 때마다, 또 뭔가 새로운 것을 마주칠 때마다, 우리 뇌세포는 거기에 맞춰 변화하느라 바쁘다."[18]

무의식적으로는 완전히 다르게 알고 있는 사람도 많을 것이다. 우리 뇌는 일단 연결되고 나면 바뀔 수 있는 여지가 거의 없다고 말이다. 그렇지 않다. 바뀔 수 있다. 우리에게 바뀌는 능력이 없다면 불가피한 환경에 어떻게 적응하겠는가?

좋은 소식은 우리가 바뀔 수 있다는 것이고, 나쁜 소식은 그게 진짜, 진짜 어렵다는 것이다. 우리는 불가피한 요인으로 인해 꼭 바뀌어야 할 때만 바뀌는 경향이 있다. 다시 말해 뭔가를 새로 겪고 나서, 생존하려면(또는 같은 말이지만 집단 내에서 좋은 평판을 유지하려면) 변화가 '필수다' 싶을 때에만 변화하게 된다. 그래서 상대방이 나름의 경험을 통해 무언가에 대해 갖고 있는 '느낌'을 우리가 바꿔 주려면, 상대방에게 새로운 경험을 선사하는 방법밖에 없다. 그렇게 해서 자기가 그때까지 옳다고 느꼈던 것을 단박에 되돌아보게 만들어야 한다.

그렇다면 상대방이 경험할 수 있도록 우리가 실제로 어떤 사건을 일으켜야 하는 걸까? 다행히도 그건 아니다. 자연은 우리가 만사를 경험으로만 배울 수 없음을 벌써 깨닫고, 우리에게 일종의 온라인 체험권을 선사했다. 그것이 바로 스토리다. 실제 경험 다음으로 좋은 건 간접 경험이니까.

스토리는 일종의 가상현실

앞에서 젊은 여성들에게 10대 임신의 위험을 경고하는 드라마와 뉴스를 보여 준 실험을 소개했었다. 그때도 여성들이 피임의 중요성을 '느낄' 수 있었던 것은 '사실'이 아니라 '스토리' 덕분이었다. 스토리는 객관적 정보를 전하는 것이 아니라 감정을 통해서 정보를 우리 삶에 생생히 와닿게 해 주니까. 그렇다면 과연 그 생물적 원리는 무엇일까?

인지 신경 과학자 라우리 눔멘마는 학술지 《뉴로이미지》에 실린 논문에서 "인간에게 스토리는 감정을 타인에게 전하는 강력한 수단"이라고 했다. 우리는 스토리 덕분에 "말이나 글로 표현된 감정을 '알아들을' 수 있다"는 것이다.[19]

그게 다가 아니다. 감정만 전파되는 게 아니라 감정에 깔린 사고도 같이 전파된다. 스토리는 사실을 경험으로 풀이해 준다. 사실을 구체화함으로써 그 의미를 '맥락 속에서' 이해할 수 있게 해 준다. 한마디로, 우리는 스토리 덕분에 사실이 우리 삶에 가져올 결과를 생생히 체험할 수 있다. 스토리에 빠져들면 주인공이 '무슨' 감정을 느끼는지, 그 감정을 '왜' 느끼는지도 알 수 있으니까.

비유적인 표현이 아니라 정말로 그렇다. 우리 뇌는 말 그대로 주인공 또는 스토리의 화자와 동기화된다. 신경 과학 연구를 통해 증명된 사실로, 감정적으로 끌리는 스토리를 들을 때는 듣는 사람들의 뇌 활동이 모두 동기화된다. 탈리 샤롯은 뇌가 스토리에 빠져들 때 일어나는 현상을 이렇게 설명한다. "동기화 현상은 비단 언어와 듣기를 관장하는 뇌 부위에서뿐만 아니라 연상 작용을 일으키는 부위, 감정을 일으키고 처리하는 부위, 타인의 입장을 상상하고 공감하게 해 주는 부위에서도 관찰됐다."[20]

스토리 생존 법칙 7

스토리에 빠져들면 주인공이 '무슨' 감정을 느끼는지, 그 감정을 '왜' 느끼는지도 알 수 있다.

말 그대로 호흡이 척척 맞아떨어지는 것이다. 하나의 스토리를 들으며 수많은 사람이 똑같은 감정을, 그것도 똑같은 이유로 느끼게 된다. 눔멘마는 이렇게 말한다. "감성적 언어는 사람들 간에 생각과 뇌 활동과 행동을 동기화시킴으로써 정신세계를 하나로 연결하고 사회적 상호작용을 촉진하는 역할을 하는 것으로 보인다. (…) 우리는 타인의 감정 상태를 우리 뇌의 해당 부위에 끊임없이 반영한다."[21]

대단히 의미심장한 말이다. 다른 말로 하면, 우리가 치른 경험을 통해 남에게 깨달음을 주려면 우리가 무엇을 깨달았다고 가르쳐 줄 게 아니라, 우리와 함께 깨달을 수 있게 해 줘야 한다. 그 수단이 바로 감정을 움직이는 스토리다.

그래서 스토리를 만든다는 건 겁나는 일이기도 하다. 감정의 세계에 몸을 던져야 하니까. 객관적이고 견실한 데이터만 내놓으며 몸을 사려서는 안 될 일이다.

그뿐이 아니다. 스토리란 어떤 사람이 뭔가를 어찌어찌하여 깨달은 과정을 들려주는 것이니, 그 사람이 처음에는 뭔가 중요한 걸 몰랐다는 말이 된다. 어쩌면 착각이나 실수를 했을 수도 있다! 그러니 우리 자신에 관한 스토리를 들려줄 때는 더 힘들 수 있다. 생각만 해도 식은땀이 날지 모른다. 실수를 인정하면 스스로 취약해지는 느낌이 드니까. 그래서 우리는 그 대목을 생략하고 싶은 마음이 굴뚝같다. 그 부분은 사뿐히 넘어가고 우리가 현재 알고 있는 사실만 말하고 싶다. 그러면 스스로 똑똑한 기분이 들고 더 나아가 안전한 기분이 드니까.

그러나 아이러니하게도, 뭔가를 새로 배우는 방법은 시행착오밖에 없다. 다시 말해 끊임없이 실수하지 않으면 정체

될 수밖에 없다. 시어도어 루스벨트 대통령도 딱 그런 말을 했다. "절대 실수하지 않는 사람은 아무것도 하지 않는 사람뿐"이라고.[22] 우리가 스토리를 그토록 좋아하는 데는 그런 이유도 있을 것이다. 이왕이면 남의 실수를 통해 배우는 편이 훨씬 쉽고 안전하니까.

그러므로 실수의 인정이야말로 강력한 스토리를 만드는 비결 중 하나다. 스토리의 주인공이나 화자가 어떤 일을 했는데 결과가 예상과 달랐다고 스스로 인정하는 것이다. 그러면 그 실수담을 듣는 사람은 이렇게 생각하지 않을까. '와, 나도 그러는데! 나도 매일 그런 실수를 하지. 저 사람 생각보다 나랑 통하는 데가 있군.'

그럴 때 청중은 관심이 끌린다. 단번에 여러분과 동질감을 느끼고 공감하게 된다. 그도 그럴 것이, 우리는 늘 자신의 취약점을 의식하고 숨기려고 하지 않는가. 게다가 남들은 왠지 다 자신감이 넘치는 것 같고 나만 헤매고 있다고 생각하기 쉽다. 따라서 누가 용감하게 정적을 깨고 "내가 이런 실수를 했다"거나 "내가 어이없는 짓을 한 적이 있다"라고 말하면, 나만 그러는 게 아니라는 안도감이 밀려오면서 그 사람을 속으로 응원하게 된다.

그래서 사람은 자신이 약하다고 느낄 때 좋은 점이 꽤 있다. 모험할 자세가 되어 있다는 거니까. 여러분이 청중에게 원하는 것도 결국 그것 아닐까? 모험에 나서서, 뭔가를 새로 해 보고, 뭔가를 새로 '느껴보는' 것 아닌가.

한마디로 정리하면, 감정은 꺼릴 대상이 아니다. 끌어안 아야 할 대상이다. 감정 덕분에 인간은 살아남고 세상을 지배했다. 진정한 지능은 감정에 달려 있다.

감정은 시스템이 돌아가는 것을 방해하는 걸림돌이 아니다. 감정이 곧 시스템이다.

스토리 생존 법칙 8

감정의 두 가지 원리

❶ 감정은 꺼릴 대상이 아니라 끌어안고 귀 기울여야 할 대상이다.

❷ 감정은 시스템이 돌아가는 것을 방해하는 걸림돌 이 아니라 시스템 그 자체다.

하지만 주의할 점이 있다. 무언가를 머릿속에 길이 남기는 비결은 감정이 맞지만, 남을 설득하려 할 때 아무 감정이 나 일으킨다고 될 일은 아니다. 어떤 정보가 왜 상대방 '본인에게' 중요한지를 자각시키는 그런 감정을 일으켜야 한다. 스팸 전화를 돌리는 사람들이 깨달아야 할 점이다. 스팸 전화도

감정을 재깍 일으키긴 한다. 짜증이라는 감정이다. 그래서 행동을 유발하기도 한다. 즉, 모르는 번호로 오는 전화는 절대 안 받게 된다. 그게 원하던 결과는 아닐 것이다.

누군가의 긍정적 행동을 유도하려면 그 사람의 관심을 사야 한다. 스토리를 들려줄 때 가장 먼저 해야 할 일은 듣는 사람이 주인공에게 관심을 갖게 하는 것이다. 그러려면 주인공을 취약하게 만드는 게 최선이다. 그러지 않으면 주인공도 한낱 인간인지 아닌지 듣는 사람이 무슨 수로 알겠는가?

자, 그럼 이제부터 우리가 그런 스토리를 만들려면, 먼저 스토리란 과연 무엇인지 알아봐야 할 것이다. 알고 나면 놀랄 수도 있다.

핵심 요약

감정은 스토리의 동력이자, 인간의 동력이다. 심리학, 사회학 같은 '소프트 사이언스'가 아니라 생물학의 원리다. 그럴 수밖에 없는 것이, 인간이 지금까지 생존할 수 있었던 것은 감정 덕분이다. 삶과 스토리 속에서 감정이 수행하는 역할을 이해한다면 청중에게 와닿는 스토리를 만들 수 있고, 사실만으로는 결코 전할 수 없는 포인트를 전할 수 있다. 그러므로 다음을 기억하자.

- ◆ 감정은 덧없는 것도, 무의미한 것도, 비합리적인 것도 아니다. 감정은 일종의 생존 수단이다.

- ◆ 감정은 뭉뚱그린 틀로 규정할 수 없다. 감정은 미묘하고 다층적이며 항상 존재한다.

- ◆ 감정과 이성은 대결 관계가 아니다. 양자택일이 아니라 공존 관계다. 하지만 결정권은 감정에 있다.

- ◆ 어떤 정보가 장기 기억에 심어질지 결정하는 것은 감정이다. 그 기준은 '이걸 기억하면 앞날을 살아가는 데 도움이 될까?'다.

- ◆ 감정이 진화한 이유는 어떤 기억을 보존해야 하고 어떤 기억을 버려도 좋은지 우리에게 알려 주기 위해서이므로, 감정이 짙게 밴 기억은 훨씬 더 생생하고 안정적이며 오래 유지된다.

◆ 남을 설득하기 위한 스토리의 중심 요소는 취약성이다. 약점을 드러내면 듣는 사람이 동질감을 느끼고 감정을 더 강하게 일으킨다.

4강

뇌가 끌리는 스토리

"서사적 상상, 즉 스토리는 생각의 기본 도구다. 이성의 힘이 거기에서 나온다. 스토리는 우리가 앞날을 내다보고 예측하고 계획할 때나 사물을 설명할 때 쓰는 주된 수단이기도 하다."[1]

● 마크 터너, 인지 과학자

몇 해 전 일이다. 지역의 한 수족관에서 문의가 왔는데, 어떻게 하면 스토리를 활용해 방문객들에게 환경 보호를 적극 실천하게끔 설득할 수 있겠냐는 것이었다.

"그렇군요. 행동 요청call to action을 어떻게 잡으셨나요? 방문객들이 수족관 관람을 마치고 나서 어떻게 행동하길 원하세요?"

턱수염을 기른 교육 담당자는 몸을 앞으로 기울이더니, 진지한 눈빛으로 나를 바라보면서 이렇게 말했다. "저희 목표는 방문객들이 집에 가서 이 문제를 깊이 생각해 보게 하는 겁니다."

뭔가 크게 잘못됐다는 직감이 들었다.

깊이 생각해 보라고? 무엇을? 왜? 무슨 목적으로? 귀찮은데. 생각한다고 떡이 나오는 것도 아니고. 굳이 왜 시간 들이고 힘들이고 스트레스받아 가면서…… 그런데 저녁은 뭘 먹지?

그래서 스토리는 생각을 요구하지 않는다. 생각은 해도 그만, 안 해도 그만이다. 아니, 지금 이 순간도 진짜 중요한 일들이 잔뜩 쌓여 있는데, 그걸 생각할 시간이 누가 있겠는가? 그리고 막연히 환경 보호라고 하면 뭘 어떻게 하라는 걸까.

우리가 만들 스토리는 상대방의 관점을 바꾸고, 지금 당장 뭔가를 하도록 부추길 이야기다. 즉, 스토리란 결국 행동의 요청이다. 보는 관점이 달라지면 행동도 달라지게 되어 있다. 우리 스토리의 목표는 우리가 내세우는 주장이나 상품이나 캠페인이 훌륭함을 과시하는 게 아니다. 실제로 아무리 훌륭하다 해도 말이다. 라과디아 공항이 지금쯤 아주 멋지게 변신했으리라는 데는 추호의 의심도 없다. 하지만 그때 안달복달하던 내게 공항이 장차 어떻게 되건 그 사실이 눈곱만큼이라도 중요했을까? 느려 터진 셔틀버스에 실려, 회의에 못 갈까 봐 발을 동동 구르던 내게?

우리 스토리의 목표는 달라야 한다. 스토리의 청중이 누구이고 어떤 자아상을 가졌는지 고려해, 우리의 제안이 청중 자신에게 당장 이익이 된다는 점을 깨우쳐 줘야 한다. 그러려면 우선, 스토리에 관한 우리의 상식 대부분을 버리고 스토리라는 것을 새로 정의할 필요가 있다.

이 강에서는 스토리란 과연 무엇인지 확실히 알아본다. 모든 스토리의 청중이 본능적으로 갈구하고 호응하게 되어 있는 것이 무엇이며, 청중의 마음을 움직이는 스토리란 어떤 것인지 살펴본다. 스토리를 이루는 뜻밖의 직관적이지 않은 요소를 콕 지목하고, 한 가지 사례를 통해 스토리가 청중의 세계관과 행동을 실제로 어떻게 바꿀 수 있는지 알아보겠다. 마지막으로, 스토리 창작에 들어갈 때 참고가 될 핵심 사항을 정리해 보겠다. 이후부터는 스토리를 실제로 차근차근 만들어 볼 예정이다. 이 책이 끝나갈 때쯤이면 여러분의 스토리 초안을 완성할 수 있을 것이다. 그 스토리를 가지고 여러분의 청중을 설득해 생각을 바꾸고 행동에 나서게 할 수 있다.

우선, 방해될 수 있는 걸림돌 하나를 처리하고 가자. 스토리의 본질에 대한 잘못된 상식을 바로잡을 필요가 있다.

스토리의 재정의

자, 퀴즈를 하나 내겠다. 지금 스토리란 무엇인지 정의하라고 하면 뭐라고 하겠는가? 언뜻 무척 쉬운 개념 같아 보이지만 막상 말로 표현하려면 알쏭달쏭하다. 아우구스티누스가 '시간'에 대해서 했다는 말이 생각난다. "무엇인지 안다고 생각하지만 누가 정의하라고 하면 비로소 모른다는 것을 깨닫게 된다."[2]

우리는 스토리를 접하면 본능적으로 스토리라는 걸 안다. 스토리가 우리 몸에 일으키는 효과 덕분이다. 스토리는 단숨에 우리의 눈길을 잡아끌고 다짜고짜 우리를 그 세계로 끌어들인다. 우리는 어느새 우리가 처한 현실을 벗어나 스토리 속 현실에 빠져든다. 그렇게 스토리가 우리 뇌를 장악하고 나면, 우리는 너무나 즐겁고 짜릿한 나머지 스토리의 막강한 힘을 새까맣게 잊어버린다. 그래서일까? 스토리란 무엇으로 이루어지는지, 또 스토리가 과연 왜 우리를 사로잡는지 한마디로 말하라고 하면 제아무리 똑똑한 사람도 한참 모자란 답을 내놓기 일쑤다.

일찍이 아리스토텔레스가 시도에 나서서, 결국 오류로 판명됐지만 이런 주장을 했다. 스토리를 만들 때는 사건이 우선이라고 하면서, 스토리는 "처음, 중간, 끝"으로 이루어진다고 했다.[3] 워낙 중요하게 떠받들어서 요즘 유치원에서부터 가르치는 개념이다. 그런데 좀 이상하지 않은가? 아니, 명절날 친척 어른이 늘어놓는 옛날이야기 빼면 세상에 처음, 중간, 끝이 없는 게 어디 있나? 그리고 그게 스토리 만드는 데 도

대체 무슨 도움이 될까?

사전에 실린 '스토리'의 정의도 핵심을 짚지 못한 건 마찬가지다. "어떤 극적인 일을 주제로 삼아 즐거움을 위해 실제 또는 가상의 인물과 사건에 대해 진술한 것." 이 정의엔 세 가지 문제가 있다. 일단 모호하고, 스토리를 오로지 '즐거움'을 위한 것으로 못 박고 있으며, '어떤 극적인 일'을 강조했지만 스토리의 본질은 '외적 사건'이 아니다.

안타깝게도 우리는 대개 스토리를 딱 그런 식으로 배웠다. 스토리란 무언가 외적으로 일어나는 일을 다룬 것이라고 말이다. 아리스토텔레스는 그 외적 사건을 가리켜 '플롯'이라고 불렀다.

워낙 그럴듯한 얘기라서, 아리스토텔레스조차 잘못 짚은 게 이상하지 않다. 플롯은 눈에 보이는 부분이다. 그래서 우리는 스토리에 빠져들 때 우리의 관심을 잡아끈 것이 플롯이라고 생각하기 마련이다. 그러니 광고, 제안서, 호소문을 막론하고 스토리를 만들 때는 플롯에 중점을 두어야 한다고 생각한다.

그렇지 않다.

내가 수십 년간 작가들과 함께 스토리의 성공 비결을 파헤치면서 가장 의외로 다가왔던 깨달음이 있다. 사람의 관심을 사로잡고, 주의를 잡아끌고, 마음을 쓰게 하는 요인은 외적 사건이 아니라는 것이다. 아무리 극적인 사건이라 해도 말이다. 지진이 나건, 해일이 덮치건, 소행성이 떨어져 도심을 쑥대밭으로 만들건, 따분하기 그지없을 수 있다. 내가 어디가 잘못됐나 싶을 정도로(잘못된 게 아니다). 그런 상황이 흥미진진해지는 이유는, '우리의 관심을 받는 누군가가 그로 인해 내적으로 뭔가를 겪기 때문'이다. 그게 없다면 다 무의미한 사실일 뿐이다. 아무리 객관적으로 '극적'인 상황이라 해도 소용없다.

사람들이 잘 모르는 점은 이것이다. 우리의 직관과는 달리, 스토리에서 중요한 건 세상에서 일어나는 일이 아니다. 스토리에서 중요한 건, 주인공의 머릿속에서 일어나는 일이다. 우리는 사건을 주인공의 눈을 통해 보니까.

스토리 생존 법칙 9

스토리에서 중요한 건 세상에서 일어나는 일이 아니라 주인공의 머릿속에서 일어나는 일이다.

그야말로 내게는 획기적인 깨달음이었다. 지금까지 다들 거꾸로 알고 있었다는 거니까.

그렇다면 스토리란 무엇일까?

스토리란 불가피한 외적 문제로 말미암아 주인공이 문제 해결을 위해 내적으로 변화하는 과정을 다룬 것이다.

스토리에서 중요한 건 누가 어떤 문제를 해결하는 과정이 아니다. 중요한 건 그 문제로 인해 누가 뭔가를 내적으로 '깨닫는' 과정이다. 문제 해결을 가로막고 있는 걸림돌을 스스로 깨닫는 과정이다. 우리를 혹하게 하는 것은 바로 그 내적 투쟁이다. 공중에서 작렬하는 폭탄이 아니다.

그리고 주인공의 내적 투쟁으로 인한 '깨달음'이야말로 청중이 항상 암묵적으로 묻는 질문, "이게 나하고 무슨 상관이 있어?"의 답이 된다.

중요한 건 겉이 아니라 속

그렇다고 플롯이 중요하지 않다는 말은 아니다. 중요하다. 하지만 통념과는 달리, 청중이 주목하는 건 외적 사건이 아니다. 뇌 영상 연구로 밝혀진 바에 따르면, 우리 뇌는 뉴스, 사진, 광고, 소설 등 매체를 막론하고 스토리를 접할 때 열심히 찾는 게 따로 있다.

신경 과학자 스티븐 브라운은 이렇게 말했다. "우리가 수행한 뇌 연구에 따르면 사람들은 매우 인물 중심적, 심리적으로 서사에 접근하며, 스토리 속 주인공의 정신 상태에 주의를 집중한다."[4]

긴 픽션으로 된 스토리를 말하는 게 아니다. 브라운은 소설을 읽는 독자나 영화를 보는 관객의 뇌를 관찰한 게 아니었다. 대신 이런 실험을 했다. 피험자들에게 사실을 다룬 기사의 짤막한 제목을 읽게 했다.[5] 이를테면 "수술 중 환자 몸속에서 가위 발견 돼" "얼어붙은 호수에서 아이 구조한 낚시꾼" 같은 것이었다. 그리고 피험자가 제목을 이해하는 순간, 즉 뇌가 여느 때처럼 그 제목을 서사로 풀이하는 순간, 뇌의 어느 부위가 활성화되는지 관찰했다. 그 결과는? 피험자가 제목을 보자마자 뇌 속에서 재깍 돌아가기 시작한 것은 바로, '자신과 타인이 가진 믿음·욕구·감정의 추론에 관여하는 전형적인 정신화 신경망의 요소들'이었다.

브라운에 따르면 우리는 어떤 스토리에 눈길이 가면 곧바로 주인공이 품은 믿음을 추론하기 시작한다.[6] 주인공의 의도가 무엇인지, 또 어떤 동기에서 행동하는지 알아내기 위해서다. 우리의 관심은 주인공이 '무슨' 행동을 하는지에 꽂혀 있지 않다. 우리는 그 행동을 '왜' 하는지 집요하게 추적한다.

카네기멜런대학 인지 과학 뇌 영상 센터의 마셀 저스트

소장도 같은 말을 한다. "뇌 영상 촬영이 대단히 크게 기여한 부분 중 하나는 인간의 뇌가 얼마나 엄청나게 사회적이고 감정적인지 밝혀낸 것이다. 내게는 무척 의외의 사실이었다. 사람들에게 평범한 서사 하나를 읽게 해도, 뇌 활동을 관찰해 보면 인물의 의도와 동기 같은 것들을 헤아리고 있음을 알 수 있다. 우리 뇌는 사회적·정서적 정보를 끊임없이 처리하려는 경향이 있는 것 같다. 그런 경향이 존재하고, 어디서나 두루 나타난다."[7]

실생활에서 사람을 만날 때도 마찬가지다. 가령 우리가 스토리를 통해 생각을 바꾸려고 하는 상대방에 대해서도 그 사람이 품은 '왜'를 이해하는 건 중요하다. 그 사람이 지금 하는 행동의 이유를 이해한다면, 다음에 할 만한 행동을 예상해볼 수 있을 뿐 아니라 우리의 행동 요청을 외면하는 이유도 짐작해 볼 수 있으니까.

우리가 물어야 할 질문은 이것이다. 저 사람은 어떤 스토리를 품고 있기에, 그 스토리의 어떤 대목 때문에, 우리 스토리가 들리지 않는 걸까?

누구에게나 스토리가 있다

우리가 팔려는 제품, 제시하는 주장, 신봉하는 이상이 상대방의 삶과 상관이 있으면 그걸로 됐지 뭐가 더 필요하냐고 생각하기 쉽다. 기후 변화를 이대로 방치했다간 말 그대로 사는 동네가 물에 잠길 수도 있다. 새로 나온 이 치약을 쓰면 정말로 이가 반짝반짝 새하얗게 빛나게 돼 있다. 맛있는 음식을 조리해서 친절하게 집으로 배달해 준다는데 누가 싫어할까? 그런데 그것만으로 충분하다면 스토리는 들려줄 필요도 없을 것이다. 그냥 사실만 던지면 듣는 사람이 알아서 해야 하지 않을까? 물론 아시다시피, 그렇게 될 리가 없다.

여러분의 권고가 상대방의 삶과 상관이 있는 것만으로는 부족하다. 상대방이 가진 '스토리'와 상관이 있어야 한다. 그 둘은 굉장히 다르다. 설령 우리 삶에 100퍼센트 관련 있는 것이라 해도 우리가 절대 받아들이지 않을 때도 많다. 예를 들면 나는, 조금 과장하면, 지구를 살려야 한다는 고민에 밤잠이 안 온 적도 있다. 그런데 내가 어떤 기사를 읽었는데 갈색 거저리 애벌레, 일명 '밀웜'을 먹으면 영양도 풍부하고 맛도 좋고 지구를 살릴 수 있다고 되어 있었다. 그럼 내가 당장 달려가서 밀웜 캔을 하나 샀을까? 그럴 리가.

여기서 핵심은, 누구에게나 자신만의 스토리가 있어서 그 스토리에 따라 살아간다는 것이다. 하지만 아시다시피 우리는 자기의 스토리를 잘 알지 못한다. 물속에 사는 물고기가 물이 무엇인지 모르는 것처럼. 우리는 누가 굳이 스토리를 물으면, 지금까지 살면서 겪은 일들을 간추려서 말하는 경향이 있다. 어디에서 태어났고, 부모님이 누구시고, 어느 학교를 다녔고, 또 몇 학년 때 못된 친구가 점심시간마다 과자를 뺏어 먹었고, 학교 갔다 집에 올 때마다 꾀죄죄한 강아지가 따라와서 결국 엄마 허락받고 키우기로 했다던가 하는 일들 말이다. 그런데 그런 것들은 미안하지만 스토리가 아니라 그냥 사실일 뿐이다.

스토리란 그런 사건들을 재료로 하되 한층 더 깊이 들어간다. 앞에서 말했듯이, 우리가 그와 같은 경험을 통해 생존 요령, 특히 사회적 생존 요령을 깨달은 후 그 내용이 우리 암호 해독기에 자동으로 프로그램화되어 들어간 것, 그게 바로 스토리다. 자기 서사는 보이지 않는 물밑에서 매 순간 우리의 결정을 능숙하게 지휘한다. 살면서 터득한 요령을 지금 눈앞에서 일어나는 일에 적용하고, 다음에 어떻게 해야 할지 제안해준다.

스토리 생존 법칙 10

여러분의 권고가 상대방의 삶과 상관이 있는 것만으로는 부족하다. 상대방이 가진 '스토리'와 상관이 있어야 한다.

　문제는 우리 안에서 끊임없이 돌아가는 그 서사를 우리가 스토리로 인식하지 못하는 게 다가 아니다. 진화의 섭리에 의해, 우리가 한 땀 한 땀 기워 만든 그 논리의 패턴을 우리는 그냥 '삶' 그 자체로 여기게 되어 있다. 무슨 일이 일어나면 우리는 그냥 여느 다른 사람과 똑같이 거기에 반응하는 것뿐이다.

　그래서 우리는 뭔가에 관해 말할 때 다른 사람들도 다 그것을 나와 똑같은 의미로 해석하리라고 기본적으로 생각하게 되어 있다. 머릿속으로 노래를 생각하며 박자를 두드리는 사람은 상대방이 그것만 듣고도 대번에 곡을 알아맞히리라 생각했던 것처럼. 자기 머릿속에서는 그 곡이 큰 소리로 울려 퍼지고 있으니 그걸 누가 모르리라고 생각하겠는가? 이런 일도 있다. 직장 남자 동료가 어이없다는 표정을 지으면서 "경영 팀 제니퍼가 그 흉한 빨간색 스웨터를 오늘도 입고 왔다"고 말하는데, 사실 여러분은 그 스웨터가 정말 예쁘다고 생각하고 있었다. 직장 동료는 여러분이 자기와 의견이 다를 수 있다는 생각을 전혀 하지 못한다.

　그 동료가 생각 못 하는 게 또 하나 있다. 방금 자기 자신에 관해서 뭔가를 알렸다는 점이다. 어쩌면 그 동료는 제니퍼에게 마음이 있는 것일 수도 있다. 또 어쩌면 여자 동료들 옷차림에 유별나게 관심이 많은 사람일 수도 있다. 아니, 어쩌면 자기가 여자 옷을 입는 취미가 있는지도 모른다. 그런데 그 빨간 스웨터는 자기 취향이 아니었던 것이다.

사람은 어떤 주제에 관해서 말을 하든 본의 아니게 자신의 스토리를 일부 내비치게 된다. 본인은 꽁꽁 숨기고 있다고 생각해도 마찬가지다. 일어났던 일을 그대로 말할 수는 없는 법이다. 사람은 항상 본인에게 무엇이 중요하며 왜 중요한지를 짐작케 할 크고 작은 실마리를 남에게 던지기 마련이다.

사람은 또 자신의 잘못된 믿음도 항상 밖으로 드러낸다. 본인은 옳다고 철석같이 믿지만 옳지 않은 믿음이다.

아무래도 맞는 것 같은데

잘못된 믿음misbelief이란 우리가 삶의 초기, 보통 유년기에 배워서 지금까지 세상을 이해하는 데 쓰고 있는 것으로서, 특정 상황에서 딱 한 번 옳았는데 일반적 진리로 받아들였거나 아니면 한 번도 옳았던 적이 없는 그런 믿음을 가리킨다. 어쨌거나 직접 겪어 가며 힘들게 배운 원리이니 의심할 이유가 없다. 그래서 잘못된 믿음이라고는 전혀 생각하지 않고 일찌감치 그런 유용한 팁을 배워서 다행이라고 생각한다.

누구나 나름의 잘못된 믿음이 있다. 이를테면 "감정을 드러내면 약한 사람이다" "사람은 자기 말을 항상 옳다고 하는 사람을 좋아하기 마련이다" 같은 것들이다. 남의 잘못된 믿음은 눈에 잘 띈다. 자기 것을 포착하기는 그보다 조금 더, 아니 많이 더 어렵다. 다른 사람의 잘못된 믿음은 워낙 잘 보여서 본인도 다 알 거라고 생각하기 쉬운데 그게 문제다. 무엇이 옳은지 다 알면서 일부러 작정하고 외면한다고 생각하는 것이다. 아니면 정보가 없거나 착각해서 그러는 것이니 진실을 설명해 주면 오해가 풀릴 거라고 생각한다. 만약 안 풀리면? 눈앞의 현실을 일부러 못 보는 척하는 사람이라고 생각한다.

이쯤 되면 짐작하겠지만, 상대방이 보기에 잘못된 믿음을 가진 사람은 바로 우리다. 이 잘못된 믿음은 만만히 보면 안 되는 게 아주 끈질기다. 아무리 움직일 수 없는 사실로 반박한다 해도 상대는 대번에 강한 감정을 일으킨다. '위험하다, 피하라!'

스토리의 주특기가 바로 그 위험 지대를 헤치고 나아가는 것이다. 스토리란 주인공이 불가피한 위험을 맞아 자신의 잘못된 믿음을 극복해 가는 과정이다. 그 내적인 변화 과정은 (문학 용어로 '인물호character arc'라고 한다) 주인공이 잘못된 믿음을 붙들고 철저히 그에 따라 행동하는 데서 시작한다. 스토리가 진행되면서 이 내적 투쟁이 계속 이어지다가 주인공이 '아!' 하고 각성하면서 마침내 자신의 잘못된 믿음을 깨닫게 된다. 그 잘못된 믿음 때문에 자기가 진정으로 원하는 바를 이루지 못하고 있음을 깨닫는 것이다. 우리가 만들 스토리에서는 그러한 투쟁의 힘을 '청중'의 잘못된 믿음에 조준하게 된다. 그렇다, 지금쯤 짐작했겠지만, 여러분 스토리의 주인공은 다름 아닌 청중을 대변하는 존재니까. 청중도 나름의 신념 체계를 가지고 자기가 안고 있는 문제를 풀어 나가려고 하지만, 그게 잘 풀리지 않는다.

이 책의 뒷부분에서는 그런 스토리를 만드는 방법을 알아볼 것이다. 지금까지 우리가 신경 회로에 대해 배운 교훈을 모두 활용해 청중의 생각을 바꿀 뿐 아니라 행동을 이끌어 낼 수 있도록 해 보겠다.

그러기 위해서는, 언뜻 드는 생각과는 달리, 스토리의 초점을 상대방이 취해야 할 행동에 두어서는 안 된다. 그 행동이 상대방에게 갖는 '의미'를 바꿔 줘야 한다. 다시 말해 상대방이 그 행동을 했을 때 전과 다른 기분이 들게 해 줘야 한다. 감정이야말로 촉매제의 구실을 하니까.

그렇다면 그런 내적 변화는 구체적으로 어떤 식으로 이루어지는 걸까? 그리고 어떻게 하면 상대방에게 반감을 사지 않으면서 본인의 믿음이 잘못됐다는 사실을 깨닫게 해 줄 수 있을까?

그 답을 잘 보여 주는 사례 하나를 살펴보면서, 거기에

등장하는 훌륭한 스토리 하나를 찬찬히 뜯어보자. 큰 성공을
거둔 어느 광고 캠페인 사례다. 남녀 시청자들의 관심을 끌고
세상 보는 관점을 바꿔 놓았지만 정작 남성은 사용하지 못하
는 상품의 광고였다. 1000만 뷰가 목표였던 광고 영상은 3개
월 만에 전 세계에서 7600만 뷰를 달성해 이 회사 역사상 가
장 많은 시청을 기록한 영상이 됐다.[8] 더욱 믿기 어려운 일은,
이 영상의 60초짜리 버전이 2015년 슈퍼볼 중계 중에 방영
된 디지털 광고 가운데 최고의 인기를 끈 것으로 드러났다는
것이다.[9]

　왜 믿기 어려운 일이냐고? 이 광고의 브랜드명은 올웨이
즈Always였으니까. 올웨이즈는 '롱 슈퍼패드 날개형' 같은 제
품을 파는 회사다. 날아다니는 기능이 도입된 아이패드 신제
품이 아니라 완곡하게 '여성용품'이라고 부르는 물건을 말하
는 것이다.

　신기한 이야기가 아닐 수 없다.

　그럼 이 회사가 어떻게 해서 그렇게 많은 사람의 마음을
빼앗고 생각을 바꿔 놓았는지 순서대로 짚어 보자. 그리고 여
기서 소개되는 과정을 우리도 똑같이 밟은 다음에, 이어지는
부에서는 스토리 만들기의 첫걸음을 떼어 본다.

사례　　　　올웨이즈

2013년, '올웨이즈' 브랜드는 다음 세대의 여성 소비자들에게 다가갈 방법을 찾고 있었다.

사람들의 생각이 예전과는 많이 달라져 있었다. 이제는 여성의 생리를 수치스럽다거나 쉬쉬해야 할 부끄러운 일이라고 생각하지 않았다.

예전에 여자들이 생리한다는 사실조차 점잖은 자리에서 공개적으로 언급해서는 안 된다고 생각하던 시절, 중요한 건 오직 제품의 '성능'뿐이었다. 말은 적을수록 좋았다. 올웨이즈의 자랑은 신뢰였고 신뢰는 비밀을 지켜주는 데서 왔다. 즉, '그날'이 왔다고 해서 부끄러워하지 않아도 되게 해 주는 게 올웨이즈 제품의 역할이었다.

이제 성능은 당연한 게 됐다. 그리고 올웨이즈 제품의 성능이 좋지 않다고 하는 사람도 없었다. 그건 문제가 아니었다.

문제는, 성능만 내세워서는 아무도 SNS에서 언급해 줄 리가 없다는 것. 아무리 자연스러운 신체 기능에 대한 인식이 바뀌었다 하더라도 뭔가 꺼림직한 느낌을 극복하기는 쉽지 않다. 회사 사람들도 "올웨이즈 로고가 들어간 게시물을 누가 공유할 일이 있겠느냐"며 한탄했다.[10]

레오버넷Leo Burnett이라는 광고 회사가 새 캠페인의 제작을 맡아, 올웨이즈의 이전 광고 전략을 이렇게 요약했다. "전에는 항상 기능적인 측면에서 커뮤니케이션을 했다. 여성들의 생리 기간 중에 신체적 불편을 해결함으로써 자신감을 높여준다고 약속했다. 소비자가 제품을 신뢰함으로써 스스로를 신뢰하게 되는 것이다. 그런데 이제는 여성들이 그런 논리를 받아들이지 않는 상황이 됐다. (…) 큰 방향을 현재처럼 유지한다면, 이제 이성적인 제안보다는 훨씬 더 감성적인 제안을 내놓는 방식을 택해야 했다."[11]

어떻게 하면 고객에게 중요한 존재가 될 수 있을까?

제품이 아무리 우수한들 그게 관건이 아니라는 건 분명했다. 관건은 젊은 여성 고객들에게 올웨이즈가 그들을 이해하고 있으며 회사가 그들의 편임을 알리는 것이었다. 이 회사가 나의 본모습을 알아주고, 더 나아가 내가 지닌 최고의 모습을 알아준다는 믿음을 주는 것이었다. 남들은 몰라주는, 심지어 여성들 자신도 모르고 있는 그런 장점을 알아주어야 했다.

좋다. 그런데 그런 게 뭐가 있을까?

연구 결과에 따르면 여성들이 이 제품을 갑자기 필요로 하게 되는 시기인 사춘기에 공교롭게도 여성들의 자신감이 곤두박질치는 것으로 나타났다. 하지만 그러한 정보 자체는 사실이자 데이터에 불과하다. 중요한 건 그렇게 되는 이유였다.

광고 기획자들이 좀 더 깊이 조사해 봤더니, "여성들의 절반 이상이 사춘기에 자신감을 잃는" 것으로 나타났을 뿐 아니라, "그런 자신감 하락을 낳는 요인 중 하나는 단지 여성이라는 이유만으로 얕잡아 보는 사회적 시선"인 것으로 드러났다.[12]

그런데 아직도 좀 막연하다. 스토리란 구체적이어야 하니까. 그런 사회적 시선이란 게 정확히 어떤 것일까? 기획 담당자들은 곧 의미심장한 사실을 발견했다. "16세에서 24세의 여성 중 19 퍼센트만이 '여자애처럼like a girl'이라는 표현에서 긍정적인 이미 지를 연상한다"라는 조사 결과였다.[13]

광고의 방향이 잡히는 순간이었다. 레오버넷 토론토 지사의 크리에이티브 총괄 책임자 주디 존은 이렇게 말한다. "여성들의 자신감 하락을 부추기는 요인을 공략해 보려고 고민 중이었는데, 저희 팀원 한 명이 '여자애처럼'이라는 말의 의미를 바꿔 보자고 하는 거예요. 순간 다들 느낌이 왔죠. 바로 그거다 싶었어요."[14]

여기서 '느낌이 왔다'라고 말한 데 주목해 보자. 기획자들은 당 연히 데이터나 도표나 연구 자료 같은 각종 사실을 수없이 많이 들여다봤고, 또 그게 도움이 된 건 맞다. 하지만 결국 해답은 논리 적으로 추론해 낸 게 아니었다. 표 계산 프로그램이나 수학적 알 고리즘을 돌려서 광고의 방향을 도출해 낸 게 아니었다. 데이터 를 살펴본 다음, 감정에 따라 최종 결정을 내린 것이었다. 이 광고 캠페인을 끌고 갈 동력도 결국 감정이니까.

여자애처럼 뛴다, 여자애처럼 던진다, 여자애처럼 싸운다······. 무슨 행동에든 '여자애처럼'이라는 말을 붙이면 아무리 좋은 뜻 에서 말했다 해도 좋은 말로 들리지 않았다. 그 말에는 허영으로 치장된 무력함이 내포돼 있었다. 거기에 깔린 메시지는 분명했 다. 여자는 힘에서나 능력에서나 남자보다 딸리고, 예쁘게 보이 는 데만 관심이 있지. 그러니 굳이 열심히 할 필요 있어? 우스꽝 스럽기만 하지. 남자가 힘도 세고, 능력도 있고, 모든 면에서 표 준이야. 여자는 그래도 화내면 귀엽긴 하지.

기획자들이 생각하기에 더 심각한 문제는, 사회에 이 같은 시선이 만연한 탓에 젊은 여성들이 금방 그 태도를 내면화한다는 것이었다. 그래서 10대 무렵에는 이것이 자기실현적 예언이 되어버리고 급기야 픽션이 아닌 사실처럼 느껴지기에 이른다.

이제 올웨이즈가 고객들에게 어떤 내적 변화를 요청해야 할지 분명해졌다. '여자애처럼'이라는 말에 담긴 사회의 부정적인 고정관념은 그야말로 헛소리임을 깨닫게 해 줘야 했다. 편견을 날려 버리고, 그 표현을 힘 있고 긍정적인 의미로 재정의해야 할 필요성을 여성들에게 느끼게 해 줘야 했다.

그렇게 해서 '#여자애처럼'이라는 광고 캠페인이 탄생했다. 그러한 변화를 촉발할 수 있는 스토리는 과연 어떤 것이었을까?

1단계: 잘못된 믿음

일단 현재 문제가 무엇인지, 즉 바뀌기 '이전' 상태가 어떤 모습인지 확실히 해야 했다. 앞으로 주인공이 변화해 갈 여정의 출발점이 될 부분이다. 그러기 위해선 광고의 시청자들에게 10대 소녀들이 '여자애처럼'이라는 부정적 사회적 관념을 어떻게 이미 내면화했는지 보여 줘야 했다.

10대 소녀들은 자기들은 여성이므로 '여자애처럼 뛰게' 되어 있다는 관념을 받아들이면서 컸다. 그 말엔 '넌 아무리 애써 봤자 잘 될 수 없다'라는 생각이 함축되어 있다.

그렇다고 해서 그 믿음이 잘못됐다고 말로 설명하면서 이야기를 시작해선 안 될 것이다. 우선 그 실상을 보여 줘야 하는데 여기서 중요한 게, 그런 생각을 가진 여성들에게 창피를 줘서는 안 된다.

그리고 각본에 따라 연출된 영상이라고 생각할 수도 있어서 밝혀 두자면, 놀랍게도 전혀 사전 조율된 내용이 아니었다. 참여자들은 자기가 광고를 찍고 있다는 것도 몰랐다. 영상에 등장하는 남녀 청소년과 어린이들은 모두 공개 오디션 공고를 보고 찾아왔고, 제작자가 의도하는 목표가 뭔지, 어떤 배우를 찾고 있는지 전혀 아는 바가 없었다. 그래서 참여자들은 질문을 받았을 때 특별한 '정답'을 말하려고 하지 않았다. 그냥 자기 생각대로 대답했을 뿐이다.

광고 영상은 이렇게 시작된다. 큰 스튜디오 안에 카메라, 음향 기술자 등이 빼곡히 들어차 있고, 감독도 앉아 있다. 감독은 여러 차례 수상 경력이 있는 로런 그린필드Lauren Greenfield라는 영화감독이다. 한 10대 여성이 걸어 나와 바닥에 눈금이 표시된 위치에 서서 카메라를 바라본다.

감독이 "여자애처럼 뛰는" 모습을 보여 달라고 주문하니, 여성은 방긋 웃으며 제자리에서 사뿐사뿐 뛰어 보인다. 그다음 등장한 10대 여성은 머리카락을 손으로 넘기고 매만지면서, 달리는 것보다는 머리매무새에 신경 쓰는 듯한 시늉을 보여 준다. 또 다른 여성은 마치 자기가 뛰는 게 미안해서 사과라도 하는 듯 양손을 부채처럼 팔랑거린다. 모든 참여자가 무력하고 어설프고 해맑은 모습을 과장해 표현한다. 얼굴은 재미있다는 듯 방글거리거나 킥킥 웃고 있다. 공감 포인트가 무엇인지 말 안 해도 다 알고 있다는 표정이다. 여자들은 어딘지 어설프다는 것이다.

그다음으로는 한 청년이 무대 위로 올라와서 "여자애처럼 싸워 보라"는 주문을 받는다. 청년은 처음엔 카메라를 보며 '여자애가 어떻게 싸워, 그런 게 가능하긴 하나?'라고 말하는 듯한 표정을 짓다가, 두 손을 얼굴 높이로 들고 팔랑팔랑 휘두른다. 마치 영 어리숙하게 파리를 쫓는 듯한 동작이다. 킥킥 웃으면서 몸을 굽 혔다 폈다 한다.

이어서 한 남자아이가 "여자애처럼 던져 보라"는 주문을 받는 다. 소년은 씩 웃더니, 팔을 한참 뒤로 뺐다가 손목만 까딱해서 공 을 던지고는 '실수로' 코앞에 떨어뜨리는 시늉을 한다. 그러고는 "아야" 하고 간드러지는 소리를 낸다.

참여자들이 표현하고자 하는 바는 분명했다. 여자애처럼 뛰거 나 싸우거나 던지거나 하는 건 잔망스러운 동작이라는 것.

다들 그렇게 받아들였고, 그 이미지가 맞다고 인정했다. 세상 의 이치가 그렇다고 배웠으니까. 참여자들은 본인이 여성을 조롱 하거나 폄하했다고는 생각하지 않았다. 그냥 있는 그대로의 사실 을 시연해 보인 것뿐이었다.

이제 그 잘못된 믿음을 뒤집어야 했다. 어떻게 해야 할까?

2단계: 진실

여기까지 하고 나서 감독은 참여자들을 다 불러 모아서 앉혀놓 고 설명을 해 줄 수도 있었을 것이다. '여자애처럼'이라는 그 비하 적인 관념이 왜 잘못됐는지, 파워포인트 자료를 동원하고 화려한 그래프와 상세한 도표, 또 복잡한 연구 데이터 같은 것을 곁들여 서 자세히 설명할 수 있었으리라.

하지만 그렇게 하지 않았다.

그렇게 했다면 참여자들은 방어적인 태도로 나왔을 것이다. 감독을 가리켜서 너무 까다롭다거나 유난스럽다거나 정치적 올

바름을 강조한다면서 불만을 토로했을지도 모른다. 그 밖에 또 사람이 오랫동안 품었던 믿음을 반박당했을 때 흔히 보이는 반응들을 보였을 수도 있다. 그런 반박을 당하면 우리의 '신념'을 문제시하는 게 아니라 우리의 지성을 의심하는 것처럼 느껴지니까. 그렇게 되면 결과가 좋을 수 없다.

광고 감독은 그렇게 하지 않고, 이번엔 좀 어린 여자아이를 불러냈다. 아이는 10살이었으니, 아직 문화적 성 관념의 양극화와 차별화가 확연히 진행되지는 않은 나이였다. 여자애처럼 뛰는 모습을 보여 달라고 하니, 아이는 온 힘을 다해 제자리에서 뛰었다. 마치 이를 악물고 경주에서 이기려고 하는 듯한 모습이었다. 또 이번에는 더 어린 여자아이한테 여자애처럼 뛴다는 게 무슨 뜻이냐고 물어봤다. 아이는 눈을 깜빡거리더니, "할 수 있는 최대한으로 빨리 뛰는 거예요"라고 했다.

그 차이를 광고 회사 레오버넷의 애나 코시아라는 기획자가 잘 정리해 표현했다. "어린 여자아이들은 할 수 있는 최대한 열심히 달리고 싸우면서 자신감과 긍지, 엄청난 자기 신뢰를 보여 줬다. 아직까지는 여성성을 정의하는 '규칙'에 매달리지 않고 그저 있는 그대로의 자신을 보여 주는 모습이었다. 그 아이들에게 '여자애처럼' 무언가를 한다는 것은 그저 최선을 다하는 것을 뜻할 뿐이었다."[15]

정말 그랬다. 그 자리에 모였던 남녀 청소년들은 어린 여자아이들의 모습을 지켜보면서 분명히 느꼈다. 조금 전 여성을 폄하하는 성 고정관념을 직접 보여 주었던 그들이지만, '여자애처럼' 뛴다는 것은 달리기나 싸움이나 던지기를 잘하고 못하는 문제와는 관계가 없었다. 그냥 나는 여자다 그리고 달린다, 그런 의미일 뿐.

잘못된 믿음이 흔들리는 순간이었다. 눈이 새로 뜨이는 순간이었다. 그 청소년들에게 뭐라고 지적한 사람은 아무도 없었다. 자기 눈으로 직접 보고 느낀 것이다.

그다음으로 물어야 할 것은 이것이었다. '여자애처럼'이 여자들이 뛰고 던지고 싸우는 모습을 사실대로 진술한 표현이 아니라면, 그럼 대체 무슨 표현일까?

3단계: 깨달음

이 지점에서 스토리의 청중은 지금까지 경험한 것을 바탕으로 자기 내면의 논리를 새로 고치기 시작한다. 그전까지 옳다고 생각했던 게 이제는 옳지 않은 상황이다. 그렇다면 옳은 건 무엇일까?

광고 감독은 앞서 공을 던지려다가 떨어뜨리는 시늉을 했던 어린 소년에게 이렇게 물었다. "방금 한 행동이 여동생을 욕한 행동이라고 생각해요?"

소년은 그런 생각은 해 본 적이 없다는 듯 좀 놀란 표정이다. "아니요"라고 하더니 말을 멈췄다가 이렇게 말한다. "그러니까, 여자들을 욕한 건 맞는데 제 동생을 욕한 건 아니에요." 그러고는 뭔가를 깨달은 듯한 눈빛이다. "내 동생도 여자니까, 내가 여자들을 욕했다면…… 아."

여기서 훌륭했던 점은, 감독이 소년에게 그 질문을 하면서 소년을 나쁜 사람으로 몰지 않았다는 것이다. 나쁜 건 소년의 믿음이었다. 그건 전혀 다른 얘기다. 소년은 감독이 자기를 창피 주고 있다는 느낌 없이 자기 믿음의 잘못을 스스로 인식할 수 있었다. 그 결과 창피함을 느꼈다 하더라도 그건 감독이 한 말 때문이 아니라 스스로의 깨달음 때문이었다.

이어서 감독은 한 조그만 소녀에게 이렇게 묻는다. "'여자애처럼'이라는 게 좋은 뜻인가요?"

소녀는 이렇게 대답한다. "잘 모르겠어요. 나쁜 말인 것 같아요. 누구를 망신 주려고 하는 말인 것 같아요."

그다음으로 감독은 가장 처음에 등장했던, 제자리에서 사분사분 뛰었던 10대 여성에게 물었다. '여자애처럼'이라는 말을 욕으로 하는 것을 들을 때 여성들이 어떤 영향을 받는 것 같냐고 했다.

"확실히 자신감이 많이 떨어지죠. 자기 생각엔 자기가 강한 것 같은데 누가 '여자애처럼'이라고 하면 자기더러 약하다, 남자만큼 우수하지 못하다고 하는 것처럼 들리죠."

모든 참여자가 이제 자기 믿음을 되돌아보고 있었다. 누가 무엇이 옳다고 가르쳐 줘서가 아니라, 방금 스스로 뭔가를 겪고 그렇게 된 것이다.

감독은 이어서 또 다른 10대 여성에게 물었다. 어떤 여성이 남들에게서 여자애처럼 뛴다거나 공을 찬다거나 던진다거나 싸운다거나 하는 말을 들었다면, 그 여성에게 어떤 조언을 해 주고 싶냐고 했다.

"계속하라고 얘기하겠어요. 잘하고 있으니까. 맞게 하고 있는 거니까. 남들이 뭐라고 하든 무슨 상관인가요."

10대 여성들은 자신들이 방금 전 무대에 올랐을 때만 해도 품고 있었던 그 잘못된 믿음 때문에 어떤 폐해가 있는지 똑똑히 보고 나서, 내면의 서사가 바뀌기 시작했다. 남자들도 마찬가지였다. 이제 어떤 행동을 '여자애처럼' 한다는 말은 잘 못한다는 뜻이 아니었다. 온 힘을 다해 성심껏 열심히 한다는 뜻이었다. 온전하고 진정한 자신의 모습을 찾는다는 뜻이었다.

4단계: 변화

마지막 단계는 청중이 방금 깨달은 교훈을 통해 자신의 관점을 바꾸는 단계다. 그로 인해 외적인 변화가 촉발된다. 이 순간 청중은 여러분의 행동 요청을 뚜렷하게 인지하게 되는데, 이는 여러분이 그 행동을 지시했기 때문이 아니라 청중 스스로 깨달은 바에 따라 자연히 감정적으로 반응하는 것뿐이다. 여러분의 메시지가 이제는 청중의 자기 서사를 이루는 일부가 됐으니, 여러분의 행동 요청을 따르는 것도 여러분의 뜻이 아니라 청중 자신의 뜻이 된다.

이 단계도 영상에 잘 나타나 있다. 광고 감독은 이제 마지막으로, 앞서 무대에서 '여자애처럼' 뛰는 모습을 고정관념에 맞게 자조적으로 표현했던 10대 여성 중 한 명에게 묻는다. "지금 다시 여자애처럼 뛰어보라고 한다면, 아까와 다르게 하시겠어요?"

여성은 카메라를 보며 빙긋 웃더니, 고개를 끄덕인다. "네, 내가 원래 뛰는 것처럼 뛸 거예요." 그리고 그렇게 뛰었다. 빠르게, 열심히, 진지하게.

기획자 코시아는 이렇게 말한다. "우리 목표는 시청자들에게 감정의 변화를 겪게 하는 것이었다. 웃음에서 시작해 놀라움 그리고 분노로 감정이 바뀌어 가면서, 언어 표현이 여자들의 자기

인식에 악영향을 끼칠 수 있음을 깨닫게 된다. 여자 청소년들이 문화적 고정관념에 휩쓸렸던 과거를 깨닫고 다시 처음부터 시도할 기회를 허락받아 자신의 본모습을 보여 주는 순간, 시청자는 눈물을 글썽이게 된다."[16]

이렇게 해서 잘못된 믿음, 진실, 깨달음, 변화의 4단계가 마무리된다.

영상은 제작자들의 예상을 훌쩍 뛰어넘는 반응을 일으켰다. 영상에 출연한 여성 그리고 남성 참여자들이 내면적으로 변화하는 모습에 시청자들도 세상을 보는 관점을 바꿨다. 처음에 언급했던 조사 결과를 기억하는가? 16세에서 24세 여성의 19퍼센트만이 '여자애처럼'이라는 말에 긍정적인 이미지를 연상했다고 했다. 영상을 시청한 후에는 그 비율이 76퍼센트로 치솟았다. 여성들의 관점만 바뀐 것이 아니었다. 남성들도 바뀌었다. 남성 응답자 3명 중 2명이 "이제 '여자애처럼'이라는 표현을 욕으로 쓰기 전에 한 번 더 생각해 보겠다"라고 대답했다.[17]

앞서 말했듯이 2015년에는 이 광고가 슈퍼볼 중계 중에 60초짜리 버전으로 방영됐는데…… 여기서 잠깐 생각해 보기 바란다. 다른 이벤트도 아니고 '슈퍼볼 중계 중에' 여성용품 광고를 내보낸 것이다. 자고로 슈퍼볼 광고라면 맥주라든지 자동차라든지 또 저것도 음식인가 싶은 패스트푸드 같은 것이 주종이다. 전통적으로 '남자들 물건'이라고 하는 것들을 젓가락처럼 빼빼 마른 여자들이 헐벗고 나와서 광고하는 게 보통이다. 그러니 그전까지 슈퍼볼에서 이런 광고를 한 회사가 없었던 것도 놀랍지 않다. 여성들에게 힘을 실어 주는 광고라니? 그것도 생리대 파는 회사가? 그걸 누가 본다고?

다들 열심히 본 것 같다. 시장 조사 기관 어도비는 매년 슈퍼볼 광고에 대한 반응을 조사해 1위부터 10위까지 발표하는데, 올웨이즈의 '#여자애처럼' 광고가 1위를 차지했다. SNS에서 40만 회 이상 언급된 것으로 나타났다. 올웨이즈에서 브랜드에 대한 정서적 유대감을 높이려고 했던 것 기억하는가? 어도비에 따르면 이 광고는 또한 "SNS상에서 긍정적인 정서를 가장 많이 유발한 광고로 조사됐으며, 언급한 글의 84퍼센트가 '감탄'이나 '기쁨' 같은 감정을 주로 표현했다"고 한다.[18]

2015년 3월 9일 올웨이즈는 이 광고를 통해 전 세계 여성들에게 힘을 실어 준 공로로 UN에서 상을 받았다.

이보다 더 큰 성취가 있을 수 있을까.

'#여자애처럼' 광고 캠페인은 여성들에게 사회의 비현실적이고 부정적인 시선에서 벗어나 자신이 원하는, 자신의 본모습을 찾을 수 있도록 힘을 보태줬다. 결국 우리의 가장 간절한 소망은 그런 것 아닐까? 진정한 내 모습을 찾고, 그 모습으로 주변의 소중한 사람들에게 사랑받기를 누구나 원하지 않는가.

이 회사의 예전 광고는 그 정반대의 효과를 냈었다. 여성들을 예찬하는 게 아니라 자기들 제품의 성능을 예찬했고, '그날'이 왔을 때 남들에게 그 사실을 철저히 숨길 수 있다는 게 자랑이었다. 결국 여성들을 심리적으로 움츠러들게 했다. 마치 여성이란 이유만으로 뭔가 감춰야 될 치부가 있기라도 한 것처럼.

여성들은 이제 새 광고를 통해 올웨이즈가 자신들을 있는 그대로의 모습으로, 귀하게 바라보고 있다는 느낌을 받았다. 그건 하늘과 땅 차이였다.

여성들은 행동에 나섰다. SNS에 '#LikeAGirl' 해시태그를 달고 자신들의 생각과 당당한 마음가짐을 열심히 공유했다. 그러면서 올웨이즈의 로고를 실어 날랐고, 올웨이즈의 트위터 팔로워는 세 배로 늘어났다. 유튜브 채널 구독자는 자그마치 4339퍼센트 치솟았다.[19]

이것이 스토리의 힘이다.

물론 사람을 변화시키는 스토리를 만들려면 우선 청중의 잘못된 믿음이 무엇인지 알아야 하고, 그러려면 그들의 자기 서사, 그들의 스토리를 파헤쳐야 한다.

핵심 요약

이제부터는 지금까지 배운 뇌와 스토리의 특성을 모두 적용해 여러분만의 스토리를 만들어 보자. 그러려면 한눈에 볼 수 있는 핵심 요약 노트가 필요할 것이다. 아래를 참고하면 된다. 먼저 스토리란 '과연' 무엇인지부터 정리해 보자.

스토리란 어떤 내적인 깨달음이 외적인 변화로 이어지는 과정을 다룬 것이다. 처음에 주인공은 잘못된 믿음을 내면에 품고 있다. 그 잘못된 믿음은 청중이 우리의 행동 요청에 귀를 기울이지 않는 이유이기도 하다. 주인공은 스토리 속에서 일어나는 사건으로 말미암아 불가피한 문제에 맞닥뜨리고, 문제를 해결하기 위해서는 자신의 잘못된 믿음을 직면하고 극복하지 않으면 안 된다.

청중의 생각을 바꿀 수 있는 스토리를 만들려면, 주인공의 세계관이 다음의 4단계를 거쳐 변화해야 한다. 그런 후에 청중은 우리의 행동 요청을 받아들이게 된다.

1단계: 잘못된 믿음

청중은 처음에 잘못된 믿음을 품고 있다. 청중에게 '네가 틀렸다'라고 직설적으로 말한다면 청중이 품고 있는 자기 정체성과 그들이 속한 집단에 대한 충성을 문제시하는 게 된다. 청중은 바로 이 잘못된 믿음 때문에 우리의 행동 요청에 귀를 기울이지 않는 것이다.

2단계: 진실

우리가 전하고자 하는 포인트다. 스토리 속 사건을 적절히 구성해, 본인에게 득이 되는 줄 알았던 믿음이 사실은 해가 되고 있음을 청중에게 보여 주어야 한다. 바로 그 믿음에 가로막혀 청중은 원하는 바를 이루지 못하고 자신의 본모습대로 살지 못하고 있다.

3단계: 깨달음

스토리 속 사건으로 인해 청중은 자신의 믿음을 스스로 의심하게 되고, 비로소 믿음이 잘못되었음을 인식한다.

4단계: 변화

이 지점에서 주인공은(그리고 청중은) 지금까지 잘못된 믿음 탓에 정작 자신의 진정한 목표 실현을 도와줄 수단을 도외시했음을 깨닫고, 세상을 보는 관점을 바꾼다. 그리고 우리의 행동 요청을 받아들여 외적 문제의 해결에 나선다. 기후 변화 대응이든, 사회적 편견의 해소든, 음모론 전파 웹 사이트 반대 운동이든, 어떤 행동을 하게 되는 것이다.

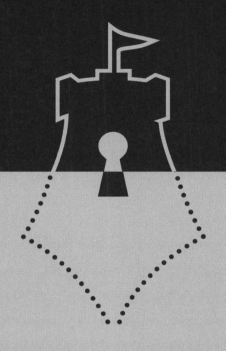

2부

스토리 핵심

서로 다른 세상을 잇는 접점

5강

확실한 상대를 정하라

"사실이란 없다. 오직 해석만이 있을 뿐."[1]
● 프리드리히 니체

우리 아이들이 어렸을 때 같이 즐겨 보던 〈앨빈의 모험〉이라
는 애니메이션 영화가 있다. 책이나 영화를 재미있게 보고 나
면 특정 대사가 기억에 남을 때가 있다. 그런 대사는 두고두고
입에 올리면서 히죽거리게 된다. 아는 사람끼리만 알아듣는
농담이 되는 것이다. 이 영화에도 그런 대사가 있었다. 다람
쥐 세 마리(앨빈, 사이먼, 시어도어)를 키우면서 양아버지 노릇
을 하는 데이브라는 사람이 출장 가느라 집을 비웠을 때의 일
이다. 데이브가 집에 전화하니 다람쥐들을 돌봐 주는 밀러 아
주머니가 전화를 받는다. 데이브가 "앨빈 있어요?Is Alvin avail-
able?" 하고 묻는다.

늘 덜렁거리는 밀러 아주머니가 어리둥절한 표정으로 되묻는다. "있는데 왜요?Available for what?" 그때 앨빈은 아주머니 바로 옆에 서 있었다.

그 장면에서 항상 웃었다. 우리가 보기에 데이브가 한 말은 너무나 당연히도, 앨빈 좀 바꿔 달라는 뜻이었으니까. 밀러 아주머니는 도대체 어떻게 그 말을 못 알아들을까 싶었다. 그런데 지금 생각해 보면 내가 밀러 아주머니를 아둔한 사람으로 단정하고 놀려댔던 게 (비록 만화 속 등장인물이긴 하지만) 살짝 미안해진다. 사실 밀러 아주머니 대답도 일리가 있다. 아마 이렇게 생각하지 않았을까. '데이브가 만약 앨빈을 바꿔 달라고 하고 싶었으면 그렇게 말을 했겠지. 그런데 앨빈 있냐고 물었단 말이야. 그러니 뭔가 다른 의도가 있는 게 분명해. 그런데 왠지 모르겠지만 속내를 시원히 밝히지도 않고.' 그렇게 생각했다면 "있는데 왜요?"라고 반응하는 게 당연하지 않을까?

내가 하고 싶은 말은, 우리는 상대방에게 무언가 요청하는 행동을 분명히 전했다고 생각하는데 상대방이 보기엔 그게 아닐 때가 굉장히 많다는 것이다. 데이브와 밀러 아주머니처럼 서로 가지고 있는 암호 해독기가 전혀 다르기 때문이다. 우리는 상대방에게 아주 명백한 요청을 했다고 생각하지만 상대방이 그 말을 어떻게 해석할지는 모르는 일이다. 다시 말해, 우리는 상대를 안다고 생각하지만 실제로는 모를 때가 많다.

더 충격적인 사실이 있다. 우리는 우리가 상대방에게 요청하는 행동이 무엇인지도 완전히 잘못 알고 있을 때가 많다. 지금 무슨 생각을 하는지 안다. '아니 내가 상대방에게 뭘 요청하는지 내가 모른다고? 그게 말이 되나? 뭔가 요청하는 게 있으니까 스토리를 만들려고 하는 거잖아' 이렇게 생각할 것 같다. 하지만 첫눈에 당연해 보이는 일도 실상은 좀 복잡한 경우가 있다.

이 강에서는 우리가 다가가려고 하는 대상은 과연 누구인지 그리고 우리가 그들에게 원하는 행동은 무엇인지 정확히 짚어 보겠다. 우선, 우리의 청중이 '아닌' 사람은 누구인지 확실히 한 다음, 우리가 그들에게 원하는 행동이 무엇인지, 우리가 보기에 그 행동이 그들에게 어떤 이익이 되는지 살펴보겠다. 그러고 나면 청중의 범위를 압축해 나갈 수 있다. 물론 여기까지는 아직 '우리'의 관점에서 바라보는 청중의 모습이라는 점을 잊지 말아야 한다.

이제부터는 지금까지 배웠던 모든 내용을 실전에 적용해 보려고 한다. 짐작했겠지만, 2부 각 강의 말미에 '실전 문제'가 나갈 것이다. 이 책은 청중의 행동을 이끌 스토리의 초고를 여러분이 직접 쓸 수 있게끔 구성되어 있다. 한 강이 끝날 때마다 문제에 답을 하면서 그 과정을 차근차근 밟아 보자. 이 책이 끝날 때쯤에는 여러분도 효과적인 스토리 하나를 창작해 볼 수 있다.

누구에게 들려줄 것인가

스토리의 청중을 정의할 때 흔히 잘못 생각하는 답이 두 가지 있다. 그 실수에 빠졌다간 아무도 우리 스토리를 들어줄 가망이 없게 된다. 우리의 청중이 '아닌' 사람은 다음과 같다.

❶ 나 자신
❷ 세상 모든 사람

내가 전하려는 요점은 나에게 중요하니까, 상대방에게도 똑같은 이유로 중요할 것이라고 착각하기 쉽다. 그렇지 않다. 그렇게 생각한다면 한 가지 원리를 명심하자. 내가 남에게 어떤 문제를 설득하려고 할 때, 나는 아무 상관이 없는 존재라는 것이다. 우리가 아무리 어떤 후보를 지지해야 한다고 주장한들 상대방은 우리 생각에 신경 쓰지 않는다. 영혼을 살찌우고 시간을 아껴주는 10초 명상 앱을 다운받아야 한다고 아무리 외친들, 심지어 방구석 좀 치우고 살라고 아무리 닦달한들, 상관하지 않는다. 상대방이 신경 쓰는 건 딱 하나밖에 없다. 우리가 하는 주장이, 우리가 요청하는 행동이 자기의 신념 체계와 자기의 서사와 자기가 속한 집단의 세계관에 들어맞느냐, 그래서 자기가 지금 안고 있는 문제를 풀어 줄 수 있느냐 하는 것뿐이다. 그렇다고 상대방이 이기적이거나 자기중심적인 사람이어서 그러는 건 아니다. 또 우리가 스스로의 착각을 깨닫지 못한다고 해서 이기적이거나 자기중심적인 사람인 것도 아니다. 그렇게 되는 이유는 한마디로, 우리가 세상을 있는 그대로 보지 않고 자기가 가진 관점으로 보기 때문이다. 이 원리는 모르면 크나큰 걸림돌이 되고, 잘 활용하면 막강한 자산이 될 수 있다.

스토리 생존 법칙 11
우리는 세상을 있는 그대로 보지 않고 자기가 가진 관점으로 본다.

문제는, 이런 '지식의 저주'를 아무리 잘 아는 사람이라고 해도 착각하는 경향이 있다는 것이다. 상대방이 당연히 내가 아는 걸 똑같이 알고 내가 원하는 걸 똑같이 원하리라고 생각하곤 한다. 말이 나왔으니까 말인데, 오른쪽 팔뚝에 예쁜 통나무집 그림을 가느다랗게 세필 문신으로 넣고 싶지 않은 사람이 세상에 있을까? (나만 그런 건가?) 아니면 버드나무에 타이어 그네가 매달린 그림, 하늘을 나는 올빼미 그림도 너무 좋지 않은가? (사실 나도 마음만 굴뚝같고 용기가 안 나서 실제로 하지는 못했다.)

인지 신경 과학자 탈리 샤롯도 이렇게 지적한다. "우리는 남들에게 영향을 주려고 할 때 가장 최우선으로 우리 자신을 생각한다. 우리에게 설득력을 갖는 것, 우리의 정신 상태, 우리의 욕구, 우리의 목표 등을 고심한다. 그러나 상대방의 행동과 믿음을 바꾸고 싶다면, 먼저 '상대방'의 머릿속에서 무슨 생각이 돌아가는지 이해하고 '상대방' 뇌의 작동 원리를 따라야 함은 두말할 필요 없다."[2]

그래서 설득력 있는 스토리를 만들려면, 즉 상대방의 세상 보는 관점을 바꿔줄 스토리를 만들려면, 우리의 전문 지식이 상대방의 필요와 만나는 접점을 찾아야만 한다. 경우에 따라서는, 상대방에게 필요한 게 무엇인지 훤히 보여서 쉽게 파악되기도 한다.

나는 예전에 그런 예를 직접 경험해 봤는데, 뜻밖에도 자동차 정비 분야에서였다. 나는 존 뮤어 출판사에서 여러 해 일했다. 이 출판사에서 나온 유명한 책이 바로 존 뮤어(유명한 박물학자 존 뮤어의 증손자)가 1969년에 자가 출판으로 낸 자동차 정비 서적으로, 제목이 《폭스바겐 쌩쌩하게 관리하기: 천하의 바보를 위한 단계별 작업 매뉴얼How to Keep Your Volkswagen Alive: A Manual of Step-by-Step Procedures for the Compleat Idiot》이었다. (딴 얘기지만, 뒤에 나온 '천하의 바보Complete Idiot' 시리즈가 이 책의 영향을 밝히지 않은 것은 개인적으로 아무리 생각해도 이해가 안 된다.) 그야말로 매뉴얼계의 신기원이 된 책인데, 뛰어난 선견으로 기술자이자 장인인 자신의 관점을 벗어던지고, 오로지 차 고칠 줄 모르는 기계치들(즉 일반 대중)의 관점에서 폭스바겐 정비를 풀어 쓴 덕분이다. 뮤어는 내가 그 회사에 들어오기 전에 세상을 떴지만, 그의 방법론은 길이 남았다.

　뮤어의 방법은 이런 식이었다. 어디 한 군데가 고장 난 폭스바겐 자동차를 놓고, 멍키 스패너가 연장 이름인지 뭔지도 모르는 문외한을 섭외해 와서, 자기가 쓴 수리 요령을 읽어 줬다. 그러고는 뒤에 앉아서 가만히 관찰했다. 자기가 '나비너트'라고 분명히 가르쳐 줬는데도 일자무식 초보 수리자가 '휠 너트'를 집어 드는 모습을, 훈수도 두지 않고 눈살도 찌푸리지 않고 지켜만 봤다. 그리고 자기 글을 고쳐 썼다. 그 과정을 반복하며, 마침내 누구든지 그 책 한 권과 낡은 연장 몇 개만 있으면 점화 플러그를 교환하고, 엔진을 튜닝하고, 클러

치를 정비할 수 있게 만들었다.

탁월한 방법이었다. 뮤어는 자신의 암호 해독기를 벗어던지고 철저히 문외한의 눈으로 정비 과정을 관찰함으로써, 전문가인 자신이 당연시했던 부분을 깨닫고 초보자도 명확히 이해할 수 있게끔 책을 쓴 것이다. 그렇게 만든 책은 2백만 부 이상 팔려 나갔다.

이제 이런 생각을 할지 모르겠다. '그래 좋아, 청중은 내가 아니라는 거지. 그건 잘 알겠어. 그런데 이왕이면 목표를 좀 크게 잡으면 안 되나? 세상 모든 사람을 청중으로 잡으면 왜 안 돼?'

만인이란 존재하지 않는다

만인에게 메시지를 전하려고 한다면 아무에게도 전하지 않는 것과 마찬가지다. 결과도 별반 다를 게 없다. '만인'이란 존재하지 않기 때문이다. 존재하는 것은 오로지, 공통된 관심사와 믿음을 가지고 물리적·사회적 생존이라는 목표로 한데 뭉친 개개인뿐이다.

그뿐이 아니다. 만인에게 메시지를 전하려고 하면 청중의 관심을 사로잡는 일보다 아무의 반감도 사지 않는 데 치중하게 된다. 스토리를 모나지 않고 둥글둥글하게 만드는 데 창의력을 쏟아붓게 된다. '만인'을 이루는 분파마다 각기 다른 믿음으로 인해 우리의 행동 요청을 외면하고 있으니까. 우리가 공략해야 할, 단일한 공통의 믿음이란 게 있을 수 없다. 정확히 어디를 겨눠야 할까? 그러니 상대방에게 깨달음을 줄 수 없다. 변화도 일으킬 수 없다. 감정도 일으킬 수 없다. 결국 세상에서 제일 밋밋하고 원만하며 따분한 스토리가 만들어진다. 우리가 원하는 것과 정반대의 결과물이다.

여기서 이렇게 생각할지도 모르겠다. 내 목표는 기후 변화를 저지하는 건데, 그물을 최대한 넓게 던져야 할 이유가 분명히 있어. 기후 변화는 미래 세대는 물론 우리 세대에도 당장 영향을 미칠 게 틀림없고, 우리 모두가 당장 행동에 나서서 막아야 하는 문제야. 그럼 청중을 모든 사람으로 잡아야 하는 것 아니야?

그 질문에 대한 대답은 간단하다. 우리는 본능적으로 타인을 필요로 하게 되어 있지만, 세상 '모든 사람'을 다 필요로 하게 되어 있지는 않다. 우리가 속한 집단의 사람들을 필요로 하고, 그 집단에 의존해 사회적으로 생존해 나가게 되어 있다. 그리고 그 과정에서 자기 정체성도 얻는다. 물론 성장하면서 전에 속했던 집단을 떠나 다른 집단에 들어가기도 하지만(그리고 그때마다 우리의 암호 해독기를 조절하지만), 그 어느 집단도 결코 '만인'은 아니다.

그래서 여러분이 설령 '만인'에게 메시지를 전하려 한다 해도, 집단마다 다른 스토리를 마련해야 한다. 집단마다 신념 체계에 따라 여러분의 행동 요청을 다르게 바라보기 마련이니까. 한 예로, 휘턴스쿨Wharton School의 디나 그로밋Dena Gromet 등이 2013년 수행한 연구 결과에 따르면, 보수 성향인 사람은 비용 절감을 위해 절전형 전구를 구입하지만 제품에 '친환경' 스티커가 붙어 있으면 오히려 상당수가 구입 의사를 접는 것으로 나타났다. 그러므로 여러분이 만약 탄소 발생을 줄이기 위해 절전형 전구를 팔려고 한다면, 보수 성향의 소비자에게는 환경 보호의 중요성을 설득해서 될 일이 아니다. 소비자가 가진 스토리를 파고들어, 여러분이 원하는 행동과 관련해 소비자에게 가장 중요한 게 무엇인지 알아내야 한다. 이 사례의 경우, 보수 성향 소비자가 원하는 것은 비용 절감이다. 그들의 신념 체계에서는 절약이 핵심이기 때문이다. 그들이 보기에 여러분이 실제로 줄 수 있는 이익은 바로 그것이다. 그러니 친환경 전구를 사면 탄소 발생도 줄일 수 있다는 사실은 굳이 알려줄 필요가 없다. 임무 완수(비밀리에)!

그로밋은 《내셔널 지오그래픽》과의 인터뷰에서 이렇게 밝혔다. "원래는 제품에 관심을 가질 만한 사람도 친환경 표시를 부착하면 상당히 높은 비율로 관심을 접는 것으로 나타났다. 메시지를 달리하면 메시지가 전해지는 그룹 역시 달라

짐을 알 수 있다."**³** 정말 그렇다.

전기 많이 잡아먹는 전구가 환경에 끼치는 피해를 우려하는 사람이라면 벌써 '친환경 전구'를 쓰고 있을 것이다. 그러므로 '비용 절감형 전구'를 선전하는 광고를 만든다면 환경에 보탬이 될 뿐 아니라 새로운 고객에게 메시지를 전할 수 있다.

자, 이제 원천적으로 우리 스토리의 청중이 될 수 없는 사람이 누구인지 알아봤으니, 여기에 한 부류의 청중을 더 제외하고 가야겠다. 이번에는 여러분의 판단이 필요하다.

고맙지만 사양할게요

좀 의외일지 모르겠지만, 어떤 고객에게는 메시지를 전하지 '않는' 편이 낫다고 거의 확실히 말할 수 있다. 아무리 우리와 함께하고 싶다고 아우성치는 사람이라고 해도 그렇다. 우리의 제안을 오해하기에 십상인 사람들이 있기 때문이다. 그런 사람들은 금방 불평을 늘어놓는다. 우리가 애초에 약속한 적도 없는 것을 주지 않는다고 주장하면서, SNS에 폭로하겠다고 하루 24시간, 연중무휴로 협박한다. 그렇게 되면 우리는 사실상 우리 능력 밖인 무언가를 내놓으려고 애쓰거나 온 산을 돌아다니며 잔불을 끄느라 바빠서, 정작 우리 서비스가 잘

'맞는' 고객에게 최선을 다할 여력이 없어진다.

질문은 이것이다. 우리 스토리의 청중으로 삼지 않아야 할 사람은 구체적으로 누구일까? 어떤 사람을 거절해야 할까?

내 경우를 말하자면, 나는 스토리 코칭 일을 하고 있다. 고객이 말하고자 하는 바를 끄집어낼 수 있게 이끌어 주며 설득력 있고 강력한 스토리를 쓸 수 있게 돕는 일이다. 따라서 내 일을 홍보할 때 겨냥해야 할 청중은 글 쓰는 사람이다.

그런데 그중에서도 누구를 대상으로 삼아야 할까? 스토리를 쓰고 싶은 사람이라면 누구나 상관없을까? 아니다. 절대 그렇지 않다.

오랜 세월 일하다 보니 자연히 이런 질문을 하게 됐다. 내 고객이 될 수 있는 모든 사람 중에서, 내가 제외해야 할 사람은 누구인가? (자연히 하게 됐다는 건 숱한 실수를 거쳐 얼굴 붉히고 욕보면서 깨달았다는 말을 완곡히 표현한 것이다.)

그래서 어떤 사람을 제외하게 되었냐고? 굳이 미지의 세계로 뛰어들어 힘들고 괴롭게 고생해 가며 자신이 찾는 진짜 스토리를 건져 낼 마음이 없는 사람이다. 피드백 한마디를 받을 때마다 논쟁하려 하고 자기 친구가, 엄마가, 글쓰기 모임 사람들이 칭찬한 글이라며 볼멘소리를 하는 사람이다. 좋은 피드백만을 원하는 사람이나, 내게서 "와, 굉장한데요! 제 에이전트한테 소개해 드릴게요"라는 반응만을 바라는 사람과는 작업하지 않는다. 애지중지하는 글을 휴지통에 버릴 자세가 되어 있지 않은 사람과는 작업하지 않는다. 3개월이든 3년이든 기한 안에 책이 완성된다는 보장을 달라거나, 원고를 다 쓰면 출판된다고 약속해 달라는 사람과는 작업하지 않는다. 그런 건 내가 정할 수 있는 문제가 아니다.

그런 고객을 받으면 내가 골치를 썩이고 시간과 돈을 허비하게 되는 것도 문제지만, 더 큰 문제는 고객의 기대를 채워주지 못해 단단히 실망을 안기고 만다는 것이다.

자기성찰을 숱하게 하고 나서야 결론을 내렸다. 설령 찾아온 고객을 돌려보낼지라도, 고생 끝에 현명해진 사람이어야 나와 맞겠구나. 글을 쓸 만큼 써 보아서, 땀 흘려 쓰지 않은 책은 아무도 안 읽는다는 깨달음을 얻은 사람이어야 하겠구나.

그래도 좋은 소식이라면, 피해야 할 상대를 정함으로써 우리에게 '맞는' 상대도 더 확실히 정하게 된다는 것이다. 우리의 목적과 우리가 전하려는 메시지를 더 명확히 가다듬을 수 있게 된다. 또 어차피 집단의 신념 체계가 우리와 맞지 않을 사람들을 미리 걸러낼 수 있다. 그러면 굳이 그들을 포섭하려고 애쓰거나, 최대한 넓은 범위의 청중에게 어필하려고 우리 일에 밍밍하게 물을 타고 싶은 유혹을 피할 수 있다.

여러분의 청중은 대단히 많을 필요가 없다. 열혈 팬이 될 가능성이 있는 사람들만 모으면 된다. 그러면 그 사람들이 여러분의 행동 요청을 자기 일처럼 홍보하고 다닐 것이다. 왜냐고? 정말로 자기 일이 맞으니까.

이제 목표 청중target audience이 누구인지 정의할 준비가 됐으니 그다음으로 물어야 할 질문은 이것이다. 우리가 그들에게 원하는 행동은 무엇인가? 우리가 내놓을 제안이 무엇인지를 일단 정확히 정해야, 누가 잘 받아줄지, 또 누가 트위터로 재각 달려가 우리를 욕할지 알 수 있을 것이다.

구체적이고 명확한 행동 요청

우리가 요청할 행동은 과연 무엇인가? 아주 간단한 문제 같지만, 이게 언뜻 보기보다는 어려운 질문일 수 있다. 우리는 어떤 최종 목표에 꽂혀 있기 마련이고, 그 최종 목표는 우리에겐 너무나 명백하고 뻔해 보이니까. 좋은 일에 기부해 달라, 우리 제품을 구매해 달라, 우리 서비스를 이용해 달라, 우리 후보를 찍어 달라, 아니면 집에 손님 오시니까 제발 방 좀 치워라……. 너무 명확하지 않은가?

그런데 예를 들어, 여러분의 목표가 상대방을 기후 변화 대응 실천에 나서게 만드는 것이라고 하자. 여러분이 머릿속에 그리는 세상은 티 없이 맑은 하늘에 깨끗한 식수가 풍부하고 식량이 풍족해 아무도 굶지 않는 그런 세상이다. 정말 좋을 것 같다. 그런데 내가 뭘 해야 하나? 여러분의 스토리를 듣고 나서 사람들이 구체적으로 어디에 힘을 모아야 하나? 설마 대책 모임을 꾸려서 자유롭고 평등한 토론의 장에서 모든 방안을 허심탄회하게 논의해 보라는 말은 아니겠지? 그랬다가는 누구 집에서 만날지, 친환경 건강 간식은 누가 챙길지를 정하는 데만 한세월 걸릴 텐데. 아니, 간식의 종류를 정하는 데도 소모임을 하나 만들어야 할지 모른다.

뭐니 뭐니 해도 우리에겐 리더가 필요하다. 그리고 지금 리더가 되어 줘야 할 사람은 바로 여러분이다. 여러분이 할 일은 구체적인 행동 요청을 최대한 많이 생각해 내서, 그중에서 목표 청중을 설정하고 공략하는 데 도움이 될 하나를 택하는 것이다.

여기서 유념할 점은, 여러분의 궁극적 목표와 여러분의 스토리가 요청하는 행동은 서로 다를 수도 있다는 것이다. 여러분이 판매하려는 제품은 스토리 속에 언급조차 되지 않을 수도 있다. 올웨이즈의 '여자애처럼' 광고에도 제품에 대한 언급은 한 번도 없었고, 시청자에게 요청한 행동은 '우리 회사의 패드를 구입해 달라'는 게 아니었다. 물론 회사의 최종 목표는 제품의 고객을 더 확보함으로써 시장 점유율을 높이는 것이었지만, 그 목표를 이루기 위해 시청자에게 요청한 행동은 따로 있었다. 회사가 '내 편'임을 인지함으로써 브랜드에 교감을 느끼게 했고, 또 '여자애처럼'이라는 말의 뜻을 바꿔 나가는 경험을 남들과 공유하여 대중의 인식 개선에 기여하게끔 했다. 여성들은 자부심을 느낀 순간들을 SNS에 올웨이즈 로고와 함께 공유하면서 그런 행동을 민망하게 여기지 않고 연대의 표현으로 인식하게 됐고, 그 같은 긍정적 연상 작용은 브랜드의 힘을 키우는 효과를 낳았다.

그래서 여러분이 상대에게 원하는 행동은 관념적이어서도, 모호해서도, 추상적이어서도 안 된다. 구체적이고, 명확하고, 실행할 수 있는 행동이어야 한다. 행동을 어떻게 실행에 옮겨야 할지 분명치 않다면, 상대방은 뭔가를 하라는 것 같아서 기분은 찜찜한데 뭘 해야 하는지는 몰라서 아리송해진다. 밀러 아주머니가 "있는데 왜요?" 하고 물을 때도 그런 기분이 아니었을까.

우리는 무엇을 원하는가

설령 상대방을 어느 길로 데려가야 할지는 잘 모르겠다고 해도, 최종 목적지는 아마 분명할 것이다. 다음 빈칸을 채우기만 하면 된다.

나는 청중이 _____하길 원한다.

예를 들면 다음과 같다.

◆ **나는 청중이 내 앱을 다운받길 원한다.**

◆ **나는 청중이 우리 후보에게 투표하길 원한다.**

◆ **나는 청중이 우리 박물관 증축 비용을 대주길 원한다.**

◆ **나는 청중이 밀웜 빵을 먹길 원한다.**

여러분의 목표도 이런 식이라면, 좋다. 모두 다 분명하고, 구체적이고, 실행에 옮길 수 있는 것들이니까(밀웜 빵은 실행에 옮길 수 있는지 의문이 좀 들지만).

하지만 방문객들이 집에 가서 "문제를 깊이 생각해 보길" 원한다고 했던 그 수족관 담당자처럼 여러분도 상대에게 구체적으로 요청할 행동을 잘 모르겠다면, 바로 그 말마따나 한 번 깊이 생각해 보면 어떨까. 그러니까, '상대방'이 깊이 생각해 보고 나서 무엇을 했으면 좋겠는지 구체적으로 떠올려 보는 것이다.

예를 들어, 가령 우리 시민단체의 목표가 퇴비화와 멀칭(작물이 자라는 땅을 짚이나 낙엽 등으로 덮어 주어 보호하는 일 — 옮긴이)을 장려함으로써 기후 변화 저지와 쓰레기 줄이기에 기여하고, 주민들이 최소한 집 뒷마당에서라도 자연과 접촉하게 하는 데 있다고 하자. 우리가 요청할 행동의 리스트를 뽑아 보면 가령 이런 식일 것이다.

- ◆ 나는 사람들이 집 뒷마당에서 음식물 쓰레기로 퇴비를 만들고 텃밭 농사에 쓰길 원한다.

- ◆ 나는 사람들이 낙엽을 쓸어 모은 다음 버리지 말고 겨울철 멀칭에 쓰길 원한다.

- ◆ 나는 사람들이 그 결과 풍부해질 곤충 자원을 활용해 궁극적으로는 지속 가능한 단백질 공급원인 '곤충식(귀뚜라미 가루 과자, 메뚜기 튀김, 흰개미 스튜 등)'으로 전환하길 원한다.

훌륭하지 않은가? 그런데 잊지 말자. 이건 '우리가' 청중에게 원하는 행동을 뽑아 본 것이다. 청중은 본능적으로 이렇게 묻게 되어 있다. "그러면 나한테 무슨 득이 되는데?"

제안을 따랐을 때 이익은 확실하게

너무 당연한 얘기 아닌가 싶을 수도 있다. 이익이라니, 몰라서 묻나? 내 행동 요청에 응하면 세계 평화에 이바지할 수 있는데? 우리 자녀들에게 맑은 공기를 마시게 해 줄 수 있다고. 기름 잡아먹는 자동차 대신 예쁘고 매끈한 자전거를 타고 달릴 수 있다니까! 그럼 된 거 아니야? 아니다. 그런 식의 확고

한 자신감이야말로 바로 경고 신호다. 청중에게 돌아갈 이익을 확신할수록, 청중의 시점에서 보고 있지 않을 가능성이 크다. 그렇게 되면 그들의 공감을 사는 스토리를 들려줄 수 없다. 하지만 뒤집어 말하면, 언뜻 눈에 띄지 않는 큰 이점이 어딘가에 숨어 있다는 얘기일 수도 있다. 그렇다면? 더 깊이 파고들어야 한다.

어느 분야에나 적용되는, 유용한 경험 법칙이 하나 있다. 뭔가가 너무나 뻔해 보인다면, 우리가 당연시하고 있는 게 엄청 많다는 신호라는 것. 그렇다고 우리가 잘못 짚었다는 말은 아니다. 세계 평화, 맑은 공기, 매끈한 초경량 자전거…… 다 분명히 이점임은 틀림없다. 하지만 그런 뻔한 이점에 그친다면 우리 제안의 장점을 제대로 전하지 못한 게 된다. 잘 보면 그것 말고도 많을 테니까.

앞의 퇴비화 캠페인을 예로 들면, 가령 '기후 변화를 막는 데 도움이 된다'라는 거창하고 일반적인 문장 하나로 이점을 요약해 버리기 쉽다. 그런데 그것뿐일까? 몇 가지 예를 들어 보자.

- ◆ 퇴비를 쓰면 토양이 비옥해져 작물을 더 잘 키울 수 있다.
- ◆ 화학 비료를 줄이거나 쓰지 않게 되므로 돈을 아낄 수 있다.

- ◆ 쓰레기 처리 비용도 줄일 수 있다.

- ◆ 대기 오염 개선에도 기여할 수 있다.

- ◆ 바깥에서 자연과 접촉하며 보내는 시간이 많아진다.

- ◆ 귀뚜라미 스튜에 맛을 들일 수 있다. (앞으로 우리가 가야 할 길이라
  고 하니 익숙해져야 하지 않을까?)

일단 생각해 보기 시작하면 놀랄 만큼 많은 아이디어가 꼬리를 물고 떠오를 것이다. 그러나 주제에 따라서는 비교적 추상적인 이점부터 떠오를 수도 있다. 그것도 하나의 경고 신호다. 가령 어떤 후보에게 투표해 달라, 그러면 이런 정치인을 뽑을 수 있다고 하는 것이다.

- ◆ 국민을 위해 불철주야 일할 사람. (그건 좋은데 무슨 일을?)

- ◆ '적폐'를 청산할 사람. (적폐의 정의는?)

- ◆ 기후 변화 대응에 힘쓸 사람. (어떻게?)

- ◆ 국민적 가치를 소중히 받들 사람. (무슨 가치?)

- ◆ 좌고우면하지 않고 행동하는 사람. (무슨 행동을?)

이런 이점들은 너무 일반적이어서 온갖 다양한 의미로

해석될 수 있다는 게 문제다. 포괄적이라기보다 결국 공허한 말일 뿐이다. 여러분은 청중의 피부에 실제로 와닿을 이점을 최대한 구체적으로 밝혀 주어야 한다. 그리고 논란의 소지가 있을까 봐 두려워해서는 안 된다. 예를 들어 보겠다.

- ◆ 우리 후보가 당선되면, 온 힘을 다해 보편적 의료 보장 제도를 도입하고, 누구나(당신도) 쉽게 병원 진료를 받게 해 줄 것이다.

- ◆ 기본 소득제 실시를 위해 투쟁할 것이다('쓰리잡'을 뛰고 룸메이트를 네 명 두어야 겨우 월세를 내는 현실에서 당신도 벗어날 수 있다).

- ◆ 총기 금지법 통과를 위해 끝까지 싸울 것이다(당신의 자녀가 방탄 책가방을 메고 학교에 다니지 않아도 된다).

다시 말해, 과감해야 한다. 설령 두렵더라도, 솔직해야 한다. 뒤에서도 이야기하겠지만, 내가 취약해지는 느낌이 들면 맞게 가고 있는 것이다.

그러나 가끔은 구체적 이점을 찾기가 쉽지 않을 때가 있다. 가령 좋은 일에 기부해 줄 것을 요청하는 경우에 그렇다. 예컨대 미술관의 별관 신축을 위해 모금을 한다고 하자. 그게 주민들에게 무슨 이득이 있을까?

- ◆ 음······ 미술 관람을 더 많이 할 수 있다?

◆ 세계 수준의 미술관을 보유할 수 있다?
◆ 도시에 찾아오는 관광객을 늘릴 수 있다?

아무래도 좀 어렵다. 개인에게 이득이 될 게 뭐가 있겠나 싶다. 이득이 될 게 정말로 없다는 말이 아니라, 여러분이 얻을 이익과 청중이 얻을 이익을 구분하는 게 때로는 의외로 굉장히 어렵다는 말이다. 라과디아 공항의 '우린 너무 멋져' 안내 방송도 그런 혼동 때문이었다. 그 대본을 쓴 사람은 확신했으리라. 피로와 불편에 시달리는 이용객들이 언젠가 미래에 공항이 눈 돌아갈 만큼 화려해진다는 소식을 자기의 이익으로 여길 거라고. 그중에는 미래에 그 공항을 다시 이용할 일이 없을 사람도 많을 텐데 그런 생각을 해 보긴 했을까.

라과디아 공항은 로스앤젤레스LA 국제공항의 사례에서 교훈을 얻었으면 좋았을 것이다. LA 공항도 한때 대대적인 공사로 난장판이었지만, 장차 변신할 공항의 모습이 아니라 여행객들의 상황에 초점을 두었다. 공사 때문에 혼잡이 극심하리라는 것을 인식하고, 문제의 선제적인 해결에 나섰다. '140억 달러 규모의 현대화 사업 하에 진행되는 공사로 인한 고충을 덜고 LA 공항을 찾는 지친 여행객들에게 따뜻한 손길을 내미는 것'을 목표로 잡았다. 이를 위해 프로야구 LA 다저스 팀의 3루수 저스틴 터너, LA 필하모닉 음악 감독 구스타보 두다

멜, 요리사 수전 페니거 등 유명인들을 섭외해, 여행객들을 따뜻하게 환영하고 LA에서 즐길 거리를 소개해 주는 메시지를 녹음하게 했다. 이들은 문제를 부정하지 않고 인정하면서 전후 사정을 알린 다음, 자신들이 여행객과 한 편인 것 같은 느낌을 주었다.

라과디아 공항의 안내 방송과 비교할 때 달랐던 점은, '공항'이 얼마나 근사해지는지 강조하는 대신 '여행객'의 기분과 '여행객'이 겪을 일에 초점을 두었다는 것이다. 내가 개인적으로 가장 좋았던 환영사는 코미디언이자 토크쇼 진행자인 지미 키멀이 녹음한 것이었는데, 아무 변명 없이 솔직히 터놓고 말하는 게 마음에 들었다. "안녕하세요, 지미 키멀입니다. LA 공항에 오신 걸 환영합니다. 여기저기서 공사하고 있는 것 사과드립니다. 그래도 일단 405번 고속도로를 타면 다 잊으실 겁니다. 어쨌거나 LA에 머무는 동안 즐거운 시간 보내시기 바랍니다. 그리고 혹시 뭐든 필요한 것 있으시면 맷 데이먼에게 전화하세요. 그 사람은 친구가 하나도 없거든요."[4]

이 말을 듣고 빙긋 웃지 않기는 어렵다(맷 데이먼 본인은 어떨지 모르겠지만). 그리고 여러 연구로 밝혀졌듯이 미소를 지으면 도파민, 엔도르핀[5], 세로토닌이 분비되면서[6] 스트레스를 완화하고 혈압 및 심박수를 낮추어 몸의 긴장을 풀어 준다.[7] 그러면 지친 여행객들에게 분명히 도움이 된다. 그뿐이 아니다. "웃어라 세상이 너와 함께 웃을 것이다"라는 격언을 아는가? 그게 알고 보면 생물학적 사실이다.[8] 갑자기 옆의 여행객들이 그리 지쳐 보이지 않고, 생판 남으로 보이지도 않는다. 모두 한배에 탄 동지들이란 생각이 든다. 미소를 지으며 고난에 맞서고 있는 우리가 좀 용감해 보이기까지 한다. 별것 아닌 것처럼 생각될 수도 있지만, 확실히 말할 수 있다. 라과디아 공항의 버스에서도 비슷한 안내 방송을 들려줬다면, 내가 회의장에 제시간에 가는 데는 도움이 되지 않았을지라도 한 번 웃을 수 있었을 것이고, 무엇보다 누군가가 내 고초를 알아준다는 느낌을 받았을 것이다.

그래서 우리는 청중이 어떤 사람인지 파악해야 한다. 그래야 우리가 내놓는 제안이 청중에게 이익으로 다가올 접점을 찾아낼 수 있다.

그렇다면 이제 우리의 청중이 누구인지 그 범위를 압축해 볼 차례다.

더 구체적으로, 누구에게 들려줄 것인가

이제 남은 사람 중에서 우리의 목표 청중이 될 사람은 누구일까? 아마 고를 수 있는 후보군이 많을 것이다. 앞에서 말한 퇴비화 캠페인을 예로 들면, 여러 후보군이 쉽게 떠오른다.

- ◆ 원예가
- ◆ 도시 농부
- ◆ 자택 소유자

원예가라면 언뜻 괜찮아 보인다. 분명히 관심 가질 사람이 많이 있을 테고, 지금도 열심히 정원에서 땅을 파고 있을 것이다. 문제는 그중 상당수가 멀칭과 퇴비화는 너무 번거롭고 시간이 많이 걸리며 또 약간 비위에 안 맞는다고 생각할 수 있다는 것이다. 아마도 잔디 관리나 조경이나 관상용 원예 쪽에 열심인 사람들은 고맙지만 사양하겠다고 할 만하다. 그 사람들은 관심은 있을지 몰라도 뒷마당에서 퇴비를 만들고 낙엽 멀칭을 하는 건 지저분하다고 생각할 가능성이 크다. 그렇다면 여러분은 최대한 예쁜 모양새로 작업할 수 있는 방법을 머리 아프게 궁리해야 하리라(행운을 빈다). 그리고 구글에서 한 번 검색해 보면 원예가의 유형도 '일자무식'에서 '욕심쟁이(무슨 뜻인지는 몰라도)'까지 갖가지가 있다고 한다. 그러고 보면 원예가라는 게 생각보다 모호한 범주임을 알 수 있다.

다음으로는 도시 농부가 있다. 도시 농업을 실천하면서

자급자족을 위해 노력하는 사람들이다. 우리 스토리의 청중으로 완벽할 듯하다. 그런데 너무 완벽하다고 할까. 그 사람들은 아마도 퇴비화를 이미 하고 있을 테고, 오히려 우리에게 비법 몇 가지를 가르쳐 줄지도 모른다. 물론 우리 목표는 전문가에게 훈수 두는 게 아니라 관심 없던 사람을 새로 전도하는 것이다.

그렇다면 마지막으로 자택 소유자는 어떨까. 첫눈에는 가장 가능성이 떨어져 보이는 집단이다. 뜰을 가꾸는지 아닌지조차 알 수 없으니까. 하지만 우리 목표가 기후 변화 대응이니만큼, 기후 변화에 대한 일반적인 여론은 우리가 이미 훤히 알고 있다. 일단 미국인 10명 중 7명이 기후 변화를 걱정한다고 한다.[9] (자택 소유자의 경우는 50퍼센트 이상이 그렇다.[10]) 그리고 70퍼센트가 자신의 실천이 충분치 않다는 우려를 하고 있고, 73퍼센트가 생활 습관을 바꿔볼 마음이 있지만, 51퍼센트가 어떻게 해야 할지 잘 모른다고 한다.[11] 그렇다면 수많은 자택 소유자가 뭔가에 동참할 생각은 있는데 그 방법을 모른다는 말이 된다. 그리고 자택을 소유하고 있으니 뒷마당이 있을 확률도 높을 것이고 잘하면 뜰을 조금 가꾸고 있을지도 모른다. 됐다!

그뿐이 아니다. 그중 많은 이가 기후 변화라는 현실 앞에 무력감을 느끼고 있으리라 짐작되므로, 자기 집 뒷마당에서 간단히 실천할 수 있는 방법을 알게 된다면 자부심을 느끼면서 주변 친구와 이웃들에게 동참을 권유할 수도 있다.

우리가 필요로 하는 열혈 팬이 되어줄 잠재성이 있는 사람들이다.

이제 우리 청중이 누구인지 정확히 알게 된 느낌인데, 안타깝지만 아직도 두루뭉술하기는 마찬가지다. 왜냐고? 눈을 감아 보자. 기후 변화를 걱정하는 자택 소유자들의 모습이 그려지는가? 아니면 여전히 얼굴 없는 사람들에 불과한가? 인구 통계상의 한 집단일 뿐인가?

이를테면 청중을 특정 지역의 특정 집단으로 잡는다 해도 문제는 똑같다. 아니면 암벽 등반가, 초등학생, 야구 관람을 즐기는 중년 남성이라 해도 마찬가지다. '자택 소유자'처럼 이런 집단도 뭔가 구체적인 느낌이 들어서 '이거다!' 싶을지 모르겠다. 하지만 이런 식의 범주는 여전히 너무 두루뭉술하다.

스토리의 효과를 보려면 더 좁혀 들어가야 한다. 보이 스카우트나 걸 스카우트 활동을 하는 초등학생인가, 아니면 인디 록 음악을 즐겨 듣는 초등학생인가? 야구를 즐겨 보는 중년 남성이라면 즐겨 보는 이유가 스포츠 도박에 열심이기 때문인가, 아니면 학교 운동부 시절의 추억 때문인가? 엄청난 차이가 있다.

　범위를 더 압축해서 목표 청중을 구체화했으면, 이제 눈을 감고 그 집단을 대표할 만한 한 사람을 그려볼 수 있어야 한다. 어떤 모습인가? 무슨 옷을 입고 있고, 평소 일과는 어떻게 되는가?

　이게 중요한 이유는 스토리의 주인공이 필요하기 때문이다. 그 주인공이야말로 목표 청중의 잘못된 믿음을 상징하는 사람으로, 어떤 문제를 맞닥뜨려 해결하려고 애쓰다가, 무언가를 깨닫고 마침내 문제를 풀게 되는 사람이다. 지금 여러분이 그려내려고 하는 바로 그 사람을 주인공 후보로 생각하면 된다.

　계속 퇴비 만들기 캠페인을 예로 들어 보자. 나는 청중으로 코스모라는 이름의 30대 후반 남성을 머릿속에 그렸다. 내가 상상하는 코스모는 기후 변화를 걱정하지만 어떻게 해야 할지 잘 모르는 사람이다. 아내 완다도 마찬가지다. 둘은 맞벌이에 아이들을 키우느라 여유 시간이 많지 않다. 부부는 건강한 식사를 하려고 노력하며, 배달받아 집에서 조리해 먹는 밀키트를 아주 좋아하지만, 포장이 과해서 살짝 죄책감을 느낀다. 코스모는 오른쪽 팔뚝에 집 모양의 세필 문신을 했다.

　그러나 우리의 주 관심사는 코스모의 일상 활동 중 우리가 변화시키고자 하는 부분이다. 다시 말해, 현재 그가 음식물 쓰레기를 어떻게 처리하고, 가을에 낙엽을 어떻게 처리하고,

뒷마당의 식물에 어떻게 거름을 주느냐(텃밭이 있다면) 하는 것이다. 바로 그런 부분들을 바꾸자고 우리가 요청할 예정이니까. 따라서 우리는 그가 그런 변화를 실천할 때 개인적으로 어떤 이득을 볼지를 따져 봐야 한다. 다음 강에서 알아보겠지만, 사람은 보통 어떤 막연한 혜택이 장래에 있다고 해서 변화하지는 않는다. 그러므로 코스모가 아무리 기후 변화 대응에 관심이 있다 하더라도, 우리가 당장 줄 수 있는 이득이 있어야 변화를 실천할 확률이 부쩍 높아진다.

여기서 유념할 점은, 지금까지는 아직 '우리가' 생각하는 청중의 모습이라는 것이다. 우리가 청중에 대해 우리 자신에게 들려주는 스토리일 뿐이고, 청중이 스스로에게 들려주는 스토리와는 상당히 다를 수 있다. 사회 과학자 브레네 브라운이 《리더의 용기》라는 책에서 지적하듯이, 상대방의 행동에 깔린 이유를 찾을 때 "네 행동에 대해 내가 나 자신에게 들려주는 스토리는……"이라고 운을 떼면 획기적인 장점이 있다.[12] 그렇게 말하면 어디까지나 상대방의 행동에 관한 '우리의' 스토리이지 상대방 본인의 스토리가 아님을 '우리 스스로' 명확히 할 수 있기 때문이다. 또 우리가 틀릴 수도 있다는 가능성을 열어놓고 생각하게 된다.

예컨대 내가 방금 우리의 목표 청중을 대표하는 코스모라는 사람의 여러 가지 특성을 머릿속으로 그려봤지만, 그건 완전히 착각일 수도 있다. 우리의 목표 청중은 밀키트를 질색할 수도 있고(사실은 나도 이웃집 현관에 늘 밀키트 박스가 쌓여 있길래 왠지 좋아 보여서 집어넣었다), 또 자녀가 없을 수도 있을 것이다. 그렇다, 그 세필 문신은 '내가' 원하는 거고. 나는 그 사람을 내가 속한 집단의 일원으로 상상하면서 내 믿음과 욕구를 그에게 투사했다. 그러지 말고, 그들 집단의 일원으로 바라보아야 한다.

스토리 생존 법칙 12

청중을 내가 속한 집단의 일원으로 상상하지 말고,
그들 집단의 일원으로 바라보자.

그러므로, 코스모의 세상 보는 관점을 이렇게 내 마음대로만 상상하고 끝내선 안 된다. 물론 일반적 사고가 아닌 구체적 사고를 한다는 측면에서는 첫발을 내딛은 셈이지만, 나도 모르는 사이에 수많은 전제를 했으니까. 다음 강에서는 그런 전제에 의문을 제기해 볼 것이다. 전제를 하나씩 제거해 가면서, 코스모 자신이 바라보는 코스모의 모습대로 우리도 그를 바라볼 수 있도록 해 보겠다.

여기서 더 파고들지 않고 멈춰 버린다면 우리가 만들 스토리는 한계가 뻔하다. '우리가' 생각하는 그들의 관심사에서 벗어나지 못한다. 그들이 왜 우리 뜻에 동참하거나 우리 제품을 사거나 우리를 채용해야 하는가에 대해 '우리가' 생각하는 이유를 중심으로 스토리가 만들어질 뿐이다.

그러지 않기 위해선 일단 청중을 결정하고 나면 청중과 우리 자신을 '동일시'해야 한다. 훨씬 더 어려운 일이지만, 그만큼 보람도 크다.

하지만 우리가 무슨 신통력이라도 있거나 모종의 비밀스러운 IT 신기술이라도 이용하지 않는 한, 타인의 머릿속을 어떻게 들여다볼 수 있을까? 다행히도 방법이 있다. 다음 강에서 다룰 주제가 바로 타인의 마음을 읽는 기술이다. 마술이나 컴퓨터 칩 이식 없이도 충분히 가능하다.

실전 문제

종이와 연필을 꺼내거나 컴퓨터를 켜고, 잠깐 시간을 들여 생각을 적어 보자.

◆ 여러분이 청중으로 삼고 싶지 않은 사람은 누구인가? 그 이유는? (최대한 못되게, 진심으로, 완전 솔직하게 적어 보자. 스스로 취약해지는 느낌이 들더라도 그냥 쏟아내 보자. 짜릿한 카타르시스를 느낄 수 있다. 한번 내 말을 믿어 보라.)

◆ 여러분이 청중에게 원하는 행동은 무엇인가? 즉, 여러분의 최종 목표는? "나는 청중이 _____하기를 원한다"에 들어갈 말을 생각해 보자.

◆ 최종 목표를 이루기 위해 요청할 행동의 리스트를 뽑아보자. 깊숙이 파고들라. 생각만 하지 말고 직접 써 보라.

◆ 지금 쓴 리스트를 검토하면서 각각 청중에게 돌아갈 이익이 무엇인지 생각해 보자. 청중에게 무슨 도움이 될까?

◆ 여러분의 행동 요청에 응할 때 가장 이익을 볼 사람은 누구라고 생각하는가? 그 이유는?

◆ 눈을 감고 그 집단을 대표하는 한 사람의 모습을 그려보자. 나이는 몇 살인가? 어디에 사는가? 무슨 옷을 입고 있는가? 최대한 구체적으로 떠올려 보자.

6강

상대의 시선에서
세상을 바라보라

**"일단 어떤 사람의 스토리를 알고 나면
그 사람을 좋아하지 않기는 어렵다."[1]**

● 프레드 로저스

지금부터는 목표 청중의 머릿속으로 깊숙이 들어가 본다. 염두에 둘 것은 다음 세 가지다.

❶ 청중의 구체적인 세계관에 비추어 볼 때 내가 요청하는 행동은 청중에게 어떤 이익이 되는가?

❷ 청중이 가진 믿음 중 나의 행동 요청과 충돌하는 것이 있다면 무엇인가?

❸ 청중의 세계관에 비추어 볼 때 내가 요청하는 행동은 청중이 진정한 자신의 모습을 찾는 데 어떤 도움이 되는가?

위의 질문에 대답할 수 있다면 청중이 '누가 내 사정을 알아주는구나' 싶어지는 스토리를 만드는 데 도움이 될 것이다. 그리고 거듭 강조하지만, 사람들은 남이 자기 사정을 알아주기 전에는 남의 말에 귀를 기울이지 않는다.

다시 말해, 사람들의 행동을 이끌어 낼 스토리를 만들려면 목표 청중을 정확히 정하는 것만으로는 부족하다. 물론 처음에는 스토리를 들려줄 상대를 정하고 그들의 세계관을 대략적으로 파악하는 데서 출발해야 할 것이다. 하지만 머리로 아는 것만으로는 부족하다. 상대를 설득하기 위해선 더 깊이 파고들어야 한다. 상대와 공감해야 한다. 공감이란 상대방이 하는 행동의 이유를 아는 것이 전부가 아니다. 그 이면의 강력한 내적 논리를 실제로 느낄 수 있어야 한다. 그러면서도 폄하하거나 비난하거나 혀를 끌끌 차지 않아야 한다.

이 강에서는 어쩌면 가장 어렵다고 할 수 있는 단계에 도전해 본다. 세상을 철저히 상대방의 눈으로 바라보는 것이다. 우선 이게 왜 그토록 중요한지 그리고 지금까지 배운 지식에도 불구하고 왜 그토록 어렵게 느껴지는지 알아본다. 우리가 할 일은 청중이 안고 있는 문제나 필요성 중에서 '그들의' 시각에서 볼 때 우리가 요청하는 행동을 통해 해결될 만한 것을 찾아내는 것이다. 그러지 않으면 상대의 막중한 관심사를 본의 아니게 잘못 이해하거나 소홀히 할 위험이 있다.

설령 청중이 단 한 명이라 해도 이 점은 중요하다. 가령 10대 딸, 직장 상사, 개가 밤새도록 짖게 놔두는 이웃집 사람을 대상으로 이야기할 때도 마찬가지다. 사실 청중이 백만 명이라 해도 한 명 한 명으로 이루어진 건 똑같다. 백만 명의 '개인'일 뿐이다.

다른 사람의 내적 논리를 진정으로 이해하는 데 가장 큰 걸림돌이 있다. 바로, 남의 행동에 깔린 동기를 지레짐작하지 않고서는 못 배기는 우리의 성향이다. 나도 방금 이웃집 사람에 대해 한 가지 짐작을 했다. 개가 밤새도록 짖게 '놔둔다'고 했다. 그 소리가 얼마나 짜증스러운지 다 알면서 방치하고 있다고 본 것이다. 아니, 어쩌면 남 밤잠 설치게 하는 게 취미인 사람인지도 모르지 않는가. 나는 피가 거꾸로 솟아 경찰에 신고하려고 휴대 전화를 집어 든다.

그런데…… 어쩌면 진실은 그게 아닐지도 모른다. 이웃집 아저씨는 토토를 조용히 시키려고 갖은 애를 쓰고 있는데 도무지 통제가 안 되는 상황일 수도 있지 않은가. 토토는 그 아저씨의 어머니가 키우던 개인데, 한 달 전에 어머니가 돌아가신 이후로 밤만 되면 서럽게 짖어 대는 게 아닐까. 아저씨는 그 모습만 보면 자기도 옆에서 엉엉 울고 싶은 심정이지만 이를 악물고 참고 있는지도 모른다. 그런 사정을 알고 나면 아무리 잠을 설친 나여도 가슴이 메어 오면서, 신고는커녕 가서 위로해 주고 싶어질 것 같다. 그리고 귀마개를 사지 않을까. (백색 소음 발생기란 것도 꽤 좋은 것 같다.)

우리의 청중이 누구이고 평소 무엇을 하는지 안다고 해도 그건 시작에 불과하다. 상대방을 설득해 행동을 바꾸려면, 그가 속한 공동체, 그가 속한 집단에 우리가 같이 속해 있다는 기분을 느껴야만 한다.

그런데 미리 경고하지만, 우리의 제안을 상대의 시각에서 바라본다는 게 특히 힘들 때가 있다. 알고 보니 상대방은 우리가 제안하는 것이 100퍼센트 틀렸을 뿐 아니라 우리를 바보 똥멍청이라고 확신하는 것이다. 그런 경우 우리 몸의 생리적 이치 때문에 생각만 해도 자연히 혈압이 치솟게 되어 있다. 잠깐 앉아서 진정해야 할 정도다. 우리가 분별력이 모자라서 그런 게 아니다. 우리 뇌는 정면 공격을 받고 있다 싶으면 그런 식으로 우리를 보호하게 되어 있다. 아마 그래서 칼럼니스트 프랭클린 P. 애덤스Franklin P. Adams도 이렇게 말했을 것이다. "남들이 우리를 보는 시선으로 우리 자신을 보게 된다면 아마도 우리가 상대방에 대해 품었던 최악의 의심이 입증될 것이다."

하지만 그럴 때 다르게 생각해 볼 수도 있다(일단 맥박이 정상으로 돌아오고 나면). 상대방이 나와 생각이 전혀 다름을 깨달았을 때 밀려오는 그 분노가 사실 도움이 될 수도 있다.

오히려 공감의 출발점이 될 수도 있지 않을까. 이를테면 이렇게 말이다. '내가 상대방에게 틀렸다고 지적하면 그쪽도 딱 이런 기분이겠군.'

그 교훈을 나는 최근에 깨달았다. 나와 세계관이 통하는 한 정치 평론가의 칼럼을 읽을 때였다. 평론가는 내가 특히 반대하는(솔직히 말하면 완전히 싫어하는) 어느 정치인의 지지자들을 똑 부러지게 비판하면서 따끔한 일침을 시원하게 날렸다. 그러면서 "한 치 앞을 못 보고 징징대는 사람들"이라는 표현을 썼다. 와, 딱 맞는 말이다 싶었다. 그런데 곧 이런 생각이 들었다. 만약 정치 성향이 그와 반대인 평론가가 '내 집단'을 가리켜 "한 치 앞을 못 보고 징징대는 사람들"이라고 했다면 어땠을까. 화가 발칵 났을 것이다. 그리고 그 이후로는 그 평론가 말이라면 귀를 꽉 닫아 버릴 것이다.

우리는 각자 나름대로 상대방이 나의 요청을 따라야 한다고 생각할 만한 이유가 있고, 상대방은 상대방 나름대로 그러지 않을 만한 이유가 있다. 상대방에게는 나름대로 소중하고 직감적으로 와닿는 이유일 것이다.

그런데 핵심은 이것이다. 이제 여러분도 아시다시피, 상대방이 갖고 있는 이유는 어떤 외적 논리에 의해 지탱되는 게 아니다. 아무리 외적 논리가 '존재한다' 하더라도 그렇다. 그 이유를 지탱하는 힘은 감정이다. 그건 우리도 마찬가지다. 바로 그렇기에, 상대가 갖고 있는 이유를 알아내는 데 그쳐선 안 된다. 그 이유가 '왜' 의미를 갖고 정서적으로 중요한지 알 아내야 한다.

한마디로, 우리가 찾아야 할 것은 고객이나 기부자나 유 권자를 논리 대결에서 이길 방법도 아니고, 우리가 얼마나 똑 똑하고 우리 제품이 얼마나 훌륭한지 보여 줄 스토리를 만들 방법도 아니다. 우리가 찾아야 할 것은 파고들 틈새다. 상대방 의 세계관이 우리의 제안과 맞물리는 지점을, 즉 우리가 상대 방에게 이익을 줄 수 있는 방법을 찾아내야 한다.

따라서 '그만 묻고 내가 하라는 대로만 하면 본인들에게 얼마나 좋은데' 하는 식으로 늘 판단을 일삼는 우리 머릿속 목소리는 음 소거 버튼을 눌러 잠재우자. 인간이란 원래 누가 하라고 한다고 해서 하게 되어 있지 않으니까. 만약 그랬다면 우리 모두 사기꾼에게 우리 계좌번호를 벌써 넘겨줬을 것이 다. 사람은 자기가 하고 싶어야 행동하는 법이다. 그러므로 우 리의 스토리는 사람들에게 스스로 결정할 기회를 주면서, 동 시에 옳은 선택은 사실상 하나뿐이라는 느낌을 주어야 한다. 올웨이즈의 광고는 표면적으로 아무 '메시지'도 담고 있지 않았다. 단지 시청자들에게 기존의 관점을 바꿀 기회를 주고 '스스로'의 내적 논리에 따라 본인의 경험에 대한 해석을 바 꿀 수 있게 해 주었을 뿐이다.

여러분이 청중의 세계관과 자아상을 들여다보는 과정에서 청중과 공감하기 위한 열쇠는, 바로 이 강력한 질문이다. "그들은 왜 그런 믿음을 갖고 있는가?"

중요한 건 무엇을 하는가가 아니라 왜 그러는가

예를 들어, 어느 도시의 최근 은퇴자들을 대상으로 잡았다고 하자. 그럼 그 집단을 대표하는 전형적인 사람을 상상해 봐야 한다. 일단 이렇게 논리적으로 추정해 본다. 그 사람들은 아마 연륜과 경험을 활용할 일을 찾고 싶겠지? 손주들과 시간을 더 많이 보내고 싶을 테고, 또 런치 메뉴가 잘 나오는 식당을 찾아다니고 싶을 거야. 그런데 그게 누구의 논리인가? 그렇다, 내 논리였다.

실제로는 물 빠진 청바지와 티셔츠를 즐겨 입고 차고에 낡은 오토바이를 아직 보관하고 있는 사람들이면 어쩌나? 우리 생각보다 그들은 스스로를 그리 나이 든 노인으로 생각하지 않고, 런치 메뉴 따위는 관심이 없다면? 그럼 큰 문제다.

그렇다면 목표 청중이 정말로 원하는 게 무엇인지 어떻게 알 수 있을까? 큰 회사들은 포커스 그룹이라는 것을 활용해 조사를 벌인다. 원래는 대면 모임으로 하는 게 보통이고 요즘은 온라인으로 하는 경우도 있는데, 목표 청중을 대표한다고 생각되는 사람들을 비용을 지불하고 모집해, 심층적인 질문으로 그 회사 제품의 특정 측면에 대해 '정말로' 어떻게 느끼는지 알아보는 게 목표다. 참여자들은 어느 회사가 조사를 의뢰했는지 모르는 상태로 참여한다. 하지만 그런 식의 정식 조사는 비용과 시간이 많이 들 뿐 아니라 원하는 결과가 나오지 않을 수도 있다. 왜냐하면, 사람들은 진실하지 않을 때가 많으니까. 특히 '진짜' 속마음을 얘기하기가 살짝 민망할 때(본인만의 생각일 수도 있지만) 그러기 쉽다.

다행히 그런 정식 조사가 아니어도 효과적인 시장 조사를 벌일 수 있다. SNS라는 디지털 세계에서 그리고 실제 사람들이 실제로 소통하는 현실 세계에서 조사하면 된다. 혹시 현실 세계의 조사가 필요 없다고 생각할지 몰라서 말하자면, 사람들이 실제로 부대끼는 실제 세상 속 정탐 임무에 한번 나서 보는 것이야말로 청중의 세계관 속으로 들어가는 가장 효과적이면서 유일한 수단일 수도 있다.

예를 들면 앞에서 말한 특정 연령대의 오토바이 애호가들은 SNS를 많이 하지 않을지도 모른다. 그렇다면 실제 현장에서 조사를 좀 해 볼 필요가 있을 것이다. 어쩌면 카지노에 가본다거나, 클래식 오토바이 전시회, 더 나아가 롤링스톤스 헌정 밴드 공연에 가볼 수도 있을 것이다. 그저 사람들을 관찰하면서 그 열렬한 관심사를 좀 더 잘 이해해 보는 것도 좋고, 그러고 나서 격의 없이 수다를 나누는 것도 좋다(누구나 자기 관심사 얘기는 너무 좋아하니까). 그렇게 해서 얻어 낸 정보는 의외로 의미심장할 수 있다.

그뿐이 아니다. 현장에 직접 가봄으로써 그들의 세상 속에 발을 담그고 어떤 느낌인지 직접 체험해 볼 수 있다. 사람들이 입은 티셔츠에는 어떤 문구가 적혀 있는가? 입은 옷이나 장신구는 무슨 브랜드인가? 옷과 소지품으로 미루어 볼 때, 평소 지출 수준은 어느 정도 되어 보이는가? 또 대화를 엿들을 수 있는 좋은 기회다(엿듣는 것을 들키지만 말길). 대화 내용에서 어떤 세계관이 드러나는가?

그러나 우리의 목표 청중을 실생활에서 만난다는 게 항상 가능하진 않다. 비용이 너무 많이 들 수도 있고 물리적으로 불가능할 수도 있다. 그래서 또 다른 방법이 있다. 바로 SNS라고 하는 최고의 정탐 수단이다. 우리가 주변 사람들 정보를 이리저리 캐내려고 이미 써 본 수단이기도 하다. 정작 당사자들은 그런 정보가 인터넷에 공개되어 있는지도 잘 모르지만.

생각해 보라. 누군가를 만나고 나서 반하면 어떻게 하는가? 솔직히. 여러분이 남 뒤나 캐고 다니는 사람이라는 건 아니지만, 다 경험해 보지 않았는가. 당연히 그 사람을 구글에서 검색해 보지 않는가? 그래야 정말 나와 맞을 만한 사람인지 알아보지 않겠는가. (혹시 강력 범죄자면 안 되니까. 유부남, 유부녀면 더 최악이고.)

온라인 검색이 제대로 된 일대일 인터뷰를 대체할 수는 없지만, 상당히 비슷한 효과를 거둘 수는 있다. 아닌 게 아니라, 우리가 SNS에 (자기도 모르게) 드러내는 모습은 직접 만나서 보여 주는 모습보다 더 진솔할 수도 있다. 예를 들어, 8살 자녀가 학교에서 무엇을 잘했다는 내용으로 하루도 빠짐없이 게시물을 올리는 부모는, 남들이 자신이 간섭이 심한 부모임을 짐작하면서 일 분 일 초도 나가서 놀 시간이 없는 아이를 불쌍해할 줄은 꿈에도 모를 것이다.

자, 그럼 인스타그램, 트위터, 페이스북, 레딧Reddit, 아니면 이 원고를 탈고한 후에 그동안 또 생겨났을 인기 SNS 어디든지 들어가서, 목표 청중에 속하는 사람들을 찾아보자. 그리고 사람들이 세상을 어떤 관점으로 보는지, 무엇을 좋아하는지 등 내밀한 정보를 탐색해 보자. 점심으로 뭘 먹었는지도 봐야 한다. 어디에서, 누구와 같이……. (그렇다, 좀 으스스한 짓 같긴 하지만, 사실 스토킹으로 말할 것 같으면 우리는 구글이나 시리 같은 AI 비서에 비해 완전 풋내기 아닐까.)

그런데 그 대표가 될 만한 사람을 어떻게 찾아야 할까? 가령 인스타그램에서 여러분의 캠페인이나 브랜드와 비슷한 종류의 것들을 찾아보고 그 팔로워들을 팔로우하는 방법이 있을 것이다. 그러고는 그 사람들의 활동을 살펴본다. 어떤 게시물을 올리는지? 또 어떤 사람들을 팔로우하는지? 어떤 밈에 '좋아요'를 하거나 리포스팅을 하는지? 그 밖의 어떤 브랜드를 팔로우하는지? 어떤 주장에 지지를 표하는지? 어떤 블로그의 링크를 걸고, 어떤 댓글을 남기는지?

이때 우리는 사람들이 무엇을 하는지만 살펴보는 게 아니다. 왜 그러는지, 그 이유를 집요하게 찾아야 한다. 우선 사람들의 관심사와 우려와 소망을 알아보는 데서 시작하는 건 좋지만, 더 깊은 질문을 던져 봐야 한다. 바로 이런 것들이다. 그 관심사와 우려와 소망 이면에 있는 신념 체계는 무엇인가? 어떤 집단에 충성하고 있는가? (그 집단이 바로 우리의 목표 청중이니까.) 이 사람들에게 가장 중요한 것은? 이 사람들의 영웅은 누구인가? 무슨 걱정거리로 밤잠을 설치는가? 죽기보다 인정하기 싫어하는 것이 있다면?

무언가 테마가 서서히 드러날 것이다. 알고 보니 사람들에게서 전혀 생각지 못했던 공통점이 드러나서, 우리가 제공할 수 있는 이익이 애초에 생각했던 것과 전혀 달라질 수도 있다. 예를 들어 여러분이 최신형 자전거를 판매하려고 한다. 초경량 카본 프레임을 장착한 자전거다. 여러분은 이 자전거의 가장 큰 이점으로, 빠르고 매끈하고 최신형이어서 주변의 부러움을 한 몸에 받으리라는 점을 꼽고 있었다. 열심히 조사를 벌인 끝에 목표 청중을 25~60세의 도시 통근자로 잡고, 지방 거주자와 달리 자전거 통근이 가능하고, 자전거를 탈 체력이 되고, 값비싼 자전거를 살 소득 수준이 되는 사람으로 정의했다. 그런데 그런 사람들을 더 조사해 보니, 자전거에 관심이 전혀 없는 것으로 드러났다. 이 사람들이 정작 갈망하는 것은 직장에 제시간에 출근할 방법이었다. 아침마다 극심한 교통 정체로 도로가 주차장을 방불케 하기 때문이다. 여러분이 판매하려는 자전거가 해결해 줄 수 있는 문제다. 욕구가 달라지니 여러분의 제품이 사람들의 세상과 맞물리는 접점도 달라졌다. 따라서 이점도 달라지고, 스토리도 달라지게 된다.

앞서 우리의 퇴비화 캠페인도 그런 식이었다. 처음에 우리는 원예가들에게 주목했다. 원예가라면 이미 밖에서 땅을 열심히 파고 있을 테니 퇴비 만들기쯤이야 어렵지 않은 요청일 거라고 생각했던 것이다. 그런데 더 생각해 보니 원예가도 무척 다양한 유형으로 나뉘는 데다가, 우리가 애초부터 문제를 거꾸로 생각하고 있었다. 문제는 퇴비화를 '할 수 있을 만한' 사람을 찾는 게 아니라, 그 일을 '하고 싶어 할 만한' 사람을 찾는 것이었다.

알고 보니 후보로 삼을 만한 훨씬 더 큰 집단이 있었다. 바로 자택 소유자였다. 자택 소유자 중 많은 이가 기후 변화를 걱정하고 있고, 게다가 뒷마당도 있다. 따라서 퇴비 만들기를 할 장소도 있고, 처리해야 할 낙엽도 많다. 거기까지는 우리가 혼자 생각해 보고도 알 수 있었다. 그래서 그에 따라 나는 코스모라는 한 가정의 아버지를 주인공으로 택했다. 이제 우리가 할 일은 코스모가 낙엽을 자루에 담아 길가에 내놓는 대신 퇴비 만들기에 쓰도록 설득하는 것이었다.

이제 코스모의 시점으로 세상을 볼 수 있도록 더 깊이 파고 들어갈 차례다. 코스모가 우리의 요청을 받아들일 만한 동기는 무엇이 있을까? 기온 상승보다 더 피부에 와닿는 우려가 있진 않을까? 자녀가 걱정되지 않을까? 간단히 인터넷 검색을 해 보니 10대 청소년 10명 중 7명이 기후 변화로 인해 자신의 삶에 큰 피해가 있을 것이며 그 상당 요인은 부모 세대의 탓이라고 생각한다고 한다(뜨끔하다).[2]

자, 여기까지는 좋다. 그런데…….

좀 더 깊이 들어가 보고 나서야 나는 눈이 확 뜨였다. 우리가 빠지지 않으려고 애썼던 바로 그 함정에 내가 제대로 빠져 있었던 것이다. 내가 한 가정의 아버지인 코스모를 택한 것은 내가 갖고 있던 편향 때문이었다(내가 실제로 겪었던 사례다). 나는 남녀가 집안일이나 양육을 동등하게 분담하는 세상이 되었으면 하는 바람이 있다. 좀 조사해 보니 남성이 (안타깝게도) 여성보다 정원 일을 더 많이 한다고 하고,[3] 또 남성이 (다행히도) 자녀 양육에 과거 어느 때보다 더 많이 참여하고

있는 것으로 나타났다.[4] 그래서 코스모를 택했다. 그런데 더
조사를 해 보니 전 세계에서 여성들이 "기후 변화를 더욱 공
평하고 공정하게 해결하는 길에 앞장서고 있다"고 한다.[5] 그
뿐 아니라 여성이 여전히 양육 노동의 65퍼센트를 맡고 있다
고 하니,[6] 내가 조사한 SNS 게시물에서 어머니들이 기후 변
화의 영향, 특히 자녀들에게 미칠 영향을 두고 불안감을 가장
많이 보인 것도 어느 정도 설명이 된다. 그렇다면 역시 어머
니가 좋을 것 같다. 우리의 목표 청중을 대표하는 사람은 이
제 코스모에서 완다로, 아버지에서 어머니로 바뀐다.

 그와 같은 어머니들의 SNS 게시물을 들여다보면 강력
한 몽타주가 서서히 모습을 드러낸다. 날마다 내셔널 지오그
래픽 사진을 리포스트하는 것을 보니 자연을 좋아하는 것 같
다. 등산하고 자전거 타는 자녀들 사진을 인스타그램에 올린
것으로 보아 가족과 보내는 시간을 즐기는 것 같다. 일곱 살
아이와 새 모이통 만든 이야기를 올린 걸 보니 손으로 물건
만들기를 좋아하는 것 같다. 기후 변화 대응에 노력하는 정치
인을 지지하는 모습에서 평소 중요하게 생각하는 문제가 무
엇인지 짐작할 수 있다. 따라서 그런 어머니가 우리의 요청에
따른다면 진정한 자신의 모습을 찾고 또 밖으로 내보이는 데
실제로 도움이 될 수 있을 것 같다.

 또 어떤 기사에 '좋아요'를 눌렀는지, 어떤 사람들을 팔

로우하는지 살펴보니, 가족이 함께 시간을 보낼 수 있는 활동을 항상 눈여겨보고 있음을 알 수 있다. 좋다! 그 점에서도 우리가 뭔가를 줄 수 있다. 퇴비 만들기는 야외에서 하는 활동이고, 아이들도 얼마든지 일손을 보탤 수 있으니까.

그럼 걱정거리는 무엇일까? 리트윗하는 기사들을 보니, 자녀들이 무슨 생각을 하는지 알고 싶어 하고, 자녀들과 속마음을 나누고 싶어 한다. 자녀들이 성장하면서 자신과 소원해질까 봐 불안해하고 있다. 또 아이들이 전자 기기에 빠져 실내에서 너무 많은 시간을 보내는 것 같아 걱정이다. 기성세대가 아이들에게 살기 힘든 세상, 지속 가능하지 않은 세상을 물려주게 될까 봐 걱정한다. 가족들이 워낙 제 일에 바빠 좀처럼 한데 모일 기회가 없는 것도 걱정이다. 자, 우리가 뭔가 줄 수 있는 지점이 또 나왔다. 술술 풀려가는 것 같다.

여기서 주목할 점은, 앞서 예로 든 자전거 수요자들의 경우도 그랬듯이, 이 모든 것은 우리의 구체적인 행동 요청과는 아무 관계가 없다는 것이다. 이 어머니의 SNS 게시글에는 퇴비화라든지 정원 가꾸기, 또는 음식물 쓰레기를 어떻게 처리하는지, 가을에 마당의 낙엽을 어떻게 처리하는지에 대한 언급은 단 한마디도 없었다. 그런 건 아무래도 괜찮다. 이어질 강에서 살펴보겠지만 우리가 완다라는 여성을 위해 해결해 줄 문제는 그런 것과 전혀 상관이 없으니까. 중요한 건 완다

가 음식물 쓰레기나 마당 관리 문제를 어떻게 생각하느냐가
아니라, 세상과 자기 자신 그리고 '스스로' 의식하고 있는 문
제를 어떻게 생각하느냐 하는 것이다.

이런 구체적 정보를 캐내는 것이 무엇보다 중요하다. 완
다는 비록 한 명의 개인이지만 우리가 소통하고자 하는 집단
전체, 즉 우리의 목표 청중을 대표하는 사람이니까. 잊지 않
았겠지만, 지금 우리가 머릿속에 그리는 사람이 바로 우리 스
토리의 주인공이 될 가능성이 높고, 우리가 그 사람의 언어를
구사할 수 있으려면 그 사람의 신념 체계에 주목해야 한다.
이 원리를 알지 못하면 여러분의 캠페인은 처참하게 실패하
기 쉽다. 실제 예를 하나 들어 보겠다.

사례   모트린

2008년, 진통제 '모트린Motrin'을 판매하는 제약 회사에서 초보
엄마들을 겨냥한 영상 광고를 공개했다.[7] 광고를 만든 회사는 택
시Taxi라는 독립 광고 대행사였는데, 주어진 상황을 표면적으로
는 이해하고 있었다. 아기 띠를 차고 다니는 엄마들이 늘고 있고,
이는 요통의 원인이 된다는 것이었다. 거기까진 좋았다.

그런데 안타깝게도 기획자들은 엄마들이 '왜' 유모차 대신 아기 띠를 많이 선택하고 있는지는 자세히 알아보지 않았다. 그리고 내 추측이지만 아기를 안고 다니는 엄마가 아닌 사람이 광고 카피를 썼는지, 부모들이 아기를 안고 다니는 진짜 이유를 언급하긴 했지만 누가 봐도 시비조였다. 50초짜리 애니메이션 영상에 20대 여성의 목소리로 내레이션이 깔린다. "아마 그렇게 하면 유대감이 진짜로 형성된다지요. 아기를 몸에 바짝 안고 다니면 아기가 덜 운다고들 하니까."

"아마…… 형성된다지요"라고? 사실이 아닐 수도 있다는 뉘앙스 아닌가? 연구에 따르면(그리고 부모들의 경험에 따르면) 그건 사실이다. 왜 굳이 그렇게 표현했을까? 게다가 이 광고가 겨냥한 목표 청중은 '이미' 아기 띠를 착용하고 있는 사람들이다. 착용할까 말까 고민하고 있는 게 아니라 이미 착용하고 있다. 그런데 왜 그 사람들에게 뭔가 잘못하고 있다는 식으로 말하는 걸까? 유모차를 팔려는 것도 아니면서.

내 짐작에 광고 기획자들은 '밀레니얼 세대 엄마' 느낌의 화자를 내세우려고 했던 것 같다. 정작 밀레니얼 세대 엄마들 생각은 물어보지도 않고.

그리고 거기에다가 "아기를 몸에 바짝 안고 다니면 아기가 덜 운다고들 하니까"라는 말은 왜 붙였을까? 아기 안고 다니는 어머니들이 이미 경험적으로 알고 있는 지식을 왜 폄하하듯이 말하는 것일까? 덜 우는 게 사실인데.

답답한 발언은 거기서 그치지 않는다. 어머니들이 아기 띠를 차고 다니는 이유는 바로 이것이라고, 광고 기획자들은 자신의 생각을 대담하게 밝힌다. "유행인 것 같다" "완전 제대로 엄마처럼 보인다"라는 것이다. 워낙 대놓고 깔보는 느낌이어서 웃음도 나오지 않는다.

내친 김에 끝장이라도 보려는지, 내레이션은 이런 말로 끝을 맺는다. "그러면 내 꼴이 피곤하고 제정신이 아니어도 사람들이 이해해 주겠지."

확실히 그 광고 회사의 일부 임원들은 그런 어머니들을 피곤하고 제정신이 아니라고 본 것 같지만, 그 어머니들은 스스로를 전혀 그렇게 보지 않았다. 한 여성은 이런 트윗을 올렸다. "일부러 도발하려고 했나 보네요. 우리 남편까지 열 받았어요."[8] 그렇다. 모트린의 광고는 크게 한 건 했다. 물론 안 좋은 쪽으로.

그리고 그 광고의 화자는 허리 통증을 열심히 호소하면서도 통증을 완화할 방법은 한마디도 언급하지 않는다. 영상의 끝에 뜨는 슬로건은 제작자의 본의가 아니었을 아이러니를 자아낸다. "모트린, 당신의 고통에 공감합니다."

그럴 리가. 공감할 리가 없어 보인다.

당시 맘 블로거들을 중심으로 활성화되기 시작하던 온라인 커뮤니티에 이 광고의 소식이 들어가자, 즉각 맹렬한 반발이 터져 나왔다. 회사 입장에서 절대 적으로 돌려서는 안 되는 커뮤니티였다. 《포브스》에 따르면 "여성이 모든 소비자 구매 결정의 70~80퍼센트를 좌우"하니까.[9] 약국에서 파는 일반 의약품도 당연히 예외가 아니다.

모트린의 광고는 철회되었다.

만약 광고가 그 어머니들의 마음을 진정으로 공감했다면 어땠을까? 아기와 조금이라도 더 가까이 숨결을 나누면서 행여나 울지 않게 달래주려고 허리 통증마저 무릅쓰는 어머니들의 마음을. 그랬다면 광고의 방향이 완전히 다르게 잡혔을지도 모른다. '아기를 안아 준다는 게 당신에게 얼마나 중요한 의미인지 압니다. 그런 당신에게 찬사를 보내며, 아기를 안고 장거리를 걸을 때의 통증을 덜어드리고 싶습니다. 당신은 마음 편히 사랑스러운 아이와 유대를 돈독히 하시는 데만 신경 쓰시면 됩니다.' 이런 식으로 말이다.

핵심은 이것이다. 스토리를 만들 때는 그 스토리가 청중이 가진 신념 체계의 테두리 안에서 펼쳐지도록 만들지 않으면, 청중의 외면을 받는 데서 그치지 않고, 자칫하면 청중이 속한 집단 전체의 반발을 살 수도 있다. 심지어 우리에게 거센 공격을 퍼부을 수도 있다. 아기는 아기 띠에 안전하게 감싸놓고.

무슨 함정이 도사리고 있나?

상대방은 이렇게 묻게 되어 있다. 여러분이라고 해도 그러지 않을까? 무슨 일에든 숨은 문제점이 있고 함정이 있기 마련이다. 잘 보이지 않는 이면이 있기 마련이다. 뭔가를 새로 시도해 보라는 요청은, 뒤집어 말하면 지금 하고 있는 뭔가를 '포기하라는 요청'이다.

그렇다면 잘 생각해 봐야 한다. 상대가 우리의 요청을 따르려면 구체적으로 무엇을 포기해야 할까? 가령, 우리는 이런 요구를 하는 셈이다.

- ◆ 편안한 자동차 대신 자전거를 타고 출근하세요.

- ◆ 남은 음식을 음식물 분쇄기에 휙 털어 넣는 대신 퇴비화해서 텃밭에 거름으로 주세요. (아, 텃밭이 없으시면 텃밭부터 장만하시고요.)

- ◆ 토요일 아침마다 오토바이 동호회 회원들과 그룹 라이딩하러 가는 대신 푸드 뱅크 자원봉사 활동을 하세요.

- ◆ 육즙 넘치는 스테이크 대신 밋밋한 식물성 고기를 드세요.

- ◆ 아침마다 스타벅스에 들러 정신 확 드는 에스프레소 한 잔 사는 대신 열대 우림 살리기 운동에 매일 5달러씩 기부하세요.

여러분은 대면 또는 온라인 조사를 통해 이제 목표 청중의 세상 보는 관점을 많이 알게 되었다. 이를테면 그들에게 출근길 운전 시간은 험악한 상사 얼굴을 맞닥뜨리기 전에 좋아하는 팟캐스트를 들으면서 마음을 가다듬는 시간이라는 것, 토요일 아침 오토바이 라이딩은 한 주를 버티게 해 주는 원동력이라는 것, 커피는 활력소 또는 삶의 낙이라는 것 등이다. 우리는 상대방에게 어떤 행동 대신 다른 행동을 해달라고 요청하면서, 그게 아무 감정 없이 치를 수 있는 동등한 교환이라고 생각하기 쉽다. 대단히 큰 착각이다.

잊지 말자. 우리가 청중에게 요청하려는 것은 외적인 표면상의 변화뿐만이 아니라 내적인 변화다. 따라서 그들이 포기해야 할 것은 자신에게 중요한 것일 뿐 아니라 자신의 정체성을 규정하는 무언가일 수도 있다.

한 예로, 나는 장식 없는 검은색 옷을 입었을 때 가장 나다운 기분이 든다. 나한테 만약 화려한 색의 공주풍 드레스를 입으라고 하면 그건 죽기보다 싫다(물론 말이 그렇다는 거지만, 만약 주름 장식과 리본까지 달렸다면 정말로 죽어도 싫다). 그런 옷을 입으면 나 자신을 '여성스러운' 사람으로 내보이는 것 같아서 신체가 구속되는 느낌이 들고 많이 불편하기 때문이다. 그렇지만 표면적으로 보면 간단한 문제 같기도 하다. 옷이란 게 기본적으로 남들 앞에서 알몸을 가리기 위한 것 아닌가(끈 비키니는 예외로 치고)? 넓게 본다면 블랙진에 티셔츠를 입든, 공주풍 빨간색 드레스에 팔찌를 끼든 무슨 상관이겠나? 아무 차이도 없지 않을까. 하지만 여기서 중요한 건 넓게 보는 게 아니다. 중요한 건 그 사람이 스스로를 어떻게 인식하느냐 하는 것이다.

스토리 생존 법칙 13

상대방에게 기존의 행동 대신 다른 행동을 해달라고 요청할 때, 그 교환은 동등한 교환이 아닐 수도 있다. 또, 아무 감정 없이 치를 수 있는 교환은 결코 아니다.

우리가 요청하는 내적 변화가 청중에게 어떤 의미가 있는지 알게 되면, 그 사람이 의식적으로든 무의식적으로든 지금처럼 행동할 만한 뿌리 깊은 이유가 있다는 게 너무나 명확해진다.

어머니들이 아기 띠를 찬 것은 패션을 위해서도 아니었고, '진짜' 엄마임을 증명하기 위해서도 아니었다. 아이와의 유대감을 위해서, 아이를 덜 울게 하려고. 그리고 두 손을 자유로이 쓸 수 있으면 일하기가 훨씬 편하기 때문이었다. 내가 검은색 남녀 공용 옷을 입는 것은 그게 유행이라거나 멋있어서가 아니다. 그런 옷을 입으면 여성스럽다기보다 강한 느낌이 들고, 여성스럽다는 것은 내 머릿속에서 순종적인 특성과 묶여 있기 때문이다. 그렇다, 나도 안다. 여성스럽게 보이는 것을 좋아하는 여성도 물론 많고, 그런다고 결코 순종적으로 되는 것도 아니다. 그렇지만 어쨌거나 내 머리에는 그런 연상 작용이 워낙 뿌리 깊이 박혀 있기 때문에 '내가' 그런 옷을 입었을 때 '내가' 그런 기분이 드는 것은 어쩔 수 없다. 그런 나한테 아무리 '아리따운' 최고급 드레스를 보여 줘 봤자 나는 전혀 입고 싶은 마음이 들지 않는다.

정말이다. 그럴 생각도 하지 말아 주길. 나는 여러분의 목표 청중도 아니니까.

우리를 가로막는 걸림돌은 청중이 외적 변화에 부여하는 내적 의미다. 우리의 스토리가 공략할 지점이 바로 거기다. 만약 청중의 믿음이 워낙 완고하다면(공주풍 옷에 대한 내 믿음처럼), 그들의 스토리 속으로 다시 들어가 다른 진입로를 찾거나, 아니면 목표 청중을 잘못 잡았음을 인정하고 물러나는 수밖에 없다. 그러니 어떤 믿음이 공략 가능한지도 알아야 하지만, 어떤 믿음이 공략 불가능한지도 알아야 한다.

스토리 생존 법칙 14
어떤 믿음이 공략 가능한지도 알아야 하지만, 어떤 믿음이 공략 불가능한지도 알아야 한다.

우리가 찾아야 할 것은 이것이다. 상대방이 이미 안고 있는 중요한 관심사나 걱정거리나 근심거리 중에서, 그들에게 소중한 그 무엇도 위태롭게 하지 않고, 우리가 해결에 도움을 줄 수 있는 것은 무엇인가? 그것이 바로 상대가 우리의 요청을 따를 때 얻을 수 있는 이익이다.

이제 여러분이 '실전 문제'에서 직접 이런저런 탐구를 해 볼 텐데, 하다 보면 의외의 성과가 있을 것이다. 목표 청중에 대해 많은 것을 알게 되면서, 처음에는 전혀 생각지 못했던 면에서 그들과 공감하게 될 수도 있다.

일단 청중의 스토리를 알게 되면 그들에게 가장 중요한 것을 간접 체험해 본 셈이 되기 때문이다. 그들의 입장이 되어 생각해 봄으로써, 그들이 현재 하는 행동을 왜 하는지, 왜 그 행동을 마음에 들어 하는지 느껴볼 수 있다. 그들에게 스스로를 뿌듯하게 해 주고 진정한 자신의 모습을 느끼게 해 주는 것이 무엇인지 알 수 있다. 그러고 나면 아마 그들이 가진 잘못된 믿음이 무엇인지, 무엇 때문에 여러분의 행동 요청에 귀를 기울이지 않는지에 대해서도 감을 잡을 수 있을 것이다. 여러분의 스토리는 청중의 눈을 그쪽으로 뜨게 해 주어야 한다.

그건 강력한 정보이자, 여러분에게 꼭 필요한 정보다. 이어지는 7강에서는 상대방을 '자발적으로' 변화하게 만드는 방법에 도전해 볼 차례니까. 사람을 설득해 행동을 바꾸는 데 있어서 가장 어려운 부분이다.

실전 문제

앞에서 완다에 대해 조사했던 것처럼 여러분의 목표 청중에 대해 조사해 보라. 목표 청중을 대표하는 사람을 찾아서, 가능하다면 그 사람이 어울리는 사람들과 함께 모이는 장소에 가 보라. 그런 다음 관련 인물의 온라인 프로필을 파고들어 보라. 온라인으로 조사할 때는 항상 종이와 펜을 옆에 두고 하라. 관찰 결과를 토대로 다음 질문에 답해 보라. 답은 필요한 만큼 얼마든지 길게 적어도 된다.

◆ **지금 내 청중에게 가장 중요한 것**

_____

'현재' 그 사람의 가장 큰 관심사가 무엇인지 찾아보라. 막연하지 않고 구체적인 것이어야 한다. 즉, 본인이 실제로 어떻게 해 볼 수 있는 문제여야 한다.

◆ **내 청중이 진정한 자신의 모습을 찾기 위해**
   가장 원하는 것

_____

그 사람은 어떤 사람이 되기를 소망하는가? 지향하는 목표가 무엇인가? 구체적으로 찾아보라. 예를 들어 '#작은집'이라는 해시태그를 팔로우하는 사람이라면 돈에 얽매이지 않고 소박하게 살고 싶은 소망이 있는지도 모른다.

◆ 내 청중이 가장 우려하는 것

_____

그 사람은 밤에 무슨 걱정으로 잠을 설치는가? 역시 최대한 구체적으로 찾아보라. 예를 들면, 올리는 게시물 내용으로 미루어 볼 때 쓰레기 재활용을 제대로 하지 않는다고 누가 망신 줄까 봐 걱정인지도 모른다. 아니면 삼류 로맨틱 코미디 취향을 남들이 알고 무시할까 봐 신경 쓰이는지도 모른다. 혹은 아이들 교육비를 어떻게 감당해야 할지 막막한 심정인지도 모른다.

◆ 내 청중이 내가 궁극적으로 원하는 행동 대신 지금 하고 있는 행동

_____

그 사람이 나의 행동 요청에 응하려면 어떤 외적인 것들을 포기해야 하는가? 기존의 행동에 정서적으로 어떤 애착을 느끼고 있는가?

밝혀낸 정보를 바탕으로, 이 강의 첫머리에 제시했던 세 가지 질문에 답해 보라.

❶ 청중의 구체적인 세계관에 비추어 볼 때 내가 요청하는 행동은 청중에게 어떤 이익이 되는가?

❷ 청중이 가진 믿음 중 나의 행동 요청과 충돌하는 것이 있다면 무엇인가?

❸ 청중의 세계관에 비추어 볼 때 내가 요청하는 행동은 청중이 진정한 자신의 모습을 찾는 데 어떤 도움이 되는가?

7강

저항감을 파고들라

**"사람을 지치게 하는 것은
눈앞에 놓인 산이 아니라 신발에 든 돌멩이다."[1]**
● 무하마드 알리

이제 청중의 눈으로 세상을 바라볼 수 있게 됐으니, 달갑지
않은 원리 하나를 다시 마주할 차례다. 변화는 생물학적으로
사람을 심히 불편하게 만들게 되어 있다는 사실이다.

아시다시피 사람은 현재 상태가 설령 완벽하지 않더라
도 안전하다고 느끼는 반면, 새로운 것은 위험하다고 느낀다.
그리고 위험한 것은 두렵다. 지금 상태가 아무리 나쁘다 해
도, 섣불리 바꾸려 했다가 더 나빠질 수도 있으니까. 그래서
우리는 직장에서 쫓겨나고 나서야 비로소 평소에 꿈꾸던 수
제 맥주 사업을 시작한다. 미루고 미루다 지하실이 물바다가
되고 나서야 온수 보일러를 수리한다. 고지방·고열량 간식을

끊지 못하다가 심근경색이 오고 나서야 케일 녹즙 맛도 괜찮음을 알게 된다.

우리 스토리의 청중이 지금 딱 그런 상태다. 다른 선택의 여지가 없을 때까지 꼼짝하지 않고 버틸 생각이다. 아니 뭐, 완전히 망가져서 못 쓰게 된 것도 아닌데 왜 굳이 고쳐야 하나?

따라서 청중에게는 변화가 일종의 초대처럼 느껴지게 해 주어야 한다. 그들이 이미 마음 깊숙이 신봉하고 있는 어떤 가치를 실현하게 해 줄 초대말이다. 더 나아가, 비록 위험해 보여서 엄두는 못 내고 있다 해도 본인이 그 행동에 나설 용기와 능력을 '이미' 갖추고 있음을 일깨워 주면 스토리의 효과를 한층 높일 수 있다.

그런 스토리를 만들기 위해서는 대단히 아리송한 질문의 답을 찾아야 한다. 청중은 왜 우리가 원하는 행동을 이미 하고 있지 않을까? 무엇이 그들을 옥죄고 있을까?

설령 당사자에게 단도직입적으로 묻는다 해도, 본인도 잘 모를 것이다. 아니, 아마 틀린 답을 내놓을 것이다.

이때 우리는 오히려 유리한 입장이다. 이제 우리는 청중에게 감정이입할 수 있으니 그들이 무엇을 믿는지 알 뿐 아니라 왜 그렇게 믿는지를 느낄 수 있다. 그런데 우리는 그들이 '아니므로' 그들의 생각이 어디에서 잘못됐는지도 보인다. 청중의 눈에 보이지 않는 것이 보인다.

이 강에서는 우리가 새로 획득한 그 능력을 활용해, 청중의 변화를 자신도 모르게 가로막고 있는 잘못된 믿음을 구체적으로 콕 집어보겠다. 그러면 청중이 이미 안고 있는 문제 중 우리가 해결해 줄 만한 것을 찾아낼 수 있고, 우리의 스토리 구상에 들어갈 수 있다.

자, 그렇다면 우선 우리가 찾아야 할 대상이 '아닌' 것부터 짚어 보자. 지금까지 사전 조사를 많이 했음에도 불구하고, 여전히 착각하기가 너무 쉬운 부분이니까. 뭔가 객관적이고 수량화할 수 있는, 이를테면 비용·품질·유용성 등에 대한 잘못된 믿음을 찾아야 한다고 오해하기가 쉽다. 그런 것은 표면적·논리적 차원의 반발로서, 눈에 보이고 측정할 수 있는 것이다. 그러나 사람을 움직이게 하는 동력은 '물밑에' 숨어 있다. 늘 우리의 발목을 잡는 걸림돌이 바로 데이터와 객관적 사실만으로 설득할 수 있다는 착각이다. 감정을 꺼리는 사회적 경향 때문에 우리 머릿속에 심어진, 무척이나 뿌리 깊은 선입견이다. 그러니 사람은 자신의 이익에 반하는 경제적 행동을 하지 않는다는 경제학적 통념의 오류가 여러 연구를 통해 입증되고 있는 것도 놀랍지 않다.[2]

사람에게 무엇보다 중요한 일은 돈을 아끼는 것이 아니라 체면을 지키는 것이다. 우리는 같은 집단 사람들에게 우리가 같은 팀임을 행동으로 보여 주고 싶어 한다. 그렇게 해야

우리의 안전을 도모할 수 있고, 스스로 가치 있는 사람으로
느껴지니까. 그런데 가끔은 그게 잘 안 될 때도 있다. 우리가
원하는 바와 우리 집단의 기대가 엇갈리는 것처럼 보일 때가
있다. 그럴 때 우리 머릿속에는 우리를 본연의 참모습으로 살
지 못하게 막는 잘못된 믿음이 자리 잡게 된다. 청중의 저항
감은 바로 거기에서 비롯되는 경우가 많다.

광고업 종사자들의 삶을 그린 드라마 〈매드맨Mad Men〉
에서 내가 제일 좋아하는 장면이 생각난다.

주인공 돈 드레이퍼는 페이 밀러라는 연구원이 소비자
조사(앞서 우리도 논했던 '포커스 그룹'을 이용한 조사)의 중요성
에 대해 발표하는 도중 자리를 박차고 나간다. 나중에 연구원
이 주인공의 사무실에 따라 들어와 이유를 묻는다. 주인공은
그런 조사를 한다고 고객을 잘 이해할 수는 없다면서, 광고의
기본 원리도 모른다고 핀잔을 준다.

그러자 연구원이 응수한다. "우리 둘 다 광고업에 몸담
은 사람 아닌가요. 나는 당당히 말할 수 있어요. 사람의 가슴
밑바닥에 있는 갈등을 어떻게든 풀어 주는 게 광고가 할 일이
라고요."

"그 갈등이 뭔데요?" 주인공이 한번 들어나 보자는 듯이
눈썹을 치켜뜨며 묻는다.

"한마디로요?" 연구원이 자기도 눈썹을 치켜뜨면서 대

답한다. "내가 원하는 것과 남들이 내게 기대하는 것이 달라서 오는 갈등이죠."

주인공은 놀란 듯 조용해지더니, 눈을 껌벅거리고는, 몸을 뒤로 빼고 생각한다. 결국 마지못해 시인한다. "맞는 말이네요."

그런가 하면 브레네 브라운이《나는 불완전한 나를 사랑한다》라는 책에서 지적하듯이, 우리는 융화와 소속 사이에서 고심한다.[3] 언뜻 같은 말처럼 들리지만 다르다. '융화'는 우리의 본모습을 숨긴다는 함의가 있고, '소속'은 우리의 본모습 그대로 받아들여지는 것이다. 둘은 서로 대치되는 개념이다. 우리는 속마음은 소속되고 싶지만, 즉 본모습 그대로를 보여주고 인정받고 싶지만, 융화되려고 애쓰는 경우가 많다.

우리는 모든 것을 "이렇게 하면 내가 어떤 사람으로 보일까?"라는 기준으로 평가한다. 그러므로 거듭 강조하지만, 청중이 스스로에게 묻는 진짜 질문은 "이게 그 자체로 좋은 아이디어(주장, 제품, 서비스 등)인가?"가 아니다. 청중은 속으로 이렇게 묻는다. "이걸 택하면 남들이 보는 내 모습 그리고 내가 보는 내 모습이 어떻게 좋아지거나 나빠질까?"

감정 차원의 비용 편익 분석이다.

우리 모두가 그렇다. 나도 그렇고, 여러분도 그렇다.

그렇다면 우리가 답해야 할 질문은 이것이다. 청중은 구체적으로 어떤 잘못된 믿음 때문에, 우리 요청을 따르면 자신이 더욱 자신다워질 수 있음을 깨닫지 못하는가? 그 답을 찾으려면, 6강에서 청중에 대해 알아낸 모든 정보를 활용함으로써, 그들의 신념 체계와 그들의 암호 해독기를 통해 세상을 바라보아야 한다.

'무엇'을 '왜'로 착각하지 말 것

먼저 주의할 점이 하나 있다. 우리가 지금까지 배운 여러 교훈에도 불구하고 착각하기 쉬운 게 있는데, 청중의 현재 행동이 오로지 '잘못된 믿음 그 자체'로 인한 결과라고 생각하는 것이다. 다시 말해 '무엇'을 '왜'로 착각하는 것. 예를 들면 사다리 밑을 지나가지 않으려고 하는 것은 '무엇'에 해당한다. 그렇게 하면 운수가 나쁘다는 믿음이 '왜'다. 잘못된 믿음의 뿌리는 그 사람이 어떤 현상을 '왜' 잘못 해석하느냐에 있다. 따라서 사다리 밑을 지나가도 안전하다고 설득할 스토리를 만들려면, 상대방이 사다리에 대해 느끼는 기분을 파고들 필요는 없다. 그보다는 상대방이 왜 애초에 그렇게 미신적인 성향이 있느냐를 따져 봐야 한다.

그렇다고 해도 상대방이 명백히 잘못 알고 있는 것은 사실이니, 사다리 밑을 지나가도 안전하다고 지적해 주고 싶은 유혹은 여전히 크다. 더군다나 상대방이 잘못된 믿음 때문에 법석을 떨고 있는데 우리가 그 오해를 객관적 사실로 바로잡을 수 있다 싶으면 유혹을 참기가 더 어렵다.

스토리 생존 법칙 15

청중의 현재 행동이 오로지 잘못된 믿음 그 자체로 인한 결과라고 착각하지 말자.

하지만 성난 시위자들이 "내 메디케어를 정부는 손대지 말라"라고 적힌 팻말을 들고 항의하는 모습을 한번 생각해 보자. 메디케어(미국의 노인 대상 공공 의료 보험 —옮긴이)도 정부에서 운영하는 제도라고 아무리 설명해 봤자 통할 리 없다. 시위자들이 화난 것은 그 때문이 아니니까. 자기들이 생각하는 공정이라는 가치가 훼손됐기 때문이다. 자신들이 열심히 땀 흘려 번 돈을 세금으로 걷어 열심히 일하지 않는 사람들에게 나눠준다고 생각하는 것이다. 정부라는 것 자체가 불공정의 상징이 된 것이다. 따라서 "정부는 손대지 말라"라는 구호는 메디케어를 운영하는 정부 기관이 아니라 연방 정부에 대한 불신을 담은 표현이다. 그러니 메디케어도 정부 제도라고 지적해 봤자 아무 도움이 되지 않는다. 시위자들의 진짜 관심사는 그게 아니니까.

아니면 그런 사람들을 '감정적으로 행동하고 있다'며 치부하고 무시하고 싶은 마음도 든다. 그렇다, 감정적으로 행동하고 있는 게 맞다. 하지만 그 감정은 어떤 복잡한 논리 체계에서 기인한 것이다. 그들을 자신이 소속한 집단과 묶어 주고 있는 논리 체계다. 그들이 느끼는 감정은 성격적 결함 때문이 아니다. 뇌가 물리적·사회적 위협으로부터 개체를 보호하려고 하는 것이다. 그리고 그 과정에서 실제로 고통 반응이 일어난다.

우리 생각엔 아주 간단한 요청인 것 같아도 상대방은 맹렬한 정면 공격으로 받아들여서 무슨 수를 써서라도 피하려고 하는 경우가 있다. 그렇지만 같은 사실도 스토리에 담겨 전달되면, 머릿속에서 조용히 검토해 볼 수 있다. 물론 스토리가 아니라 무슨 수단을 써도 꿈쩍하지 않는 믿음도 있다. 뿌리 깊은 정치적·종교적 신념이 그 예다. 하지만 근원적인 믿음에 봉착했다고 해서 꼭 포기해야 하는 것은 아니다. 다른 진입로를 찾아야 한다는 신호일 뿐이다.

컬럼비아대학교의 커뮤니케이션 전문가 제인 프레이거가 이끄는 연구팀이 바로 그 점을 살펴봤다. 목표는 공화당 지지 청년들에게 원자력 발전의 위험성을 납득시키는 것이었다. 연구팀은 자신들의 믿음을 가지고 청년들을 설득하려고 하지 않고, 그 대신 심층적인 인터뷰를 실시했다. 청년들의 말을 판단 없이 들으면서, 조금씩 그들의 눈으로 세상을 볼 수 있게 되었다. 대번에 깨달음이 왔다. "그들과 정서적 차원에서 교감할 방법을 찾아내지 않는 한 성공할 가망이 없다"라는 깨달음이었다.[4] 연구팀이 도달한 해결책은, 환경적 논리를 버리고 국가 안보 관점에서 원자력 발전에 의문을 제기하는 것이었다.

연구팀은 '원자력 발전은 100퍼센트 안전하며 환경에 피해를 주지 않는다'라는 청년들의 잘못된 믿음에 반론을 제기하지 않았다. 청년들이 속한 집단의 신념 체계는 환경주의자로 비치는 것을 피한다는 대원칙이 있었으므로 그 원칙을 위협해서는 안 될 일이었다. 연구팀이 겨냥한 것은 '원자력 발전소는 국가 안보에 전혀 위협이 되지 않는다'라는 잘못된 믿음이었다. 인터뷰에 참여한 공화당 지지 청년들이 가장 중요하게 생각하는 것은 가족, 안전, 국가 안보였기 때문이다.

연구팀은 테러리스트들이 원전 공격을 검토한 적이 있다는 사실을 지적했다. 그 대상 가운데는 과거에 안전 문제가 많이 불거졌던 원전들이 많았다. (끔찍하다.) 더욱 피부에 와 닿게 해 주기 위해, 인디언 포인트 원전은 맨해튼에서 불과 60킬로미터 거리이니 그 원전이 터지면 본인들도 끝장이라는 사실 역시 지적했다.

'여자애처럼' 광고와 마찬가지로, 프레이거 교수 연구 팀도 참여자들의 원전 안전성에 대한 잘못된 믿음을 비난하지 않았다. 어떻게 하라거나 어떻게 느끼라고 지시하지도 않았다. "이제 원전의 위험성을 알았으니 당연히 원자력 발전에 반대해야겠지요?" 이런 말은 하지 않았다. 대신 결정은 청년들에게 맡기고, 원전의 위험성을 고려할 때 가능하면 대체에너지원을 개발해 사용하는 것이 바람직할 수 있다는 의견만을 제시했다. 결정은 여러분의 몫이라는 것이었다.

참여자들은 생각을 바꿨다.

새로 나왔다고 다가 아니다

그렇다면 우리의 청중이 변화하지 못하는 이유는 무엇일까? 언뜻 그럴듯해서 무척 속기 쉬운 오답이 있다. '아직 진실을 모르기 때문'이라는 것이다. 그 착각부터 일단 휴지통에 버리고 가자. '사람들이 아직 내 제품을 쓰지 않고, 내 캠페인에 동참하지 않고, 내 주장을 받아들이지 않는 이유가 뭐가 있겠어. 들어본 적이 없으니까 그러는 거지. 그러니 알려 주기만 하면 돼. 그러면 바로 전도되겠지.' 이렇게 생각하는 것이다.

스토리 생존 법칙 16

사람들이 아직 내 제품을 쓰지 않고, 내 캠페인에 동참하지 않고, 내 주장을 받아들이지 않는 유일한 이유가 '들어본 적이 없기 때문'이라고 지레짐작하지 말자.

그럴 가능성도 없진 않지만, 그건 우리의 물건이나 제안을 사람들이 애당초 애타게 찾고 있었는데 설마 진짜 나오리라고는 생각지 못했을 경우에만 가능한 시나리오다. 초콜릿에서 칼로리를 제거해 주는 앱을 발명해 보라. 없어서 못 팔지 않겠는가.

하지만 그런 경우가 아니라면, 현실은 생각과 많이 다를 것이다.

고전적인 사례 하나를 살펴보자. 1947년에 인스턴트 케이크 믹스가 처음 출시됐을 때 박스에 적힌 문구는 "물을 넣고 섞기만 하세요!"였다. 그러면 집에서 케이크를 만들 수 있다는 것이었다. 획기적인 제품이었고, 가격도 저렴했으며, 요리 시간도 아낄 수 있었다. 흠잡을 데가 없었다.

그런데 팔리지 않았다.

제조사 제너럴밀스General Mills에서는 심리학자들에게 의뢰해 문제가 무엇인지 알아봐 달라고 했다. 알고 보니 주부들은 평소에 케이크 재료를 직접 준비해서 만들 때처럼 자기만의 창의적인 뭔가를 추가하고 싶어 했다. 자신의 역할이 사라진 것 같은 기분을 느꼈던 것이다. 물을 붓고 휘젓기만 한 것을 집에서 만든 케이크라고 내놓으려니 살짝 민망하기도 했다.

그러니까 문제는 케이크 믹스라는 제품 자체가 아니라, 주부들이 제품을 쓸 때 스스로가 느끼는 기분이었던 것이다. 그럼 어떻게 해결했냐고? 제너럴밀스사는 그냥 달걀 파우더를 믹스에서 뺐다(그러면서 생산비도 절감했다). 새 제품은 조리하는 사람이 신선한 달걀을 직접 넣는 방식이었다. 결과는? 아시다시피 대성공이었다.

문제는 제너럴밀스사가 고객들은 이럴 것이라고 '스스로에게' 들려주고 있던 스토리였다. 앞서 소개했던 틀로 다음과 같이 분석해 볼 수도 있다.

잘못된 믿음 누구나 일을 최대한 쉽게 하고 싶어 한다. (물을 넣어서 굽기만 하면 되는데 그보다 더 쉬울 수 있나? 날개 돋친 듯 팔리겠지.)

진실 사람들은 일이 너무 쉬워져서 자신의 역할이 사라진 것 같은 기분은 싫어한다. (내가 케이크를 굽는 건 가족에 대한 사랑의 표현인데, 믹스를 쓰려니 반칙하는 기분이야. 이건 우리 집 강아지도 만들겠어.)

깨달음 누구나 '내가 한몫을 한다'는 기분을 느끼고 싶어 한다. 그럼으로써 자신의 목적의식과 참모습을 느낀다. (그렇군, 쉬운 건 좋지만 손하나 까딱 않는 건 안 되지, 알겠어. 손 안 대고 코 풀 수, 아니 케이크 만들 수 없는 법.)

변화 달걀 파우더만 믹스에서 빼면 고객이 스스로 한몫하는 기분을 느낄 수 있을 거야. 간단하군! (우리는 덜 주고, 고객은 더 많이 사니, 이거야말로 윈윈이지.)

새 제품에 적힌 문구는 "달걀을 넣어 주세요"였다.[5]

이 스토리의 교훈은 뭘까? "야호, 내 청중의 신념 체계를 들여다봤는데 내 메시지를 듣기만 하면 거부할 이유가 하나도 없어." 이런 생각이 들면 다시 생각해 보라는 것이다. 거부할 이유가 '있을' 때가 많다. 아직 여러분이 맞닥뜨리지 않았을 뿐이다. 그걸 시간을 들여서 꼭 찾아내야 한다.

못 찾아내면 그걸 공략할 스토리를 어떻게 만들겠는가?

왜 직접 말하지 않을까?

혹시 이렇게 생각할지 모르겠다. 이제 내가 청중을 알 만큼 알았으니, 무엇 때문에 변화를 주저하는지 그냥 물어보면 안 되나? 멋진 생각이긴 한데, 소용이 없다. 만약 그 초간편 케이

크 믹스를 사지 않는 주부들에게 그 이유를 단도직입적으로
물었다면 제대로 대답하지 못했을 것이다. 일부러 거짓말을
한다는 게 아니다. 그런 인터뷰 상황에서는 아무리 솔직하고
진지한 참여자라 해도 다음과 같은 모습을 보이기 쉽다.

❶ 상대방이 듣고 싶어 할 것 같은 대답을 한다(상대방이 자기를 좋아해
줬으면 하는 마음에서 그리고 남의 기분을 나쁘게 하고 싶지 않으니까).

❷ 자신이 취약해지는 느낌이 드는 사실은 인정하지 않는다(인정하
면 상대방이 자기를 좋아하지 않을지도 모르니까).

❸ 정말 진솔하게 대답하지만 '진짜 이유'는 입 밖에 내지 않는다(진
짜 이유는 생각만 해도 겁이 나니까).

❹ '진짜 이유'를 자기도 모른다(한 번도 생각해 보지 않았기 때문에, 정
말로).

한 가지만은 장담해도 좋다. 인터뷰 대상자가 자신의 저
항감에 대해 어떤 이유를 내놓건, 그게 진짜 이유는 절대 아
니다. 왜냐고? 사람은 대개 자기가 느끼고 싶은 기분이 무엇
인지는 알지만, 어떻게 해야 그 기분을 느낄 수 있는지는 모
를 때가 많으니까. 너무나 흔히 부딪히게 되는 난관인데, 극복
할 전략을 논하기 전에 이게 보통 어떤 식인지 알아보자. 논
리적, 표면적인 대답에서 시작해 진짜 마음속 이유가 드러나

는 과정을 살펴보겠다.

내 친구이자 동료인 제니 내시Jennie Nash는 '오서 액셀러레이터Author Accelerator'라는 책 쓰기 코칭 서비스를 운영하고 있는데, 글 쓰는 사람들이 코치 고용을 꺼리는 이유를 알고자 했다. 글 쓰는 사람의 최종 목표는 성공적인 책을 쓰는 것이다. 그럼 책 쓰기 코치를 고용하는 게 좋지 않을까? 표면적이고 수량화 가능한 이유, 즉 논리적인 이유는 분명했다. 비용이었다. 비용이 싸지는 않으니까. 그게 안전한 대답이기도 했다. 하지만 조사해 보니 그 이유는 돈이 아니었다.

그럼 시간일까? 오서 액셀러레이터 서비스는 이용자들에게 몇 차례에 걸쳐 마감 일정을 지킬 것을 요구한다. 그런데 그건 장점으로 밝혀졌다. 시시각각 다가오는 마감일만큼 집중에 효과적인 건 없다. 자기 돈을 내고 정한 마감일이라면 더 말할 것도 없다. 이용자들은 마감일을 정함으로써 마음을 더 진지하게 다잡을 수 있었다. 그야말로 진정한 작가가 되는 것이었다.

피드백에 대한 두려움 때문일까? 그것도 아니었다. 글 쓰는 사람들은 피드백을 원했다. 피드백을 받아야 자기가 제대로 가고 있는지 알 수 있으니까. 또, 글쓰기는 외로운 작업이라서 누군가 내 스토리를 알고 나만큼 관심을 쏟아 주는 사람이 곁에 있다는 건 아주 큰 장점이다.

좋다. 뭔가 외적이고 측정 가능한 이유 때문이 아니라면, 이렇게 뒤집어서 물어야 할 것이다. 글 쓰는 사람들은 '어떤 기분을' 느끼고 싶어 할까?

글 쓰는 사람들은 자신의 책이 그리고 책의 성공이 오롯이 자기 것이라는 기분을 느끼고 싶어 한다. 내 목소리, 내 스토리, 내 진실이어야 하는 것이다. 만약 코치를 고용한다면 그 소유감을 잃게 될까 봐 걱정된다. 그럼 진짜 내 목소리라고 할 수 있나? 코치가 책 전체를 좌지우지할까 봐 걱정된다. 게다가 독자들이 알아차리면 어떡하나. 창피할 뿐 아니라 작가의 근원적인 소망이 물거품이 되어버리지 않을까. 뭔가 괄목할 만한 작품의 창작자가 되고 싶은데.

진짜 걸림돌이 드러났다. 남의 도움을 필요로 하는 사람은 '실패자'라는 잘못된 믿음이었다. '진정한 작가'는 혼자 힘으로 할 수 있어야 한다는 것이다. 남의 도움을 받았다면 내 작품이라고도 할 수 없다는 것이다.

나는 제니에게서 이 이야기를 듣고 공감했다. 지금까지 나와 함께 작업했던 이들 중에서 손꼽을 만큼 재능이 뛰어나고 크게 성공한 젊은 작가가 있다. 그 작가는 본인의 첫 소설이 나올 무렵 내게 간청했다. 우리가 함께 작업했다는 사실을 아무에게도 알리지 말아달라고. 자신의 유명한 에이전트와 명망 있는 출판사 양측에서 그렇게 당부했다고 했다. 그 사실이 알려지면 독자들의 눈에 작가의 이미지가 실추되고 천재 작가로 홍보하려는 마케팅 계획이 어그러질 것이라는 우려에서였다.

그 작가는 천재가 맞았다. 내가 한 일은 그를 도와서 자기가 전하려는 스토리를 더 깊이 파고들어갈 수 있게 해 준 것뿐이었다. 스토리도, 집필에 들인 노고도, 모두 그의 것이었다. 그럼에도 업계 전문가들은 내가 그를 도왔다는 사실이 밝혀지면 그의 재능도, 그의 소설도, 대중의 눈에 그 가치가 퇴색되어 보일까 봐 걱정한 것이다. 아니, 세상에 누가 어떤 소설을 감동적으로 읽고 나서, 작가가 감사의 글에 도와준 이들의 이름을 언급하는 것을 보고, '와, 이러고도 진정한 작가라고 할 수 있나. 정말 실망이네.' 그렇게 생각할까?

그 작가와 출판 관계자들은 독자들이 그러리라고 확신했다. 그런 생각을 하면 작가는 스스로 취약해지는 느낌이 들었다. 마치 자기가 사기꾼이라도 된 것처럼 느껴졌다. 그게 사실이 아니라는 점은 중요하지 않았다.

그래도 다행히, 그는 결국 용기 있게 그런 마음을 내게 털어놓았다. 우리는 스스로 취약해지는 느낌이 드는 사실을 결코 인정하려 하지 않을 때가 많다. 하지만 아이러니하게도, 남들은 우리가 그런 사실을 인정할 때 우리를 영웅으로 보는 경우가 많다. 취약성vulnerability은 스토리의 생명이다. 나의 약점을 고스란히 드러내는 느낌을 인정하는 것만큼 사람의 마음을 크게 움직이면서 또 하기 힘든 일은 이 세상에 없다. 스토리를 잘 만들려면 주인공이 해야 할 일이 바로 그것이다. 자신의 잘못된 믿음을 정면으로 마주하고, 뛰어넘는 것이다.

그 용감한 행동을 잘 보여 주는 사례를 소개한다.

사례

모텔6

1986년 저가 숙박 체인 '모텔6'의 CEO에 취임한 조 매카시Joe McCarthy는 고민이 만만치 않았다. 객실 점유율이 매년 2퍼센트포인트씩 떨어지고 있었으니, 무언가 신속한 조치가 필요했다. 광고 대행사 리처즈 그룹The Richards Group의 스탠 리처즈에게 광고 기획 임무가 떨어졌다. 목표는 사업의 하락세를 막고 더 나아가 상승 전환을 이끌어 내는 것이었다.

리처즈는 전국에서 참여자를 모집해 포커스 그룹을 구성했다. 모두 최근 3개월 동안 모텔6를 이용한 적이 있는 사람들이었다. 포커스 그룹 참여자들에게 여행 중에 어떤 숙박업소를 이용하느냐고 묻자, 저마다 전국 규모의 모텔 체인 이름을 하나씩 댔지만, 모텔6는 아무도 언급하지 않았다. 같은 질문을 다시 해 봤다. 그래도 모텔6라는 대답은 나오지 않았다. 모든 참여자가 모텔6를 이용한 경험이 있었는데도! 초조해진 인터뷰 진행자들은 같은 질문을 세 번째 했다. 혹시 깜빡 잊은 숙박 체인은 없냐고 했다. 거듭 암시를 준 것이다. 참여자들은 지친 기색이었지만, 그래도 모텔6를 언급하는 사람은 없었다.

진행자들이 하는 수 없이 인터뷰를 접고 전략을 다시 고민해보려고 하는 순간, 한 참여자가 불쑥 입을 열었다. "뭐, 저는 밤늦은 시간이면 모텔6에 갈 것 같아요. 그러면 돈을 꽤 아낄 수 있으니까, 그 돈을 차 기름값으로 쓰면 좋죠."[6]

상당한 용기가 필요한 발언이었다. 그 자리의 사람들이 하나같이 이렇게 속으로 생각할 수도 있으니까. '와, 진짜 구두쇠네. 저 사람 잘하면 쓰레기통도 뒤지겠어.' 그러나 오히려 용기를 얻었는지 다른 한 사람이 이렇게 말했다. "저도 마찬가지예요. 그 돈 아끼면 손주들 선물 정도는 사줄 수 있지요."

리처즈는 이렇게 말한다. "모텔6 고백은 계속 이어졌다. 우리는 그제서야 깨달았다. 참여자들은 그 자리의 다른 사람들에게 쪼잔하거나 가난한 사람으로 보이기 싫었던 것이다. 참여자들은 서로의 이야기를 공유했고, 부끄러움이 차츰 자랑스러움으로 바뀌어 갔다. 그들이 모텔6에 묵는 이유는 씀씀이가 짜서가 아니라 검소해서였다."

인터뷰 참여자들은 처음에 망신당할 일이라고 생각했던 행동 덕분에 영웅이 되었다. 그리고 처음으로 고백한 그 사람이 그중에서도 최고의 영웅이었다. 왜냐고? 남들 눈에 나쁘게 보이리라고 생각하면서도 자신의 어떤 점을 용기 있게 인정했으니까. 다시 말해, 기꺼이 스스로 취약해진 것이다. (비록 "밤늦은 시간이면······"이라는 말로 안전장치를 마련하긴 했지만. 모텔6 아니면 차에서 자야 하는 경우 달리 선택이 없지 않느냐는 뜻이었다.) 그리고 그 용기는 보상을 안겨 주었다. 알고 보니 모텔6에 묵는다는 건 부끄러워할 일이 아니었던 것이다. 자랑스러워할 일이었다. 그걸 어떻게 알았냐고? 다른 참여자들의 반응을 보고 알았다. 다들 기다렸다는 듯이 비슷한 경험담을 내놓기 시작했으니까.

첫 고백자는 다른 사람들이 주저했던 이야기를 대변해 준 셈이다.

인터뷰 결과 리처즈가 알게 된 것은 두 가지였다. 하나는 앞으로 넘어서야 할 잘못된 믿음이었다. '모텔6는 워낙 값이 싸서 거기 묵는 건 남들 보기에 부끄럽다.' 그런데 모텔6라는 이름 자체가 저가 숙박업소임을 내세우고 있었으니(원래 하룻밤 묵는 데 6달러여서 그렇게 이름을 지었다) 문제는 만만치 않았다.

다른 하나는 무엇이었냐고? 해결 방향이다. 돈을 아낀다는 이점은 유지하면서, 이용객의 이미지를 바꾼다는 것이었다. 쪼잔한 것과 검소한 것은 많이 다르니까. 쪼잔하면 구두쇠지만, 검소하면 현명한 사람이다. 아낀 돈으로 사랑스러운 손주들에게 폭신폭신한 토끼 인형을 척척 사주는 할머니가 되는 것이다.

하지만 인터뷰 참여자들이 하나같이 애초에 모텔6를 이용한다는 고백을 하기가 그리도 어려웠다면, 모텔6가 목표로 하는 청중들도 그런 부끄러움을 느낄 게 뻔했다. 그러니 모텔6에 묵었던 일을 친구나 가족들에게 열심히 자랑할 리도 없을 것이다.

그렇다면 그걸 어떻게 극복해야 할까? 어떻게 하면 단점처럼 보이는 것을 장점으로 바꿀 수 있을까? 그 지친 여행객을 영웅으로 만들 스토리는 무엇일까?

전통적인 경제학자들 말이 맞다면, 모텔6를 이용할 경우 얼마나 돈이 굳는지만 짚어 주면 될 것이다. 그러면 너도나도 모텔6를 이용할 것이다. 하지만 우리는 늘 자신의 경제적 이익에 반하는 행동을 한다. 어렸을 때 엄마 말씀처럼, 돈이 전부가 아니니까.

그 포커스 그룹 참여자들이 추구한 목표는 돈을 아끼는 것이 아니라 사회적 불명예를 피하는 것이었다.

그렇다면 리처즈 그룹이 만들 스토리는 모텔6를 이용한다고 해서 세상 사람들이 나를 짠돌이라거나 가난뱅이라고 생각하지 않는다는 점을 확실히 보여 주어야 했다. 방송인 톰 보뎃Tom Bo-dett을 기용해 라디오 광고를 제작하기로 했다. 보뎃은 공영 라디오 방송 NPR에 목소리를 비치고 있었는데, 그때까지 잘 알려지지 않은 사람이었다. 리처즈 그룹의 당시 기획 총괄자 데이비드 파울러David Fowler는 보뎃을 가리켜 "호감 가면서 특징 있는 목소리로 재치 있는 말을 편안하게 전달하는" 능력이 있다고 평했다. 보뎃은 모텔6의 소탈한 대변인이 되어, 모텔6 이용객은 쪼잔한 사람이 아니라 돈을 아껴서 더 중요한 것에 쓸 줄 아는 현명한 사람이라는 점을 몸소 보여 주었다. 호화스러운 객실과 대리석 로비에 쓸 돈을 아껴서, 이를테면 자녀 교육에 쓰는 사람이다.

보뎃을 성우로 택한 이유 중 하나는 그의 목소리가 청중과 같은 집단 사람이라는 느낌을 주기 때문이었다. 보뎃은 파울러의 섭외 전화를 받고 물었다. "왜 나를?" 파울러는 그 물음에 바로 이렇게 답했다. "목소리가 꼭 그 모텔을 이용하는 사람일 것 같거든요." 보뎃은 후에 이렇게 자기 생각을 말했다. "내 목소리는 그곳을 실제로 이용하는 사람일 것 같다는 느낌을 준다. 실제로 이용하고 있다. 나는 아주 평범한 배경에서 성장했고, 항상 모든 형태의 가식을 불편해했다. 작위적인 방송도 예외가 아니었다."

보뎃은 아예 한 걸음 더 나아갔다. 첫 녹음 자리에서 애드리브로 넣은 문구가 지금까지 모텔6의 슬로건으로 쓰이고 있다. "당신을 위해 불을 켜놓겠다We'll leave the light on for you." 2007년 《애드 에이지》와의 인터뷰에서 보뎃은 그 문구에 대해 이렇게 깔끔히 설명했다. "'불을 켜놓겠다'라는 문구가 통하는 이유는 우리가 늘 자연스럽게 실생활에서 주고받는 말이어서 그런 것 같다."[7]

그렇다. 어두컴컴한 밤에 객지를 홀로 헤매면서 안전히 몸 쉴 곳을 갈망하지 않는 여행객이 있을까? 누군가 불을 켜놓고 기다리는 사람이 있다고 하면 마음이 편안해진다. 더군다나 내 본모습을 알아주는 사람, 내가 원하는 바를 이룰 수 있게 도와줄 사람이라면?

모텔6의 사업은 지금까지 번창 중이다. 리처즈는 이렇게 말한다. "모텔6는 경쟁사 대비 현저하게 적은 영업 비용에도 불구하고 절약형 숙박 업계에서 가성비 최상으로 평가받고 있으며 30년간 연속 성장을 기록하고 있다."

이것이 바로 흠잡을 데 없이 잘 만든 스토리의 힘이다.

잘못된 믿음 모텔6에 묵는 사람은 짠돌이다.

진실 모텔6에 묵는 사람은 무의미한 고급 시설에 돈을 쓰지 않고 정말 중요한 것을 위해 돈을 절약하는 사람이다.

> **깨달음** 내가 모텔6에 묵는 건 현명한 선택일 뿐 아니라 내 가치관을 실현하는 행동이야. 모텔6 사람들은 내가 어떤 사람인지 잘 알고 있어. 그러니까 나를 위해 불을 켜놓고 있는 거겠지. 우리는 한 팀이니까.

> **변화** 난 모텔6를 이용할 뿐 아니라 친구들에게도 추천할 거야. 처음의 나처럼 생각해서 이용을 꺼리고 있을지도 모르니까. 좋은 것을 널리 알리면 기분이 뿌듯하지.

가슴속 깊이 품은 이유 찾아내기

가슴속 깊숙한 두려움을 인정하게 하는 것은 쉬운 일이 아니다. 상대방을 개인적으로 인터뷰할 기회를 잡았을 때도, 혹은 고객이나 상사, 배우자, 변덕스러운 10대 자녀의 생각을 바꾸려고 할 때도 마찬가지다. 아시다시피 사람은 자신의 잘못된 믿음을 좀처럼 곧바로 드러내지 않는다. 정작 본인조차 모르고 있는 경우도 많다. 다행히 우리는 이미 많은 시간을 들여 온라인 조사를 벌이면서 목표 청중에 대해 파악해 놓았으므로, 그 덕분에 집에서 혼자 해 볼 수 있는 사고 실험이 있다(상대방은 절대 모를 것이다).

우선 상대방에게 우리의 행동 요청과 관련된 간단한 질

문을 던지는 것으로 시작한다. 무언가 외면적이고 일반적인 질문이면 된다. 그 답을 파고들면서 "왜요?"라고 계속 묻는다. 상대방은 일단 자신의 현재 행동에 대해 당연하고 표면적인 이유를 대지만, 그 이면에는 훨씬 더 개인적이고 강력하며 내밀한 무언가가 숨어 있기 마련이니까.

먼저, 상대방이 어떤 것을 원하는 진짜 이유를 한 겹 한 겹 파고드는 시도를 한 번 해 보자. 잭이라는 사람(내가 방금 지어낸 사람이다)에게 막연하게 무엇을 원하는지 그리고 그 이유는 무엇인지 물어보겠다.

우리: 원하시는 게 뭔가요?

잭: 돈을 많이 벌고 싶죠. (안 그런 사람도 있나?)

우리: (와, 이 사람 진짜 단순하네.) 왜요?

잭: 휴가를 좀 호화롭게 가고 싶어서요. (나 좀 잘사는 것처럼 보이겠지? 아냐, 말이 좀 과했나? 재수 없어 보이는 건 아니겠지.)

우리: (단순한 데다 속물이구먼.) 왜요?

잭: 가족과 시간을 더 많이 보내고 싶거든요. (이 말은 괜찮겠지. 최소한 완전 재수 없어 보이진 않을 거야.)

우리: (아하, 저도 결국 사람이군. 자, 뭔가 길이 보일 것 같은데.) 왜요?

잭: 최근에 가족과 관계가 좀 소원해졌거든요. (내가 이 얘기를 왜 했지? 이제 엄청 약한 사람처럼 보이겠네.)

우리: (그렇구나, 안됐네. 힘들겠어. 여기서 주목하자. 잭은 자기가 약해 보일 거라고 생각했지만 그런 말이 상대방의 공감을 사기 마련이다.) 왜요?

잭: 직장 일에 시간을 너무 많이 쏟고 있거든요. (일인데 어쩌겠어? 그렇지만 가끔 너무 힘든 건 사실이야. 외롭기도 하고.)

우리: (불쌍한 사람이군. 아무래도 악순환에 빠진 것 같은데.) 왜요?

잭: 가족을 데리고 휴가 못 가는 사람은 실패자니까. 제가 실패자라면 가족이 절 좋아해 주지 않을 거고요. 저도 그런 제가 싫을 거예요. (아니 잠깐, 그게 정말 맞는 얘긴가?)

우리: (빙고!) 아이고 잭, 내가 안아 줄게요.

잘못된 믿음 내가 휴일 없이 하루 24시간 일해야 가족들이 나를 성공한 사람으로 여기고 좋아해 줄 것이다.

진실 내가 늘 일만 해서 가족들은 버림받은 기분이다.

깨달음 중요한 건 돈이 아니라, 함께 시간을 보내는 것이다.

변화 일하는 시간을 줄일 것이다. 그리고 아이들이 가자고 보채는 바다 여행이나 짧게 갔다 와야겠다.

이상은 물론 가상의 대화이고, 그 성공 비결은 질문이 점점 개인적 영역을 파고드는 가운데 내가 상대방을 압박해 감정을 솔직하게 표현하게끔 한 것이었다. 아니면 성공 비결은 내가 '스스로를' 압박함으로써 내 사고방식에서 벗어나 상대방의 머릿속으로 들어가고자 노력한 것이라고 해야 할지도 모르겠다. 목표는 상대방 행동의 진짜 원동력을 마음속에 그려보는 것이었다.

이런 작업을 하려면 상상력을 과감히 발휘해야 하는데, 처음에는 좀 겁이 날 수도 있다. 하지만 여러분은 이미 조사를 통해 목표 청중의 세계관에 대해 이해의 폭을 넓혔으므로, 아마 어느 정도 공감도 하게 됐을 것이다. 여러분이 이해한 바를 믿고 해 보라. 그리고 이런 식으로 질문해 보면서 직감적으로 떠오르는 통찰도 믿어 보라.

진실에 접근하기 위한 또 한 가지 유용한 기법은 이렇게 계속 묻는 것이다. "그래서요?" 여러분의 10대 아들이 운전하면서 문자를 보내는 습관이 있다고 하자. 위험하다고 타이르기도 했고, 사고 통계를 같이 확인하기도 했고, 끔찍한 유튜브 영상도 보게 했다. 자기도 앞으로는 절대 그러지 않겠다고 맹세를 했다. 그런데 휴대 전화 요금 청구서를 보면 변화가 없는 것 같다. 어려서 그런 걸까? 어른 말에 관심이 없고, 자기는 무적이라고 생각해서 그러는 걸까? 그런 걸 수도 있다. 하지만 혹시 파고들어 보면 진짜 이유를 알 수 있을지도 모른다.

아래 예는 어디까지나 사고 실험이다. 세상에 이렇게 술술 속을 털어놓는 10대 아들은 아마 없을 테니까. 마음속으로만 생각할 것이다. 여러분이 이런 질문을 실제로 하든 상상 속에서 하든, 중요한 건 상대방이 '그 어떤 고백을' 털어놓는다 해도 상대방을 평가하지 않는 것이다. 자기가 재미로 반려동물을 죽인다거나 하는 고백이 아닌 한에는 말이다(그럴 때는 도망치자).

엄마: 왜 운전할 때 문자를 보내니? (그렇게 위험한 짓을 왜 하는 거야???)

아들: 괜찮아요, 안 위험해요. 위험했으면 내가 이렇게 살아 있겠어요? 멀티태스킹 모르세요? 그리고 운전할 때 문자 안 보내면 친구한테 바로바로 답을 못 해 준다고요. (그건 생각만 해도 끔찍하거든요.)

엄마: (아니 그게 네 목숨보다 더 중요해?) 그래서?

아들: 내가 관심이 없는 줄 알겠죠. (아니면 자기가 관심을 끊겠죠.)

엄마: (지금 그게 말이라고…… 반응하지 말자. 한 번에 한 문제씩 차근차근……) 그래서?

아들: 그러면 저 때문에 열 받겠죠. (아니면 나를 겁쟁이로 알거나 저한

테 문자 보낼 마음이 없어지겠죠. 특히 베키가요.)

엄마: (열 받는다고? 그게 왜 열 받을 일인데?) 그래서?

아들: 그럼 딴 친구한테 연락하겠죠. (베키가 존한테 연락하면 어떡해요? 존이 베키 좋아한단 말이에요.)

엄마: (오호, 이제 뭔가가 나오는군. 친구들이 자기를 싫어할까 봐 걱정하고 있어. 아, 그러고 보니 베키 때문이겠네.) 그래서?

아들: 전 따돌림당할 거라고요. 아시겠어요? (으, 내가 왜 이런 말까지 했지!)

엄마: (아이고 내 아들, 확 안아 주고 싶네.) 알겠어.

보시다시피 이 대화 속의 엄마는 아들에 대해 판단을 내리지 않았다. 적어도 겉으로는 그랬다. 물론 자기 아들이 얼마나 크게 잘못하고 있는지 알고 있었으니, 사람이 자기가 옳다고 확신할 때 늘 그러듯이, 속으로는 판단을 내리고 있었다. 그래도 생각을 입 밖으로 내지는 않았다. 그런 생각을 넌지시 비치기만 했어도 아들은 자리를 떴을 테니까. 그랬으면 엄마는 진실을 결코 알 수 없었을 것이고, 판단을 멈추고 아들을 안아 주고 싶어질 일도 없었을 것이다. 엄마는 무덤덤하게 "그래서?"라고만 물으며 진실을 파고들었고, 결국 알게 됐다. 아들이 겉으로 보이는 행동 이면에는 겉으로 드러나지 않는 이유가 있었다.

그동안 아무리 그 행동이 위험하다는 사실을 알려 줘도 아들이 들은 체하지 않았던 이유가 그제서야 이해가 됐다. 운전하면서도 문자를 보내야만 하는 진짜 이유를 해소하는 데는 아무 도움이 되지 않았던 것이다. 그 이유는 아들이 개망나니여서도 아니고, 자기가 무적인 줄 알아서도 아니고, 막연히 중요한 일을 놓칠까 봐 불안해서도 아니었다. 흠모하는 그녀에게 신속히 반응하지 않으면 늘 바로바로 반응하는 존이 자기를 더 좋아한다고 생각할까 봐 걱정됐던 것이다.

그 딱 한 가지 정보를 알고 나니 문제를 바라보는 관점이 바뀌었다. 해결의 열쇠는 운전 중 문자 보내는 행동의 위험성을 납득시키는 게 아니라, 문자를 받았을 때 즉각 답장하지 않으면 여자친구를 잃을지도 모른다는 걱정을 해소해 주는 것이었다. 아들에게는 목숨보다 더 중요하게 '느껴지는' 일이었으니까.

그렇다면 '아들이 문자 보내는 진짜 이유는 무엇인가'라는 질문의 답이 나왔다. 그리고 스토리의 힘으로 바꿔 줘야 할 잘못된 믿음이 무엇인지도 알 수 있었다. 그런데 한마디 보태자면, 우리 어른들도 그런 잘못된 믿음에 빠져 있는 건 마찬가지다. 청소년 자녀들이 운전 중 문자 보내는 이유로 그 밖에 많이 드는 것 중 하나가 부모들이 늘 그렇게 한다는 것

이니까.[8]

아니, 10대 남학생도 좋아하는 그녀에게 답장을 미룰 수 있다면, 우리도 상사에게 그럴 수 있어야 하는 것 아닐까? (그렇다, 사실 힘든 일이 맞다.)

이런 연습을 통해 상대방에 대한 공감도를 높일 수 있다. 앞의 시나리오에서 엄마는 운전 중 문자 보내는 아들이 곁으로 내세우는 이유 이면의 내밀한 사정을 들여다보고, 무엇을 잃을까 봐 두려워서 그러는지 알게 됐다. 동시에 아들의 불안과 갈망, 두려움을 느끼게 됐다. 자기도 특정 상황에서 딱 그런 기분을 느꼈던 기억이 떠오른 것이다. 인정하기 싫을 때도 있지만, 우리 모두는 서로 간에 닮은 점이 꽤 많다.

그럼에도 불구하고 일단 청중의 행동 이면에 있는 진짜 이유를 찾아내고 나면, 지적해 주고 싶어 몸이 근질근질할지 모른다. 자상하게, 정말 좋은 뜻에서, 네 믿음은 완전히 잘못됐다고 말해 주고 싶을 것이다. 그런 충동을 자제하고, 내 요점을 전하는 것은 스토리에 맡겨야 한다. 만약 앞의 상황에서 엄마가 나서서 이렇게 말했다면 어떻게 됐을까. "뭔가 놓칠 것 같은 그 기분 내가 안다. 베키 문자에 바로 답장해 줘야 할 것 같지? 그런데 사실은 말이지……." 이미 아들은 듣지 않고 있을 것이다. 엄마가 자기보고 이래라 저래라 하고 있으니까. 자기 상사도 아닌데 말이다(사실 어찌 보면 일종의 상사가 맞지만). 그래선 안 된다. 이제 곧 살펴보겠지만, 스토리를 통해 내 요점을 청중의 머릿속에 직통으로 넣어 주어야 한다.

스토리 생존 법칙 17

청중에게 당신의 믿음은 정말 잘못됐다고 말해 주고 싶은 충동을 자제하자. 요점을 전하는 것은 스토리에 맡기자.

퇴비 만들기 캠페인 재도전

앞의 퇴비 만들기 캠페인으로 돌아가서 청중의 잘못된 믿음을 정확히 짚어 보고, 거기에 비추어 우리가 해결해 줄 수 있는 문제가 있는지 생각해 보자.

우선 복습해 보자. 우리의 바람은 완다로 대표되는 목표 청중을 설득해, 다음 두 가지 방법으로 유기물을 뒷마당의 흙 속에 축적하게 하는 것이다.

- ◆ 음식물 쓰레기를 퇴비화하기
- ◆ 낙엽을 자루에 담아 치우지 말고 뒷마당에서 바로 멀칭에 쓰기

우리가 아는 완다는 기후 변화를 심각하게 걱정하고 있지만 실천할 수 있는 방법이 너무 다양해 막막한 느낌이다. 그래서 아마 실천하고 있는 게 거의 없을 것이다. 그러잖아도 사는 게 워낙 바쁘니까. 그러니 우리의 문제의식을 완전히 공감하고 우리의 요청을 열심히 들어주긴 하겠지만, 정작 실천은 내일로 미루고 모레로 미루다가······ 잠깐만요, 뭘 하라고 했던가요? 이렇게 될 가능성이 크다. 다시 말해, 매일같이 해야 할 일들이 워낙 끝이 없어서 뭔가 변화를 시도할 엄두가 나지 않는다. 더군다나 앞으로 세상이 더 살기 좋아진다는 막연한 약속에만 기대어 행동에 나서기는 어려운 일이다.

그러니 안 하던 부담스러운 일을 맡아 달라고 요청해서는 잘 될 가망이 없다. 그보다는 완다가 지금 이 순간 고민하고 있는 개인적인 문제에 주목해 보자. 완다는 목표 청중의 몽타주라고 할 수 있다. 많은 부모의 근심거리를 인터넷으로 조사하고, 얻어 낸 정보를 종합해 만든 인물이다. 따라서 우리는 완다의 현재 고민에 주목해 볼 수 있다. 우리의 조사에 따르면 완다 같은 부모들은 자녀들이 전자 기기를 너무 오래 붙잡고 있어서 걱정이다. 밖에서 가족과 함께 더 많은 시간을 보내면 자녀들에게 유익하다는 걸 알고 있다. 큰 비용 부담 없이 가족이 모두 함께 할 수 있는 활동을 찾고 싶지만, 자녀들이 워낙 학업 관련 일정이 빼곡해 사실상 시간이 없다.

어쩌면 완다가 안고 있는 문제의 원인이 되는 잘못된 믿음은 자녀들과 관련이 있을지 모른다. 완다는 자녀들이 앞으로 사람 살기 어려운 세상에서 살게 될까 봐 걱정하고 있다. 자녀들과 밖에서 더 시간을 많이 보내고 싶은 마음은 굴뚝같지만, 놀기 위해 시간을 따로 낸다는 게 좀 멋쩍은 느낌이다. 힘든 세상을 잘 살 수 있게 준비시켜야 할 일들이 워낙 많으니까. 21세기에 살아남고 성공하기 위한 기술을 습득하는 데 놀이는 도움이 되지 않는다는 생각이다.

하지만 도움이 된다면? 우리가 요청하는 행동이 놀이처럼 '느껴지게' 해 보면 어떨까?

그러려면 '우리가' 무엇을 원하는지 좀 더 정확히 정의해야 할 것 같다. 우리의 목표는 더 많은 사람이 음식물 쓰레기를 퇴비화하고 뒷마당 텃밭에서 낙엽 멀칭을 하게 하는 것이었다. 그런데 누구나 텃밭을 가꾸지는 않는다(특히 완다 같은 경우는 워낙 일과가 빽빽하니 텃밭 일을 전혀 하지 않을 수도 있다). 하지만 누구나 기후 변화 대항에 힘을 보탤 수는 있다. 집 마당에 떨어진 낙엽을 매립 쓰레기로 버려지지 않게 하는 것만으로도 토질 개선, 열섬 현상 완화, 탄소 포집 등에 기여할 수 있다. 그 일을 재미있게 할 수 있는 방법이 있을까?

어떻게 하면 완다가 우리의 행동 요청을 따를 때 현재 자신이 고민하고 있는 문제의 해결에 도움이 되게 할 수 있을까? 우린 그 방법을 찾아야 한다. 캠페인의 목표를 이렇게 잡으면 어떨까? 완다가 낙엽을 자루에 담아 쓰레기로 버리지 말고 인근의 텃밭 가꾸기 연대에 기부하게끔 유도하는 것이다. 온 가족이 함께 할 수 있는 활동이기도 하고, 무엇보다 중요한 핵심은 거창한 문제를 놀이처럼 공략한다는 것이다. 가정에서 실천할 수 있는 기후 변화 대항 방안이라며 자녀들에게 따분한 정보만 잔뜩 주입하는 여느 과외 활동과는 다르다. 실제로 경험할 기회를 주는 거니까. 자녀들을 모두 참여시킬 수 있고, 전자 기기에서 눈을 떼고 밖으로 나가게 할 수 있고, 일종의 동료 의식과 목적의식을 느끼게 해 줄 수 있으며, 공동체와의 유대도 강화할 수 있다. 그뿐인가. 낙엽 더미에 몸 던지기는 또 얼마나 재미있나?

잘못된 믿음 아이들 과외 활동 수를 늘리면 아이들도 힘들고 나도 힘들고, 그러잖아도 할 일이 태산인데 일만 하나 더 늘지. 아이들이 놀 시간이 전혀 없지만, 요즘 세상이 원래 그러니 어쩌겠어.

진실 아이들과 함께 낙엽을 긁어모으고 자루에 담아 인근의 텃밭 가꾸기 연대에 가져다주는 단순한 작업도 얼마든지 훌륭한 과외 활동이 될 수 있어. 마치 놀이처럼 느껴지는 장점도 있고.

깨달음 시간은 낼 수 있어. 낙엽은 안 그래도 어차피 치워야 하는 것인데, 이제는 목적의식을 갖고 할 수 있겠어. 기후 변화 대항을 위해

비록 작은 일이나마 내가 아이들과 함께 실천하고 있다는 느낌이 들고. 게다가 아이들에게 환경 보호와 시민 의식, 자연 및 이웃과 교감하는 법을 가르쳐 줄 수 있어.

변화 어쩌면 동네 사람 모두 참여하게끔 설득해 볼 수도 있겠어. 그리고 어쩌면, 그냥 해 보는 생각이지만, 뒷마당에 텃밭을 한번 가꿔 볼 수도 있겠어. 그 정도 시간은 날 것 같아. 아이들이 관심만 보여 준다면······.

문제가 해결됐다. 그리고 혹시 알아차렸는가? 우리가 처음에 완다에게 요청하려고 했던 것 중 하나는 쏙 빠졌다. 그렇다, 음식물 쓰레기로 퇴비 만들기다. 물론 그것도 중요하다. 하지만 그것으로는 완다가 고민하고 있는 문제를 해결해 줄 수 없었다. 아이들에게 퇴비화 작업을 도와달라고 하면 너무 '일'처럼 생각될 테고, 아이들은 퇴비통보다는 전자 기기 앞으로 쪼르르 내뺄 것이다. 다시 말해, 청중에게 행동 변화를 설득할 때는 부모가 자녀를 설득할 때와 똑같은 요령이 필요하다. 즉, 대결할 종목을 잘 골라야 한다.

이제 여러분은 스토리로 바로잡아 줄 잘못된 믿음을 찾아내야 한다. 그러고 나면 그다음 단계는, 스토리가 전달할 포인트를 정확히 잡는 것이다. 그 포인트는 청중의 마음에 와닿아 잘못된 믿음을 일깨우는 동시에, 여러분의 요청을 따를 때 오는 이득을 비로소 깨닫게 해 줘야 한다.

실전 문제

이제 여러분 차례다. 조사한 내용을 토대로, 그 모든 사람을 대표하는 한 사람을 상상해 보자. 이름도 붙여 주자. 그러면 인물이 더 실제처럼 느껴진다.

조용히 앉아 그 사람의 머릿속으로 들어가 보자. 그 사람의 생활상을 그려보고, 바람과 우려를 구체적으로 상상해 보자. 그런 다음 여러분의 행동 요청을 거부할 만한 표면적 이유 하나를 놓고, 그 사람과 상상 속에서 대화를 나눠 보자.

상대방이 대답할 때마다 "왜요?" 또는 "그래서요?"라고 되물으면 된다. 여러분의 행동 요청이 상대방의 세상 보는 관점과 부딪치는 지점을 찾아보라. 그런 다음, 지금까지 목표 청중에 대해 알아낸 모든 정보에 비추어, 다음 질문의 답을 열심히 찾아보라.

◆ 청중은 어떤 잘못된 믿음 때문에 내 행동 요청에 따르지 않을까? 여러분의 스토리를 통해 청중에게 재고시킬 믿음이 무엇인지 정확히 짚어 보라.

◆ 청중이 '이미 안고 있는' 문제 중 내가 요청하는 행동으로 해결될 수 있는 것은?

8강

냅킨 한 장으로
끝내라

**"인간의 정신은 논리 처리 장치가 아니라
스토리 처리 장치다."**[1]
● 조너선 하이트, 사회 심리학자

세상을 놀라게 한 획기적인 아이디어 중에는 냅킨 한 장에서 시작된 게 많다고 한다. 냅킨 뒷면에 끄적인 스케치 또는 몇 마디 문구에서 저가 항공사 사우스웨스트항공, 경제학의 '래퍼 곡선', MRI 촬영, 애니메이션 〈니모를 찾아서〉 등이 탄생했다고 전해진다.[2] 그런 탄생 비화의 사실 여부를 떠나, 코딱지만 한 냅킨이 간결한 요점을 이끌어 내는 힘이 있는 걸 보면 참 재미있다는 생각이 든다.

하지만 막 떠오르는 아이디어를 냅킨에 끄적인 다음 키워 나가는 것과, 거창한 아이디어를 간결한 몇 마디로 축약하는 것은 굉장히 다른 일이다. 우리가 지금부터 할 일은 냅킨에서 출발하는 게 아니라 냅킨으로 끝내는 것이다. 훨씬 더 강력한 방식이다. 간단하면서 엄청나게 심오한 결과물을 창조해 낼 수 있는 방법이다.

그게 우리 목표다. 지금까지 청중의 세계관에 대해 알게 된 정보를 바탕으로 스토리의 핵심을 딱 하나의 포인트로 압축하는 것이다. 우리가 아무 말을 하지 않아도 청중이 스토리의 포인트를 인식함과 동시에 우리 요청에 따르고 싶은 유혹을 느끼게 해야 한다.

이렇게 질문을 던져 보자. 내 스토리의 포인트, 즉 요점은 무엇인가?

물론 논리적 포인트라면 지금 당장이라도 똑 부러지게 제시할 수 있겠지만, 그걸 말하는 건 아니다. 그건 '여러분의' 포인트다. 그걸 열렬히 전파하고 싶은 마음은 충분히 이해가 된다. 하지만 여러분이 들려줄 '스토리의' 포인트는 다른 개념이다. 여러분의 스토리는 '청중의' 주관적 논리에 기대어 잘못된 믿음을 흔들어야 한다. 그렇게 해야 스토리의 포인트가 청중의 마음에 와닿고, 동시에 청중은 자신의 믿음이 잘못됐음을 깨닫는다.

스토리의 포인트는 바로 그 '깨달음'이다. 사실도 아니고, 숫자도 아니다. 스토리 속에서 직접 언급되지도 않는다. 논설, 토론, 칼럼 같은 경우는 요점을 명시적으로 밝힌다. 반면 스토리는 요점을 암묵적으로 전한다. 아닌 게 아니라, 청중은 여러분이 아무 요점을 전하고 있지 않다고 생각할 가능성이 높다. 결론을 자기 스스로 내리게 될 테니까. 우리가 그 결론 쪽으로 치밀하게 유도한 건 모를 것이다.

청중은 스토리 속으로 들어가 어떤 '경험'을 함으로써 자연히 스토리의 포인트를 인식하게 된다. 그러면서 우리의 주장이나 제품이나 서비스가 왜 자신에게 이익이 되는지 느끼게 된다. 이익은 외적인 것에 그치지 않는다. 가령 '이 치약을 쓰면 이가 반짝반짝 빛난다' 같은 것뿐 아니라, 내적인 이익도 있다. 이를테면 '나의 반짝이는 미소 덕분에 사무실이 환해지고, 내가 남들 앞에서 느끼는 어색함과 불편함은 아무도 눈치채지 못한다' 같은 것이다.

이 강에서는 먼저 우리의 스토리가 전달할 구체적 포인트를 결정한 다음, 그 포인트를 확실히 심어 줄 감정을 바로 찾아 나설 것이다. 우리가 물어야 할 질문은 이것이다. 내가 전달하려는 '포인트'와 관련해 청중에게 어떤 '감정'을 불러일으켜야 그 둘을 하나의 기억으로 똘똘 묶을 수 있을까? 그래야 청중의 뇌는 앞으로의 참고를 위해 그 기억을 보관하려할 것이다.

현실에 안주하고 있던 청중을 당장 행동하게 만드는 것은 바로 그 '감정'이다. 예를 들어, 나이키의 슬로건 "Just Do

It!(그냥 해!)"은 들을 때마다 정신이 번쩍 난다. 내가 단연 가장 좋아하는 슬로건이다. 모든 일이 내 손안에 있다는 '느낌'을 준다. 그 구호를 외치면 내 머릿속에서 구시렁대는 목소리를 한번에 잠재울 수 있다. 이런 식으로 말이다. "그래 그래, 몇 분만 더 자면 딱 좋겠지. 바깥 날씨는 춥고. 하지만 해야 하는 것 알잖아. '그냥 해!'" 그 덕분에 수많은 달콤한 선택지들은 달리기를 피할 구실에 지나지 않음을 한번에 꿰뚫어 보고, 힘들지만 결과적으로 가장 큰 만족감을 줄 행동에 나설 수 있다. 아닌 게 아니라, 힘들면 힘들수록 하고 나면 만족감은 더 크다. (참고: 사실 꾸며낸 이야기다. 나는 달리기를 안 한다. 하지만 어느 정도는 그 슬로건 덕분에 내가 지금 자리에 앉아 이 글을 쓰고 있다. 마음은 이메일도 확인하고 싶고, 밀린 세차도 왠지 하고 싶지만……)

따라서 다음과 같이 나눠서 생각할 수 있다.

- 청중이 무언가를 전과 다르게 '느끼게' 하여
- 무언가를 전과 다르게 '보게' 하고
- 무언가를 '하고' 싶게 만든다.

잘못된 믿음에서 벗어난 청중은 이제 사물을 있는 그대로 볼 수 있다. 올웨이즈 광고 영상에 나왔던 여성들이 '여자애처럼'이 폄하하는 표현임을 깨닫고 그 의미를 재정립하기로 마음먹은 것이 바로 그 순간이었다. 영상의 포인트는 다음과 같았다. '기존의 사회적 관습이 당신을 옥죄고 있고, 당신은 이에 맞설 힘이 있으며, 우리는 당신 편이다.' 지친 여행객들이 모텔6 이용자는 인색한 사람이 아니라 현명한 사람임을 깨달은 것도 바로 그 순간이었다. 거기서 포인트는 이것이었다. '검소하다는 것은 미덕이 맞고, 당신의 검소한 선택을 돕기 위해 우리가 기다리고 있겠다.'

청중들은 그러한 깨달음과 함께 자신이 처한 상황을 새로운 관점에서 바라보면서 이전과 전혀 다른 의미로 해석할 수 있게 됐다. T. S. 엘리엇도 이런 말을 하지 않았는가. "탐험의 끝은 출발점으로 되돌아와 그곳을 비로소 처음으로 보는 것이다."[3]

이렇게 스토리를 통해 청중은 굴레에서 벗어나 우리가 전달하는 포인트가 옳다는 것을 느끼게 된다. 그 포인트는 '내 주장, 내 제품, 내 이상이 이렇게 당신을 도울 수 있다'라는 것이고, 여기서 '이렇게'는 우리가 찾아낸, 청중이 우리의 행동 요청에 응할 때 얻게 될 이익이다.

지금 단계에 와서는 그 이익이 우리가 처음에 예상했던 것과 많이 달라져 있을 수도 있다. 이를테면 이런 식이다. "우리 후보자가 유권자들에게 가져다줄 가장 중요한 이점으로 기후 변화 대항을 위해 불철주야 일하리라는 점을 꼽았던 내가 생각이 짧았네. 유권자들이 정작 관심을 둔 이점은 지역 산업 부흥인데 말이야."

우리의 스토리는 가장 첫 단어 또는 가장 첫 이미지부터 시작해 매우 명확하고 구체적인 핵심 포인트를 향해 시종일관 나아가게 된다. 물론 그 과정은 이면에서 이루어진다. 스토리는 트로이의 목마와도 같다. 속에는 메시지를 품고, 겉으로는 우리를 태우고 달린다. 그리고 일단 말려들면 헤어날 수 없다. 아무리 이 스토리가 내게 어떤 감정을 일으킬 셈이구나 하고 인지한다 해도, 그 포인트를 거부하기란 거의 불가능하다. 우리가 현실에서는 정말 괴로운 일이 닥쳤을 때 눈물을 꾹 참을 수 있어도, 무설탕 껌 광고를 보고는 펑펑 우는 이유가 그것이다.

한마디로, 내가 늘 즐겨 하는 말이지만, 우리 뇌에는 스토리 본능이 장착되어 있다. 우리는 스토리에 폭 빠지면 정신을 못 차린다.

그런 사례를 하나 살펴보겠다.

사례   엑스트라 껌

'세라와 후안 이야기'라는 제목의 2분짜리 영상은 두 남녀가 사랑을 만들어 가는 과정을 그리고 있다.[4]

두 사람의 만남은 고등학교 시절 세라가 후안에게 '엑스트라 Extra' 껌 하나를 건네 서먹한 분위기를 깨면서 시작된다. 두 사람은 그 후 10년 동안 관계를 유지하며 그동안 말 못할 힘든 시기도 겪지만, 늘 껌 하나를 (때로는 화해의 제스처 삼아) 내밀며 마음을 주고받는다. 하지만 세라는 후안이 껌 종이마다 안쪽 면에 그림을 그려가며 모으고 있다는 사실을 모른다. 마지막 장면에서 세라가 텅 빈 미술 전시실에 들어가 보니, 그 모든 껌 종이가 하나씩 액자에 담겨 벽에 걸려 있다. 종이마다 후안이 그동안 둘이 함께 나눴던 순간들을 소박한 그림으로 그려 놓았다. 그런데 마지막 종이에는 아직 겪어 보지 않은 장면이 그려져 있다. 후안이 한쪽 무릎을 꿇고 청혼 반지를 들고 있는 그림이다. 놀란 세라가 손으로 입을 틀어막고 눈물을 글썽거린다. 뒤를 돌아보니 후안이 바로 그 자세를 하고 다정하게 쳐다보고 있다. 와, 이 글을 쓰면서도 난 엉엉 울고 있다. (이 영상이 2015년 10월 8일에 온라인에 공개된 후 일주일 만에 유튜브에서 700만 뷰, 페이스북에서 7800만 뷰를 기록하고 110만 회 공유된 것도 놀랍지 않다.[5])

그래서 이 광고 영상의 포인트는 무엇일까? 표면적으로는 그저 세라와 후안이 껌 하나를 주고받으며 만났을 때부터 10년간 모은 껌 종이를 활용한 프러포즈에 이르기까지 두 사람의 관계 변천사를 보여 준 것뿐인데?

포인트는, 보잘것없는 껌 하나도 일생 동안 관계를 끈끈하게 맺어 주는 매개체가 될 수 있다는 것이다. 껌이 바로 두 사람을 하나로 이어 주는 접착제다(어린이는 집에서 따라 하지 말자). 껌은 하찮고 무의미하며 그야말로 한 번 쓰고 버리는 물건이라는 청중의 잘못된 믿음에 대항하는 관점이다.

이 영상이 불러일으킨 감정은 무엇이었을까? 기쁨이다. 엉엉 울고 싶어지는 기쁨. 대놓고 낯간지러운 이야기인 걸 '다 알면서도' 그런 감정이 드는 걸 어쩔 수 없다. 메시지는 분명하다. 우리를 언제까지나 하나로 이어 주는 것은 사랑 '그리고' 껌이라는 것. 이 광고의 행동 요청은 엑스트라 껌을 사라는 것인데, 그 행동 요청을 기쁨이라는 아주 강력한 감정에 솜씨 좋게 딱 붙여 놨다. 껌이라면 보통 신발 바닥이나 교실 책상 밑에 붙어 있지만 그보다 훨씬 바람직한 곳에 붙여 놓은 것이다.

올웨이즈 광고의 경우는 광고할 제품을 단 한 번도 언급하거나 보여 주지 않았지만, 이 광고는 시종일관 자기들이 요청하는 행동을 암시하고 있다. 엑스트라 껌이 처음부터 끝까지 계속 등장하고 있고, 또 우리는 이런 광고를 한두 번 본 게 아니기에, 세라가 후안에게 처음 껌을 건네는 순간 벌써 우리더러 어떻게 하라는 건지 '너무 잘 안다'. 당연히 자기들 껌을 사라는 것이다. 하지만 우리는 저항감을 느끼지 않는다. 스토리가 워낙 우리의 본능을 끌어당기는 바람에 껌이 문학 용어로 시각적 은유가 되어버리기 때문이다. 그래서 껌이 나올 때마다 유치한 광고 물건으로 보이지 않고, 온갖 역경에도 불구하고 후안과 세라를 한데 묶어주는 영원한 사랑의 상징으로 보인다.

내게 오직 하나뿐인 그대…… 가 아니라 포인트

여러분이 만들 스토리의 포인트를 찾아 나서기 전에 당부드릴 것이 하나 있다. 아무리 좋은 후보감이 많아도 스토리의 포인트는 딱 하나여야 한다. 중요한 원칙이지만 어기고 싶은 유혹이 들 수 있다. 아무리 청중의 관념이 여러 가지 이유로 잘못되었고 그 관념을 똑 부러지게 반박할 포인트를 수없이 제시할 수 있다 해도, 꼭 지켜야 할 원칙이다.

예를 들어 껌이란 하찮은 것이고 껌 씹는 사람은 왠지 수준이 낮아 보인다는 관념을 불식하기 위해서는 스토리의 재료로 삼을 만한 것이 많다. 껌을 씹으면 식욕이 억제된다, 스트레스가 줄어든다, 기억력이 높아진다, 치아 건강에 좋다, 금연에 도움이 된다, 입 냄새가 줄어든다, 수술 후 장 기능 회복에 도움이 된다 등……[6] 정말 많다. 내가 지어낸 게 아니라 다 연구로 증명된 효과들이다.

여러분도 아마 생각만 해 보면 스토리의 포인트로 삼을

만한 근사한 후보감이 수두룩하게 떠오를 것이다. 그리고 생각나는 대로 족족 다 마음에 들 것이다. '다 맞는 말이니까!'

그럼 도대체 어떻게 하나만 딱 고를까? 뭐 포인트 두세 개 정도는, 아니 잘하면 네 개 정도는 슬쩍 끼워 넣어도 되지 않을까. 포인트가 네 개면 하나일 때보다 더 낫지 않을까?

그렇지 않다.

우리의 청중이 '만인'이 될 수 없는 것처럼, 우리의 스토리도 청중이 저항할 만한 모든 이유를 다 공략할 수는 없다. 그러면 논점만 흐려질 뿐이다. 그리고 청중은 우리의 포인트가 대체 뭔지, 아니 포인트가 있기는 한지 종잡을 수 없게 된다.

스토리 생존 법칙 18

아무리 좋은 후보감이 많아도 스토리의 포인트는 딱 하나여야 한다.

우리 뇌는 스토리를 만나면 그 속에 뭔가 유용한 교훈이 있을 거라고 기대하게 되어 있다. 우리가 세상을 살아가는 데 도움이 되는 어떤 포인트가 있으리라 예상한다. 스토리가 할 일은 그런 포인트를 제시하는 것이다. 우리는 모든 것이 그 하나의 포인트를 향해 우리를 이끌면서, 종국에는 그 포인트를 뒷받침해 주리라고 예상한다. 가는 도중에는 그 종착점에 어떤 포인트가 놓여 있는지 잘 모를지라도 상관없다. 우리를 혹하게 하는 것 중 하나는 궁금증이니까. 이게 도대체 어떻게 끝날까? 어디로 가는 걸까? 그런 생각 때문에 우리는 관심을 놓지 못한다. 하지만 그러려면 판이 차곡차곡 쌓여가야 한다. 그러지 않고 스토리가 갈지자로 횡보하면서 이 포인트 저 포인트를 산만하게 제시한다면, 우리는 방향 감각을 잃는다. 그렇게 되는 건 순식간이다.

이런 장면을 생각해 보자. 부산스러운 친구 한 명이 다가와서 자기 딴에 재미있는 이야기를 열심히 늘어놓는다. "와, 나 오늘 회사에서 무슨 일 있었는지 알아? 우리 부장님이 책상에 펄쩍 뛰어 올라가서 탱고를 추다가 문을 박차고 달려 나가더니 택배 기사하고 꽝 부딪친 거야. 박스가 와르르 바닥에 떨어졌지. 내가 가서 줍는 걸 도와주려고 하는데 그때 내 룸메이트가 전화 와서는, 오늘 밤에 안 들어온다는 거야. 그러고 보니 생각났는데 고양이가 집을 나갔어. 옛날 97년에 우리 그 파티에서 들었던 노래 가사처럼. 그런데 네 사촌 동생 그날 우리랑 같이 놀지 않았던가? 걔 참 재미있었는데." 여러분은 고개를 끄덕이고 미소를 지으며 듣고 있지만, 속마음은 친구를 쥐어흔들면서 이렇게 묻고 싶다. "이 얘기를 나한테 왜 하는 거야? '말하려는 포인트'가 뭐야?"

스토리의 포인트란 곧 스토리의 방향을 끌고 가는 나침반이라고 생각하자. 물론 우리가 종착점으로 삼은 포인트를 보조하기 위해 다른 포인트를 제시할 수도 있다. 예를 들어 세라와 후안이 첫 키스를 하려고 서로 다가가던 중 세라가 껌 하나를 건넨다(그때 우리는 '와 적절하네, 입에서 화한 민트 향이 나겠어' 하고 생각한다). 그건 두 사람의 스토리가 흘러가는 방향에서 여전히 벗어나지 않는다. 딴 길로 빠지는 곁다리 포인트가 아니다. 가령 세라가 그때 후안에게 자기 삼촌이 담낭 수술 후 회복하는 데 껌이 도움이 많이 됐다고 말했다면 문제가 되겠지만.

좋은 소식은, 스토리의 포인트를 딱 하나로 압축한다면(상대의 입장에서 가장 큰 이익이 무엇이며 어떤 잘못된 믿음 때문에 그 이익을 깨닫지 못하는지를 잘 생각해서), 우리 제안에 대해 청중이 느끼는 감정을 스토리로 '온전히' 좌우할 수 있다는 것이다.

얘기가 나왔으니 마지막으로 하나 당부드리겠다. 어떤 사람들은 여러분의 스토리를 듣고 짜증, 불쾌함, 불편함 등을 느낄 수도 있다. 좋은 현상이다. 앞에서 우리의 청중이 '아닌' 사람이 누구인지 생각해 봤다. 그 사람들은 우리가 무슨 말을 해도 한마디도 마음에 들지 않을 수 있다. 그렇다면 우리가 일을 제대로 한 것이다. 이솝 우화에 나오는 명언 그대로다. "만인을 만족시키려다가는 아무도 만족시키지 못한다."

아닌 게 아니라, 스토리는 모가 나면 날수록, 다시 말해 애매하게 얼버무리거나 수위를 낮추지 않고 청중을 과감하게 옹호하면 할수록 더 좋다. 그렇게 할 때 청중에게 확실한 신호를 보낼 수 있으니까. 우리가 청중의 뒤를 든든히 봐주고 있고, 우리 신념은 확고하다는 것이다. 우리는 기꺼이 취약해질 용의가 있다는 것이다. 우리는 스스로 위험을 감수함으로써, 그들 집단의 일원이며 그들 집단에 충성함을 입증한 셈이다. 그렇게 되면 그들도 우리에게 충성하고 싶은 마음이 생기고, 그러면 그 무엇보다 강력한 SNS, '입소문'이 발동된다.

내가 전하려는 포인트 잡기

이제 그 포인트를 잡아 보자. 청중의 잘못된 믿음을 격파하고 우리가 주는 이익을 청중에게 일깨울 하나의 포인트는? 예를 들어, 10대 자녀가 운전 중 문자를 보내지 않게 하려는 어머니의 입장에서 한번 생각해 보자. 앞에서 알아봤듯이, 우리 스토리가 격파해야 할 잘못된 믿음은 이것이다. "내가 문자에 바로 답장을 하지 않으면 '틀림없이' 뭔가 안 좋은 일이 일어날 것이다. 사고가 날 가능성은 희박한 반면, 그건 확실한 사실이다."

설령 사실이 아니라 해도 꼭 그렇게 '느껴지는' 것이 문제다.

그렇다면, 포인트를 어떻게 잡을 수 있을까? 아들로서는 문자에 즉각 답장을 하지 않으면 사회적으로 매장될 것 같은 '느낌이' 들긴 하지만, 사실 그렇게 되지는 않을 것이다. 하지만 아들이 그렇게 느끼는 것을 탓할 수는 없다. 누구나 신속히 답장하는 게 좋을 것 같은 불안감이 들 때가 있지 않은가? 빨리 답하지 않으면 친구가, 아니면 상사가, 이번에 놓치면 평생 다시 기회가 없을, 진짜 정말 엄청나게 좋은 일을 다른 사람에게 넘길지도 모른다는 불안감 말이다. 물론 그런 일이 아주 없진 않겠지만 그보다는 복권에 당첨되는 게 빠를 것 같다. 우리가 답을 찾아야 할 질문은 이것이다. 혹시 모르니 휴대 전화를 일단 확인해 보고 싶은, 그 강력한 충동을 누를 수 있는 것은 무엇일까?

우리의 스토리는 바로 그것을 드러내 주어야 하니까. 바로 답장하는 것보다 더 중요한 것은 무엇인가? 그 답은 자명하다. 우리 목숨을 지키고 남의 목숨도 지키는 것이다. 안전한 곳에 차를 완전히 세운 다음에 휴대 전화를 들여다본다고 해서 진짜 나쁜 일이 일어날 확률은 거의 0 아니겠는가.

자, 그게 우리의 포인트다. 하지만 그걸 그대로 말할 수는 없다. 상대가 그 점을 '느끼게' 해 주어야 한다.

감성적 포인트에 의미를 싣자

우리 목표는 청중에게 무언가 느끼게 해 주는 것이라고 했다. 감성적으로 청중을 끌어당겨야 스토리에 힘이 생긴다. 비단 스토리만 그런 것은 아니다. 그러나 우리가 지금까지 많은 논의를 했음에도, 여전히 감정을 두루뭉술한 개념으로 생각하기가 쉽다.

그래서 청중에게 어떤 감정을 느끼게 해 줄까 고민하다 보면, 손쉬운 목표를 추구하고 싶어진다. 청중에게 사랑을, 또는 두려움, 아니면 행복감을 느끼게 해 주자. 겁을 잔뜩 주면, 바로 햄버거를 끊고 지구 살리기에 동참하겠지. 이런 식이다. 문제는, 그런 감정은 어떤 특정한 변화의 실천 욕구와 함께 묶어 주지 않는 한 금방 증발해 버리고 만다는 것.

그뿐이 아니다. 심지어 청중을 엉뚱한 방향으로 엇나가게 만들 수도 있다. 급속한 기후 변화가 몰고 올 대재앙 이야기로 청중을 잔뜩 겁주면, 아마 청중은 힘을 얻기는커녕 무력감을 느끼게 될 것이다. 아니, 이야기를 듣고 집에 돌아와서는 워낙 가슴이 답답해 온수 샤워를 펑펑 하고 한 시간 거리의 음식점에서 간식을 주문해 스티로폼 용기에 배달받아 먹을

지도 모른다. 아이러니도 그런 아이러니가 없을 것이다.

그런 '뭉텅이' 감정은 마치 강력하면서도 단순한 것처럼 '느껴진다는' 게 문제다. 실상은 그렇지 않다. 그런 감정은 단순한 것처럼 보이지만 얄팍할 뿐이다.

단순한 것과 얄팍한 것의 차이가 뭐냐고?

단순하다고 하면 간결한 결론 이면에 그것을 뒷받침하는 여러 층이 존재함을 시사한다. "Just do it"은 단순하다. "여자애처럼"도 단순하다. "당신을 위해 불을 켜놓겠다"도 단순하다. 위의 슬로건들은 하나같이 목표 청중의 구체적이고 복잡한 내적 서사를 활용해 흡인력 있는 스토리를 들려주고 있다.

얄팍한 것은 층 자체가 존재하지 않는다. 파고 들어갈 깊이가 없다. 타임워너Time Warner의 슬로건 "Enjoy Better"는 얄팍하다. 더 잘 즐기라니, 뭘? 그 비교 대상이 뭔가? "더 잘"이란 게 뭘 말하는 건가? 버거킹의 슬로건 "Be Your Way"도 얄팍하다. 문법적으로도 갸우뚱하게 하는 건 덤이다. 아이러니하게도 훨씬 더 효과적이었던 이전 슬로건 "Have It Your Way(고객 마음대로)"를 버리고 택한 게 이 슬로건인데, 그 이유를 버거킹의 글로벌 브랜드 관리 총괄 퍼낸도 마차도Fernando Machado는 이렇게 말했다. "단순히 기능적인 역할을 했던 과거에서 벗어나 더욱 강력하게 감성에 호소하는 브랜드로 발돋움하고자 한다."[7] 안타깝게도 결과적으로 버거킹이 호소한 감정은 '알쏭달쏭함'이었다. 그리고 마지막으로 내가 가장 좋아하는 나쁜 사례가 있다. 전미돈육협회의 "돼지고기여, 영감을 받으라Pork, Be Inspired"다. 어찌나 어이없을 정도로 말이 안 되는 문구인지 나는 그걸 보면 놀려먹을 영감만 떠오른다.

세 슬로건 모두, 앞에 말했던 부산스러운 친구의 이야기를 듣는 것 같은 느낌이다. 쥐어흔들면서 묻고 싶어진다. "말하려는 포인트가 뭐야?" 알 길이 없다.

그래서 우리는 일단 청중에게 불러일으킬 감정을 구체적으로 결정하고 나면, 그 감정을 우리가 전하려는 포인트와 하나로 묶어 줄 스토리를 만들어야 한다. 이 점은 아무리 강조해도 지나치지 않다. 우리 목표는 청중에게 그저 어떤 감정을 일으키는 것이 아니다. 청중이 우리의 포인트를 생각할 때 '저절로' 그 감정이 떠오르게 해야 한다.

스토리 생존 법칙 19

스토리의 목표는 청중에게 그저 어떤 감정을 일으키는 것이 아니다. 청중이 우리의 포인트를 생각할 때 어떤 구체적인 감정이 저절로 떠오르게 해야 한다.

다시 말해, 그 포인트 자체가 그 감정을 불러일으키게 된다. 청중은 거기에서 뭔가 의미를 느끼면서, 그 교훈을 '자기' 스토리의 일부로 삼게 된다.

사실 청중이 자기 자신에게 들려주는 스토리가 무엇인지 알면, 단 두 단어로도 스토리를 만들 수 있다. 청중이 그 두 단어에 어떤 감정을 부여할지, 더 나아가 어떤 의미와 어떤 포인트를 부여할지 이미 명백하다면, 나머지 빈 곳은 청중 내면의 서사가 알아서 채워주게 되어 있다. 2009년에 정치인 세라 페일린이 활용했던 전략이 그랬다. 페일린은 오바마 정부의 의료보험 개혁안이 통과되면 이른바 '사형 배심원death panel'이 생길 것이라고 주장했다. 페일린의 지지자들은 연방 정부가 쓸데없는 짓만 벌인다고 굳게 믿는 사람들이니, 그들에게 그 두 단어는 강렬한 이미지를 불러일으키리라는 것을 페일린은 직감적으로 알고 있었다. 얼굴 없는 정부 관리들이 나의 사랑하는 할머니나 많이 아픈 아기를 두고 생산 능력이 없으니 값비싼 치료를 받을 자격이 없다고 판정하는 이미지였다. '모든 사람이' 중요시하는 가족, 신의, 약자의 보호 같은 가치에 정면으로 역행하는 생생한 이미지다. 그러니 그 '사형 배심원'이라는 것이 팩트 체킹 웹 사이트 폴리티팩트에서 '올해의 거짓말'로 선정할 정도의 허구라는 사실은 아무 상관이 없었다.[8] 그 스토리는 사람들의 머릿속에 꽂혔다. 아무 설명도 없을 필요가 없었다.

이제 답을 찾아야 할 질문은 이것이다. 어떤 느낌, 어떤 감정이 청중의 저항을 뚫을 수 있을까? 동성애자인 인디애나 주 사우스벤드의 피터 부티지지 시장은 재선 캠페인 중 보수 성향의 지역구 주민들에게 커밍아웃했던 자신의 결정에 대해 후에 이렇게 말했다. "내가 그때 배운 교훈은, 신뢰를 보내면 신뢰로 보답받을 수 있다는 것 그리고 승리할 능력과 승리할 자격의 일부는 '승리보다 내게 중요한 가치가 무엇인지 아느냐'에 달려 있다는 것이다."**9** 여러분의 청중에게 자신의 잘못된 믿음보다 더 중요한 가치는 무엇일까? 자신의 현재 행동보다 더 중요한 가치는 무엇일까?

부티지지는 자신의 취약점을 드러내고 자신의 진정한 모습을 보여 주는 용기를 발휘했다. 그리고 그 과정에서 보편적 가치인 사랑을 언급했다. 자신이 커밍아웃한 이유는 '사랑한다는 것이 어떤 느낌인지 모르는 채로' 인생을 살고 싶지 않았기 때문이라고 했다. 그는 두루뭉술한 뭉텅이 감정에 호소하지 않았다. 사랑을 경험하지 못하는 아픔을 이야기함으로써, 사람들에게 사랑하는 이가 없는 인생은 어떤 느낌일지 상상해 보게끔 했다. 그 사랑이야말로 선거에 당선되는 것보다 자기에게 더 중요한 가치라고 말했다. 우리도 모두, 그 말이 사실이길 바라지 않는가? 그런 믿음을 가진 사람이 당선

되기를 바라지 않는가?

부티지지는 80퍼센트의 득표율로 당선됐다.

사례   운전 중 문자 보내기 근절 캠페인

운전 중에 문자 보내는 10대들 문제로 다시 돌아가 보자. 중요한 질문은 이것이다. 10대 청소년들에게 운전 중 문자를 해서 친구들의 대화에 끼는 만족감보다 '감성적으로' 더 중요한 것이 있다면, 그건 뭘까?

17세의 노아 더비코Noah DeVico는 바로 그 질문의 답을 찾아 나섰다. 10대들의 운전 중 문자 보내기 근절을 독려하는 짧은 영상을 만들어 CTIA 무선통신재단에서 주최하는 제5회 연례 '스마트 운전' 청소년 디지털 단편 콘테스트에 제출하기로 마음먹은 터였다.

청중의 감정을 파고들지 않으면 행동을 바꾸기는커녕 아무도 거들떠보지 않으리라는 것을 노아는 잘 알고 있었다. 그래서 일단 아주 간단한 질문에서 시작했다. "사람의 감정을 파고드는 건 뭘까?" 여기서 눈여겨볼 것이, "내 포인트를 전달하려면 어떤 감정을 파고들어야 할까?"가 아니라 훨씬 더 간단한 질문에서 출발

272

했다는 것이다. "감정을 확실히 불러일으킬 수 있는 게 뭘까?"를 고민했다. 그 생각을 하면서 무심코 집 뒷마당을 내다봤는데, 집에서 키우는 개 네 마리가 뛰놀고 있었다. '그래, 개가 있지. 개는 감정을 불러일으켜. 영화 속에 개가 나오면 관객들은 항상 응원하고, 개가 죽으면 눈물을 흘리지. 개는 누구나 관심을 갖는, 소중한 존재야.'

나도 최근에 개를 산책시키다가 생각하게 된 주제이기도 하다. 로스앤젤레스는 곳곳이 거의 그렇지만, 내가 사는 동네도 차가 엄청 많다. 러시아워에는 운전자들이 끊임없이 지름길을 찾으면서 내비게이션 앱이 아니었더라면 있는지도 몰랐을 주택가 길을 씽씽 질주한다(말하기 시작하면 입만 아프다). 우리가 산책하면서 지나다니는 어느 길은 운전자들이 특히 즐겨 이용하는 지름길이 되어버렸다. 모퉁이마다 정지 표지판이 있는데도 운전자들은 아랑곳하지 않았다. 그래서 주민들은 차들의 질주를 막으려고 집집마다 앞마당에 팻말을 세워 놓았다. 팻말에 적힌 문구는 이런 식이다. "서행해 주세요! 여긴 고양이가 사는 집입니다." "서행해 주세요! 여긴 개가 사는 집입니다."

나는 고개를 갸우뚱했다. 왜 그냥 "서행해 주세요! 여긴 '내가' 사는 집입니다"라고 하지 않았을까? 자신이 응당 누릴 자격이 있는 무언가를 나서서 요구하는 게 그렇게 두려웠을까? 굳이 꼭 개를 앞세워야 했을까?

노아와 직접 대화해 보고 나니 그 답은 명확했다. 개를 앞세울 필요가 있다고 했다. 그래야 질주하는 차들의 속도를 늦출 수 있다. 질주하는 운전자들조차도 연약하고 무고한 동물은 보호해 줘야 할 것 같은 기분이 들 테니까. 사람처럼 이래라 저래라 말하지 못하는 동물들 아닌가.

게다가 개들은 우리에게 안전감을 준다. 외적으로 지켜주는 것도 있겠지만 그보다는 내적으로 더 중요한 역할을 한다. 개가 낯선 사람의 공격으로부터 우리를 지켜줄 일이 얼마나 자주 있겠는가? 그런 일은 한 번도 없길 빌어야 할 것이다. 하지만 개는 매일같이 우리 자신으로부터 우리를 지켜준다. 우리 내면의 못된 목소리와는 달리, 개는 절대 우리에게 뚱뚱하다고 욕하거나 드라마 〈뱀파이어 해결사〉를 17번째 몰아 봤다고 해서 창피 주지 않는다. 우리가 슬플 때 절대 남의 편을 들지도 않고 약속이 갑자기 생각났다며 자리를 뜨지도 않는다. 개는 우리를 지금 이 순간 이 모습 그대로 사랑해 준다. 우리도 그런 개를 사랑해 주지 않을 수 없다.

개는 우리를 정서적으로 돌봐 주고, 우리는 개의 신체 건강을 돌봐 준다. 그런 생각을 하다가, 노아는 파고들 구체적 감정을 찾아냈다. 그것은 바로, 조건 없는 사랑이었다. 자신의 스토리 속에서 그러한 사랑을 상징해 줄 존재는 바로 개였다.

노아가 자신의 포인트를 확실히 심어 줄 방법으로 처음에 생각한 것은 청소년이 운전 중에 문자를 보내다가 개를 치어서 죽게 하는 내용이었다. 그러면 극적이고, 주의가 확 쏠리고, 보는 사람을 고통스럽게 할 것이다. 또 소기의 효과를 낼지도 모른다. 운전 중 문자 보내기 근절을 목적으로 만들어진 영상의 압도적 대다수는 누군가가―어린아이나 모르는 타인, 아니면 본인이―비극적으로 죽는 내용이다. 그럴 만한 것이, 운전 중 문자를 보내다가 중상을 일으키는 사고는 매년 33만 건이 일어나고, 그로 인해 하루에 11명의 10대 운전자가 사망한다.[10]

하지만 무서운 스토리로 충분하다면 문제는 벌써 해결이 됐어야 하지 않을까. 탈리 샤롯은 저서 《최강의 영향력》에서 이렇게 말한다. "우리 뇌는 보상을 예상할 때는 접근을 촉발할 뿐 아니라 행동을 유도해 낼 가능성이 높다. 반면 상실의 두려움은 무행동inaction을 유도할 가능성이 높다."[11]

기존에 만들어진 운전 중 문자 근절 관련 스토리는 대부분 상실에 관한 내용이다. 보상이란 전혀 보이지 않는다. 더군다나 그 스토리들은 위험에 처한 타인을 도우라고 요청하지 않는다. 우리 자신이 위험에 처하지 말라고 요청할 뿐이다.

노아는 포인트를 전달할 뭔가 다른 방법이 있을 것이라고 생각했다. 10대들이 싫어하는 게 있다면 누가 이래라 저래라 하는 것이다(우리도 모두 마찬가지지만). 무서운 스토리는 훈계하는 느낌이 든다.

노아는 그와는 다른 스토리를 들려주고 싶었다. 10대 청소년이 운전 중 문자하기의 유혹과 씨름하다가 자신에게 옳은 일을 선택할 능력이 있음을 자각하는 스토리를 떠올렸다. 노아의 선택은 현명했다. 최근 연구에 따르면, 선택하고자 하는 욕구는 인간의 뇌에 새겨져 있고 우리의 행복감에 없어서는 안 될 역할을 한다. 실제로 학술지 《인지과학동향》에 2010년 게재된 한 연구는, 선택권이 주어질 때 "보상 및 동기부여 처리에 관련된 신경 회로가 활성화된다"는 사실을 밝혀냈다.[12] 그러므로 상대방에게 어떤 행동을 하고 싶은 마음을 불러일으키려, 자기 스스로 선택을

내림으로써 통제감을 느낄 수 있게 해 줘야 한다.[13]

노아가 만든 영상은 한 여자 청소년이 해변에서 개와 노는 장면으로 시작한다.[14] 둘은 한눈에 봐도 너무나 친밀해 보인다. 시간이 훌쩍 지나 둘은 자동차로 향한다. 주인공은 개를 조수석에 앉히고 시동을 걸면서, 자연스럽게 휴대 전화를 집어 들고 누군가가 보낸 문자를 확인한다. 킥킥 웃으면서 답장을 보내고, 차가 도로로 접어드는 가운데 띵 하고 다음 문자가 오고, 또 킥킥 웃으면서 다음 답장을 보낸다. 신경은 온통 휴대 전화에 가 있고 운전은 뒷전인 모습이다. 그러는 가운데 개는 오로지 주인만을 바라보고 있다. 하지만 주인공은 눈길을 주지 않는다. 개는 참을성 있게 바라보고, 주인공은 자신을 향한 사랑의 시선을 전혀 모른 채 문자에만 몰두한다. 그때 개가 아주 작게 헐떡거리는 소리를 낸다. 왈왈 짖거나 깨갱 우는 소리가 아니었다. 숨을 한 번 내쉬었을 뿐이다. 주인공은 문득 정신이 든다. 정지 표지판 앞에서 차를 멈추고는, 휴대 전화를 내려놓고 개를 바라본다. 개는 주인과 눈을 맞춘다. 주인공은 자신이 자만했다는 깨달음에 고개를 절레절레 저으며, 휴대 전화를 글러브 박스 속에 넣고, 차를 다시 몬다. 단순하다. 하지만 얄팍하지 않다.

개는 갑자기 말을 하거나 하지 않았다. 주인이 자신의 현재 행동에 주목하게 했을 뿐이다. 그리고 신뢰하는 눈빛을 보내, 주인으로 하여금 자신의 행동이 누구를 위험에 내몰고 있는지 깨닫게 했다. 자신의 개, 자기 자신, 더 나아가 도로를 달리는 모든 사람이 위험해지고 있다.

주인공은 그 깨달음과 함께 세상을 다르게 바라보면서, 노아의 포인트를 시청자에게 전달했다. 가장 중요한 것은 문자에 답장하는 게 아니라, 개와 함께 안전하게 귀가하는 것이었다. 물론 친구들과 문자 주고받기는 너무 재미있고, 한 15분 동안은 대화에 끼지 못할 테지만.

스토리 생존 법칙 20

상대방에게 어떤 행동을 하고 싶은 마음을 불러일으키려면, 자기 스스로 선택을 내리게 해 주자.

그리고 섣불리 오해해서는 안 되는 게, 그건 정말 희생이 맞다. 그녀는 무언가를 손해 보아야 했다. 우리는 남들의 생각을 바꾸려고 할 때, 그들의 현재 행동이 그들에게 얼마나 중요한 의미가 있는지 무척 간과하기 쉽다. 10대 청소년들에게 친구 집단은 온 세상이나 마찬가지다. 혹시 그 15분 동안에 정말 중요한 꿍꿍이나 농담이나 대화가 벌어지는데 제대로 끼지 못할 가능성도 있으리라(물론 드물겠지만 없진 않을 것이다).

그래서 노아는 영상 속 주인공이 문자를 주고받으면서 킥킥 웃게 했다. 그것이 '재미있다는' 점을 인정하는 게 중요하다고 본 것이다. 운전하면서 문자하는 주인공을 비판의 시선으로 바라보는 대신, 시청자에게 있는 그대로 보여 주고 싶었다. 그렇다, 문자를 주고받으면서 우리는 남들과 교감하고, 참여하고, 소속감을 느낀다. 그건 기분 좋은 일이 맞다. 그리고 문자 주고받기 자체는 잘못된 게 없다.

다만, 운전하면서 한다면 다른 이야기다. 그런데 중요한 게 있다. 우리가 좋아하는 어떤 것을 포기함으로써 우리가 사랑하는 누군가를 돕는다면? 즉시 '더 큰' 만족감이 느껴진다. 나 자신이 좋은 사람, 가치 있는 사람, 책임 있는 사람이라는 느낌이 든다. 다시 탈리 샤롯의 말을 인용해 본다. "행동을 이끌어 내는 데는 미래의 처벌보다 당장의 보상이 더 효과적인 경우가 많다."[15]

노아는 그렇게 해서 모든 면에서 빈틈없는 스토리를 만들었다. 그럼 한번 분석해 보자.

행동요청: 운전 중에 문자를 주고받지 말자.

`잘못된 믿음` 가장 중요한 것은 친구들과의 대화에 소외되지 않고 끼는 것이다.

[+] 한발 더 들어가기: 남들이 나를 좋아해 줄 때 나는 스스로 가치 있는 사람이라고 느끼고 진정한 내가 되는 느낌이다.

`진실` 운전 중 문자하는 잠깐의 즐거움은 막대한 위험을 무릅쓸 만한 가치가 없다. 죽으면 다 의미가 없다.

[+] 한발 더 들어가기: 대화에서 소외됨으로써 초래될 피해와 운전 중 문자를 함으로써 초래될 피해는 비교할 수 없으며,

주인공의 개가 보내는 사랑의 눈빛이 그 점을 암시한다.

스토리의 포인트: 소중한 이들을 지켜주는 것이 친구들과 문자하는 즐거움보다 더 중요하다.

[+] 한발 더 들어가기: 소중한 이들의 안전을 위해 내가 하고 싶은 일을 희생하는 것이야말로 진정한 만족감을 준다.

핵심 이익: 안전한 귀가가 아니라, 스스로에 대한 만족감을 느끼며 귀가할 수 있는 것.

[+] 한발 더 들어가기: 자기 절제와 소신껏 행동하는 용기야말로 오래도록 만족감을 주는 요인이다.

동력이 되는 감정: 주인공의 개에 대한 사랑 그리고 자기 주인이 문자에 빠지지 않고 자기와 본인의 안전을 지키리라는 개의 믿음.

[+] 한발 더 들어가기: 이 스토리에서 흥미를 유발하는 요인은 주인공이 욕구와 의무 사이에서 겪는 내적 갈등이다. 스토리에서 가장 큰 힘을 발휘하는 갈등은 외적 갈등이 아니라 내적 갈등이다.

깨달음 주인공이 문자에 계속 몰두한다면 사랑하는 개의 생명이 위험할 수도 있다.

[+] 한발 더 들어가기: 사람은 미래에 일어날 수 있는 비극이

아무리 끔찍하다 해도 그보다는 구체적이고 개인적이면서 즉각적인 결과를 의식할 때 행동하고 싶은 마음이 훨씬 더 잘 일어난다. 오로지 두려운 시나리오만 눈앞에 주어진다면 행동을 미루려 하기 쉽다. 흡연자가 담뱃불을 붙이면서 "담배가 내 목숨을 앗아간다는 건 아는데, 지금 이 담배가 앗아가진 않아"라고 말하는 것을 생각해 보자.

변화 주인공은 스스로의 의지로 선택을 내리고, 휴대 전화를 아예 손 닿지 않는 글러브 박스 안에 집어넣는다.

[+] 한발 더 들어가기: 용기가 필요한 행동이었고, 용기는 힘을 실어 준다. 주인공의 오판이 초래할 결과를 보여 주는 대신 주인공이 '즉시' 옳은 선택을 주체적으로 내릴 수 있게 해줌으로써, 이 영상은 한낱 경고성 스토리가 아니라 그보다 훨씬 더 강력한, 승리의 스토리가 되었다. 우리 모두가 바라는 게 그것 아닐까? 승리하고 누군가에게 영웅이 되는 것 말이다. 특히 우리 개에게라면 더욱더.

슬로건: "누구의 목숨을 담보로 하시겠습니까? 선택은 당신에게 있습니다. 운전 중 문자를 주고받지 마세요."

노아의 영상은 "선택은 당신에게 있다"라는 점을 강조함으로써 유사한 다른 스토리들과는 차별화된 모습을 보였다. 청중에게 변화해야 하는 이유를 느끼게 하는 데서 그치지 않고, 변화할 수 있는 힘을, 행동할 수 있는 힘을 안겨 주었다.

그런데 아들에게 운전 중 문자를 하지 않도록 설득하려던 그 어머니는 어떻게 하는 게 좋을까? 노아의 영상 같은 것을 보라고 권했다가는 반발만 살 게 뻔하니, 좋은 방법이 없을까? 아들이 우선순위를 잘못 생각하고 있다는 것을 어떻게 설득할 수 있을까?

방법은 간단하다. 그리고 어렵다. 어머니가 자기도 똑같은 실수를 했고, 똑같이 잘못된 생각을 가지고 있었다고 인정하는 것이다. 맞다, 그러긴 어렵다. 그게 바로 핵심이다. 또 그래서 설득력이 있는 것이기도 하다.

예를 들어, 어머니는 운전 중에 상사에게 문자가 왔을 때 자기의 부지런함을 과시하고 싶어서 바로 답장했다는 이야기를 들려줄 수도 있다. 운전 경력이 한두 해도 아닌데 그 정도는 안전하게 할 수 있다고 생각한 것이다. 그렇지만 착각이었고, 스쿨버스에 부딪치기 직전에 핸들을 확 꺾어 간신히 피했다. 맥박이 가라앉고 겨우 숨을 고르고 나자, 하마터면 어떤 일이 있을 뻔했는지 온전히 실감 났다. 아들을 포함해 수많은 사람에게 어떤 고통을 끼칠 뻔했는지. 거기서 그치지 않고 또 이렇게 인정할 수도 있다. 그럼에도 불구하고 그 습관을 버리기는 어려웠기에, 이제는 운전할 때면 휴대 전화를 무음으로 해 놓고 글러브 박스에 넣어 둔다고.

그런 스토리는 장점이 있다. 자신의 취약점을 드러낸다는 것이 얼마나 어려운 일인지 모르는 사람은 없기에, 즉시 신뢰성을 얻을 수 있다. 어머니가 상사에게 바로 답장해서 정말 좋은 효과가 있었는지는 언급하지 않은 것도 눈여겨볼 만하다. 그건 아무래도 상관이 없으니까. 포인트는, 운전 중 문자하기의 위험성을 무색하게 하거나 무마할 수 있는 건 아무것도 없다는 것이다.

또, 어머니의 스토리는 노아의 공익 광고와 마찬가지로 청중을 나무라지 않았다. 다만 운전 중 문자를 보낼 때 치러야 할 대가를 깨닫게 해 주었고, '그뿐 아니라' 훨씬 더 안전한 행동을 직접 선택할 수 있는 본인의 힘을 직접 느끼게 해 주었다.

여러분도 지금 행동에 나설 준비가 되어 있다. 이제 여러분의 스토리를 실제로 창작해 볼 차례다.

실전 문제

여러분이 지금까지 목표 청중에 대해 알아낸 모든 정보를 바탕으로 다음 질문의 답을 한번 찾아보자.

◆ **청중의 잘못된 믿음을 뒤집기 위해 여러분의 스토리가 전달해야 할 포인트는 무엇일까?**

처음엔 단순하게 시작해도 된다. 좀 진부한 느낌이어도 괜찮다. 노아가 만든 영상의 경우는 '운전 중에 문자를 주고받다가는 목숨을 잃을 수 있다'였다. 그러다가 스토리를 만들기 시작하면서 비로소 그 포인트를 전달하는 데 가장 적합한 구체적 상황이 떠오른 것이다. 주인공이 친구들에게 문자를 보내고, 개가 주인의 잘못된 생각을 일깨우는 내용은 모두 스토리에 살을 붙여 나가는 과정에서 정해졌다. 지금 단계에서는 스토리가 궁극적으로 어떤 포인트를 전달할 것인지만 생각해 보자.

◆ **여러분의 포인트를 청중에게 확실히 심어 줄 수 있는 감정은 무엇일까?**

그저 '뭉텅이' 감정을 일으키는 데 그쳐서는 안 된다. 특히 청중에게 힘을 실어 주기는커녕 마음을 꽉 닫게 만드는 감정은 금물이다. 기후 변화가 몰고 올 재앙이라든지 운전 중 문자를 했을 때 일어날 비극 등을 보여 주며 겁을 준다면, 청중은 여러분이 틀린 이유를 찾아내려고 머리를 굴릴 것이다. 무엇보다, 남에게서 이래라저래라 말 듣기를 좋아하는 사람은 없다. 답해야 할 질문은 이것이다. 목표 청중과 그들이 속한 집단의 특징 그리고 그들이 소중히 여기는 것에 비추어 볼 때, 내가 그들의 목소리를 듣고 있으며 그들의 편임을 알려 주려면 어떤 감정을 불러일으켜야 할까?

3부

스토리 창작

끌리는 스토리 만들기

9강

갈등의 힘
: 핵심 갈등은 내적 투쟁

"갈등은 의식의 시작이다."[1]
● 메리 에스터 하딩, 융 정신 분석가

우리는 늘 여기저기서 주의를 기울여 달라는 요청을 받지만 정말 어쩔 수 없는 경우가 아니면 좀처럼 그렇게 하지 않는다. 그도 그럴 것이, 어차피 우리의 관심을 사로잡는 대상은 우리에게 그런 요청을 하지 않는다. 그런 대상이 우리의 관심을 잡아끄는 이유는 우리에게 중요하기 때문이다.

　　주의를 기울인다는 것은 생물학적으로 비용을 치러야 하는 일이니 그럴 만도 하다.[2] 관심이 끌리는 일이라면 그 비용을 치를 가치가 있다. 거기에서 우리 뇌가 본능적으로 갈구하는 무언가를 얻을 수 있기 때문이다. 우리 뇌가 애타게 찾는 그것은 바로 유용한 정보, 특히 '이런, 이제 어떡하지?'라는 긴급한 질문의 답을 제공해 줌으로써 긴박한 갈등을 해결해 주는 정보다.

바로 그런 이유 때문에 스토리는 불가피한 갈등을 중심으로 전개되기 마련이다. 아닌 게 아니라, 스토리의 진화적 목적은 다름 아닌 갈등 해결이다. 그 갈등은 우리가 현재 씨름하고 있는 갈등일 수도 있고, 장래에 일어날까 봐 염려되는 갈등일 수도 있다. 그러므로 핵심적인 갈등 없이는 당연히 스토리가 있을 수 없고, 청중도 있을 수 없다.

그리고 짐작했을지 모르겠지만, 여러분이 만들 스토리의 핵심 갈등이 무엇인지는 이미 정해졌다. 그것은 바로, 청중의 잘못된 믿음과 스토리 속 문제 해결의 열쇠가 될 진실 사이의 내적 투쟁이다. 30초짜리 상품 광고, 공익광고, 소설을 막론하고 어떤 스토리에서나, 우리의 관심을 잡아끄는 갈등의 중심축은 악당도 아니고, 심각한 외적 문제도 아니다. 그 중심축은 주인공이 그 외적 문제를 해결하기 위해 치르는 내적 투쟁이다.

그렇다고 해서 외적 문제가 중요하지 않다는 말은 아니다. 물론 중요하다. 스토리를 움직여 나가는 동력은 불가피한 문제로 인한 외적 갈등이다. 하지만 핵심 갈등, 즉 청중이 주목하는 갈등은 항상 내면에서 벌어진다.

따라서 이 강에서는 우선 스토리에서 우리의 주의를 잡

아끄는 요소 몇 가지를 토대로, 우리가 모든 스토리에서 본능적으로 기대하는 것이 무엇인지 짚어 보고 우리가 만들 스토리 속으로 들어가 볼 것이다. 청중의 잘못된 믿음을 이용해 구체적인 외적 문제를 만들고, 그 문제가 주인공의 내적 투쟁을 촉발하게 하려면 어떻게 해야 하는지 알아본다.

아이러니하게도 효과적인 스토리를 만드는 데 걸림돌이 되는 요인 중 하나는, 현실 세계에서 갈등 특히 내적 갈등은 사람의 마음을 불편하게 한다는 점이다. 내적 갈등을 겪는다는 것은 지금 어떻게 해야 할지 잘 모른다는 뜻이기 때문이다. 난 지금 혼란스럽다거나 잘 모르겠다고 인정할 생각을 하면 겁부터 난다. 사회가 그런 모습을 약점으로 간주할 것이 뻔하니까. 앞서 소개한 드라마 〈매드맨〉에서 연구원이 주인공에게 했던 말을 살짝 바꿔 표현하면, 우리는 항상 내가 실제로 느끼는 감정과 사회가 내게 느끼길 기대하는 감정의 간극 사이에서 고민한다. 그렇다 보니 스토리를 만들 때 우리도 모르게 진짜 갈등을 숨기는 경우가 많다. 스토리로 남을 설득하려면 사회가 인정하는, 강하고 확신에 찬 모습을 보여 줘야 한다고 생각하는 것이다. 하지만 사람의 마음을 움직이는 유일한 방법은 스스로의 취약점을 적극적으로 인정하는 것이다. 앞으로 살펴보겠지만, 그래야 상대가 관심을 기울이니까. 상대의 귀에 이렇게 속삭이는 것이다. '이건 내가 웬만해선 인정하지 않는 건데, 비밀 하나 알려줄까?' 그런 제안을 마다 하는 사람은 없을 것이다.

사실 우리는 누구나 매일같이 머릿속에서 '나 이제 어떡 해야 해?' 하는 갈등을 겪는다. 하지만 인정하기는 질색한다. 우리가 스토리를 찾는 이유가 바로 그것이다. 누군가 다른 사 람이 내적 갈등을 겪는 모습을 엿보려는 것이다. 우리가 남들 앞에서 꼭꼭 숨기는 그런 갈등 말이다. 사람들이 잘 깨닫지 못하는 점이지만, 일단 우리가 스토리에 빠지면 그 갈등과 갈 등의 해법은 우리 것이 된다.

이 책의 앞부분에서 살펴봤듯이, 우리가 스토리 속에서 갈등을 갈구하는 이유가 바로 그것이다. 직접 경험해 볼 일이 없었던 두려운 상황을 미리 가상으로 체험해 보고 혹시 미래 에 부닥치게 될 가능성에 대비하기 위한 것이다. 그래서 우리 는 스토리를 들으면 갈등을 중심으로 전개되리라고 본능적 으로 기대하므로, 처음부터 눈에 불을 켜고 갈등을 찾는다. 아 무리 겉으로는 모든 것이 평온해 보여도 의심을 거두지 않는 다. 아닌 게 아니라, 그럴 때는 더 긴장감을 느끼기도 한다. 무 언가 예기치 않은 일이 곧 벌어질 것을 직감하고 마음을 바짝 졸인다.

이를테면 영화 첫머리에 나이 든 경찰관이 수다를 늘어 놓으며, 내일이면 퇴직이고 이제 남은 생을 손주들과 낚시하면서 보내겠다고 한다. 원래 오늘이 퇴직 날인데 동료가 데이트 약속이 있어서 자기가 대신 야근을 자청했다는 것이다. 그때 우리는 '오, 사람 좋은 경찰관이네. 손주들이 얼마나 귀여울까'라고 생각하지 않고, 가슴이 방망이질한다. 한 5초만 있으면 웬 미치광이 악당이 경찰서에 쳐들어와 그 사람 좋은 경찰관을 황천길로 보낼 게 뻔하니까. "제발 정신 차려! 당신 곧 죽는다고! 경찰 영화 한 번도 못 봤어?" 이렇게 스크린을 향해 외치고 싶어진다. 우리는 스토리라는 것의 원리를 직관적으로 알고 있다(경찰 영화를 워낙 많이 보기도 했고). 그래서 뭔가가 반드시 일어나리라 예상한다. 바로 불가피한(그리고 여기서는 치명적인) 외적 갈등이다.

그런데 가만히 보니 그게 아니라면? 경찰관은 문서 작업을 좀 하더니 손주들에게 전화를 걸어 낚시 토론을 한다. 배스와 민물송어 중 어떤 게 더 잡기 쉬운지, 플라이 낚시용 미끼를 만들 때는 꼭 돗바늘을 써야 한다든지 이런 이야기를 하다가, 그런데 〈낚시는 즐거워〉 최근 방송 봤냐고 한다. 그러면 우리는 이미 스크린 앞을 떠나고 없을 것이다. 꼭 나이 든 경찰관이 총을 우당탕탕 맞고 죽길 원해서 그러는 게 아니라, 지루한 낚시 얘기라면 찰스 삼촌한테 전화하면 언제든지 들을 수 있지 않은가. 삼촌은 신이 나서 미끼 종류 중 '꿩 꼬리 유충'과 '산후안 벌레'가 어떻게 다른지 오만 번째 설명해 줄 테니까.

요컨대, 모든 스토리의 중심에는 우리가 초장부터 감지할 수 있는 핵심 갈등이 있다. 그럴 때 우리는 이게 스토리라는 걸 안다. 우리가 직관적으로 아는 게 또 있다. 바로 갈등에는 두 가지 유형이 있다는 것이다.

❶ **외적 갈등:** 외적으로 일어나는 사건이자 주인공이 해결해야만 하는 불가피한 문제(플롯).

❷ **내적 갈등:** 위의 외적 문제를 해결하기 위한 주인공의 내적 고민, 즉 잘못된 믿음과 진실의 싸움(스토리의 진짜 알맹이).

이 두 갈등이 합쳐져 우리의 관심을 사로잡는 역할을 한다.

우리가 생각해 봐야 할 질문은 이것이다. 어떤 외적 갈등을 도입해야 청중의 잘못된 믿음과 진실이 서로 대립하게 될까?

우리의 목표는, 스토리에 활력을 불어넣는 내적 갈등을 촉발할 수 있는 외적 문제를 결정하는 것이다.

스토리의 토대

시작하기 전에 몇 마디 보태겠다. 나는 스토리를 평생의 업으로 삼아왔다. 그러면서 깨달은 점 하나는, 스토리는 형식과 관계없이 스토리라는 것이다. 두 단어로 된 스토리든, 한 장의 사진이든, 60초짜리 영상이든, 1천 페이지짜리 대하소설이든, 적용되는 원리는 똑같다. 어떤 형식이든 하나의 기본 틀을 가지고 적절히 변형해 스토리를 만들어 나가게 된다. 내가 어렸을 때 그 비슷한 경험을 했었다. 그때는 내가 드레스를 좋아했는데, 내가 너무 갖고 싶었던 엘리자베스 시대풍의 치렁치렁 늘어진 드레스는 파는 곳이 없었다(열네 살 때 푹 빠져서 읽었던 《반지의 제왕》 탓에 거기에 꽂혔다). 그래서 내가 직접 만들어 입기로 했다. 직물 가게에 몇 주 동안 진을 치고 앉아 견본 책을 샅샅이 뒤졌지만, 내가 생각한 패턴은 비슷한 것도 보이지 않았다. 그러다가 아주 단순한 패턴 하나를 획 넘기려는 순간, 아이디어가 떠올랐다. 이 기본 패턴을 가지고, 내가 무슨 디자인을 구상하든 거기에 맞춰 변형해서 쓰면 되겠다 싶었다.

　스토리도 똑같다. 모든 스토리는 동일한 기본 토대 위에서 만들어진다. 바로 스토리의 생물적 목적 그리고 우리 뇌가 모든 스토리에서 기대하게 되어 있는 요소를 바탕으로 한 기본 토대다. 오해할까 봐 말하자면, 플롯 구조나 '영웅서사 구조' '3막 구성' 같은 것을 말하는 게 아니다. 그 대신 내가 수십 년간 다양한 매체상의 스토리를 연구하면서 '진짜로' 우리를 잡아끄는 요소는 과연 무엇인지 찾아 헤맨 결과 고안해 낸 기본 틀이 있다. 길이와 형식에 관계없이 어떤 스토리든 이 기본 틀을 이용해 만들 수 있다. 이 기본 틀은 무한히 다양한 형태로 적용할 수 있다.

우선, 우리가 스토리 세상 속으로 빠져들려면 스토리가 생물학적으로 어떤 작용을 해야 하는지 짚어 보자. 다음의 서로 연관된 세 가지 요소가 있다. 앞서 1강에서 알아봤던 신경 전달 물질을 활성화함으로써 우리를 스토리 속으로 끌어들이는 요소들이다.

❶ 스토리 요소 놀라움

주인공의 예상에서 벗어난 의외의 사건이 벌어진다. 익숙한 패턴이 깨진 상황이다. 이제 어떡해야 하나?

생물적 반응 도파민

호기심과 관련된 신경 전달 물질 도파민이 다량 분비되면서, 다음에 무슨 일이 일어날지 알아내려는 욕구를 자극한다.

❷ 스토리 요소 갈등

주인공이 힘든 결정을 내리지 않으면 안 되는 상황이다. 결정에는 대가가 따르기 마련이고, 나쁜 결과가 있을 수도 있다.

생물적 반응 **코르티솔**

스트레스 호르몬 코르티솔이 다량 분비된다. 긴장감이 고조되면서 마음을 졸이게 된다. 그 이유는 밑에 이어진다.

❸ **스토리 요소** **취약성**

우리가 주인공에게 감정을 이입한다. 주인공이 크게 다치지 않고 성공하길 기원한다.

생물적 반응 **옥시토신**

감정이입과 관련된 신경 전달 물질 옥시토신이 다량 분비되면서 우리에게 마음을 쓰게 한다. 우리는 주인공의 편에 서서, 주인공의 성공을 응원한다.

하나의 요소가 다른 요소를 촉발함으로써 감정의 연쇄 반응을 일으킨다. 모두 섞으면 잘 조제된 묘약처럼 사람을 정신없이 홀린다. 우리는 주인공에게 감정이입하여 주인공의 감정을 그대로 느낀다. 신경 과학자 폴 잭이 스토리가 피험자들의 기부 결정에 미치는 영향을 연구한 후에 밝혀낸 사실이다. 그는 저서 《대뇌》에서 이렇게 말한다. "주의를 집중시키고 감정을 일으키는 서사가 우리의 행동을 유발한다. 스토리가 끝난 뒤에도 우리의 행동이 영향을 받는 이유가 거기에 있다. 우리가 서사 속에 이미 들어가 있기 때문이다."[3]

이렇게 생각할지도 모르겠다. '갈등이 중요하다는 건 알겠어. 그런데 스토리로 남을 설득하려면 뭔가 밝은 스토리여야 하지 않아?' 그럴 만한 것이, 우리는 현실 세계에서 나쁜 소식이나 불편한 정보라면 웬만하면 피하고 싶어 한다. 인지 신경 과학자 탈리 샤롯도 이렇게 지적한다. "사람은 들으면 기분이 좋아질 정보를 선호하므로, 나쁜 소식보다 좋은 소식을 찾는다. (…) 나쁜 소식인 것 같다 싶으면 메시지 자체를 피해 버리기도 한다. 설령 몰라서 피해를 볼 수 있다 해도 마찬가지다."[4]

이때도 스토리가 톡톡히 역할을 한다. 스토리는 일단 우리의 관심을 사로잡기만 하면 불편한 사실이나 무서운 소식을 전하면서도 우리에게 힘을 실어줄 수 있으니까. 가슴을 훈훈하게 하는 스토리든, 가슴을 찢어지게 하는 스토리든, 행동을 유발하는 건 마찬가지다. 폴 잭은 이렇게 말한다. "불쾌할 수 있는 주제에 대한 사람들의 반응을 알아보기 위해 '민감한' 쟁점을 다루는 스토리들을 가지고 실험해 본 결과, 사람들의 관심을 유지하고 마음에 울림을 주는 스토리는 후에 기부를 유발하며, 이는 불편한 주제를 다룬 스토리라 해도 마찬가지인 것으로 밝혀졌다. 우리 뇌가 보기에 좋은 스토리는 좋은 스토리일 뿐이다. (…) 주제가 즐겁든 슬프든, 인물들에게 우리의 마음을 쓰게 만드는 스토리라면 좋은 스토리다."[5]

누구에게 마음을 써야 하지?

스토리의 힘은 이론적으로는 막강하다. 하지만 그런 힘을 발휘할 스토리를 어떻게 만들 수 있을까?

일단 우리가 현재 알고 있는 것들을 하나하나 짚어 보자.

- 어떤 사람이 있는데(주인공, 갈등을 겪을 사람)
- 불가피한 문제 하나를 안게 되고(외적 갈등)
- 그로 인해 내적 갈등이 일어나지만(잘못된 믿음 대 진실, 핵심 갈등)
- '아하' 순간을 맞으면서(주인공의 깨달음, 스토리가 전하려는 포인트, 그에 따라 청중에게 어떤 감정을 유발)
- 문제를 해결하고 행동에 나서게 된다(변화).

한마디로 주인공은 우리의 분신이자, '문제를 해결할 힘이 있는' 사람이다. 세계적인 스토리 코치 앤디 굿먼은 이렇게 말한다. "대규모의 전반적인 변화가 궁극적 목적일 수는 있지만 (…) 변화를 지상에서 보고 느낄 수 없다면—한 인간의 눈으로 바라볼 수 없다면—우리는 거기에 공감하지 못한다."[6]

스토리의 주인공은 거의 항상 목표 청중을 대신하는 인물이지만(가령 완다나 문자 보내는 10대 청소년처럼), 가끔은 스토리 속 주인공 대신 '청중 자신'이 실제 주인공인 것처럼 느껴지는 이야기도 있다. 한 예로, 깨끗한 물을 누리지 못하는 케냐 어린이들의 안타까운 상황을 알리고 기부를 독려하고 자 국제 비영리 기구 워터이즈라이프WATERisLIFE에서는 은 카이톨레라는 네 살짜리 케냐 소년의 이야기를 들려주었다.[7] 2분 길이의 영상에는 단 한 가지 사실만 등장한다. 깨끗한 식 수가 부족한 탓에 은카이톨레는 다섯 살 생일을 맞기 전에 죽 을 확률이 5분의 1이라는 것이다. 그래서 만일을 위해 소년이 죽기 전에 하고 싶은 일을 모두 이룰 수 있게 도와주기로 했 다. 그렇다, 네 살짜리 아이의 버킷 리스트를 이루어 주기로 한 것이다. 영상 속에서 커다란 눈망울의 소년은 우리가 살면 서 누구나 당연히 하는 줄 알았던 일들을 하나씩 해 나간다. 처음이자 어쩌면 마지막으로, 배를 타고, 축구를 하고, 비행 기를 타고, 거품 목욕을 하고, 여자아이에게서 뺨에 입맞춤을 받으면서 마냥 기뻐하는 아이의 얼굴은 보는 이의 가슴을 찢 어지게 한다. 아이가 처음으로 마주한 바다 앞에 두리번거리 면서 눈을 반짝거리는 장면에 이르면? 아마 누구라도 눈물을 참기는 쉽지 않을 것이다.

　은카이톨레는 이 스토리의 주인공이지만, 자신의 문제 를 해결할 힘은 없다. 해결할 수 있는 사람은 우리다. 우리가 바로 이 스토리에서 암시하는 주인공인 것이다. 우리야말로 진짜 주인공이 누구나 갖고 있는, 문제를 해결할 힘을 갖고 있으니까. 그러므로 여기서 잘못된 믿음을 가진 사람은 은카이톨레가 아니라 우리다.

잘못된 믿음 식수는 깨끗하고 풍부하다. 그리고 네 살짜리 아이는 당연히 앞으로 행복하게 오래 살 것이다.

진실 식수가 다 깨끗한 것은 아니라서, 많은 네 살짜리 아이가 다섯 살이 되기 전에 죽는다.

깨달음 우리는 케냐에 깨끗한 식수가 공급되도록 도울 수 있는 힘이 있다. 어쩌면 은카이톨레를 살릴 수도 있다. (참고로, 연구에 따르면 워터이즈라이프에서 단순히 수천 명의 어린이가 깨끗한 물을 마시지 못해 다섯 살까지 살지 못한다고 설명했다면 그 효과는 한 아이의 스토리를 들려주는 것보다 훨씬 떨어졌으리라는 것이 입증됐다.[8])

변화 기부하겠다.

그렇다면 우리 스토리의 주인공은 누가 되어야 할까? 우리는 이미 목표 청중을 대표하는 한 사람을 상상해 놓았다. 이제 그 사람이 실제로 문제를 맞닥뜨리게 할 차례다.

스토리 타임!
그럼 스토리 하나를 차근차근 만들어 가면서 그 요령을 알아

보자. 우선 상품으로 해 보겠다. 앞서 6강에서 언급했던 최신 초경량 탄소 프레임 도로용 자전거로 하자. 조사해 보니 이 자전거가 목표 청중에게 여러 면에서 이익을 줄 수 있는 것으로 드러났다고 하자. 한 예로, 자동차와 달리 탄소를 전혀 배출하지 않아 환경에 이롭다는 장점이 있다. 그러나 우리의 청중이 환경 문제를 아주 중요시하는 것은 사실이되, 연구에 따르면 즉각적인 보상이 장래 이익의 약속보다 동기 부여에 훨씬 효과적인 것도 사실이다. 따라서 자전거를 타면 건강에 좋다는 사실도 우리 목표 청중의 마음에 와닿는 장점이긴 하지만 후보에서 탈락시켜야 하겠다.

청중이 지금 당장 얻을 수 있는 이익을 찾아야 한다. 어쩌면 자전거를 타는 즐거움 자체가 장점일 수 있지 않을까? 《뉴욕 타임스》의 건강·과학 칼럼니스트 제인 브로디는 본인이 자전거를 꾸준히 타는 이유로 바로 그 즐거움을 들었다. "그렇게 달리고 나면 기분이 너무 좋다. 힘도 더 나고, 스트레스도 줄고, 생산성도 높아지고, 집중력도 좋아지고 그리고 더 행복해진다. 주변의 소소한 아름다움에 주목할 여유가 생기고, 일상에서 마주치는 답답한 문제에도 더 잘 대처할 수 있다."[9]

굉장히 가치 있는 장기적 목표를 이루는 데도 도움이 되겠지만, 그런 이유에서가 아니라 그냥 자전거를 타면 지금 이 순간 기분이 좋아지기 때문에 자전거를 탄다는 것이다. 누구에게나 솔깃할 만한 장점 아닐까?

하지만 그렇게 간단한 일이었다면 벌써 다들 줄 서서 자전거를 사고 있어야 하지 않을까. 그렇다면 우리의 청중은 과연 어떤 잘못된 믿음 때문에 자전거를 타지 않는 걸까.

혹시 이런 것이 아닐까.

잘못된 믿음 자전거를 타면 환경에도 좋고 돈도 아낄 수 있고 건강에도 좋다는 것은 알지만, 나는 워낙 정신없이 바쁘니 자전거를 주 교통수단으로 쓰는 방법은 체력 소모가 너무 커서 현실성이 떨어질 것이다.

진실 자전거를 타면 힘이 빠지는 게 아니라 힘이 더 난다. 한발 더 들어가서 생각해 보면, 힘이 나면 생기와 활기가 더 넘치면서, 무슨 일이 닥쳐도 더 잘 대처할 수 있다.

좋다. 하지만 그래도 아직 너무 관념적이다. 청중을 설득하려면 스토리를 통해 그 진실을 경험하고 확실히 느낄 수 있게 해 주어야 한다. 그렇다면 다시 처음 질문으로 되돌아가야 하겠다. 누구를 스토리의 주인공으로 삼아야 할까? 일단 정리해 보면 우리의 목표 청중은 고급형 자전거를 살 돈이 있는 도시 통근자들이고, 우리의 목표는 그들을 설득해 자전거를 타고 출퇴근하게 하는 것이다. 주인공 후보로는 가령 다음과 같은 사람들을 생각해 볼 수 있겠다.

◆ 매일같이 고단한 몸으로 퇴근해서 아이들과 놀아 줄 기운이 없는
   아버지.

◆ 원기를 되찾으려면 약을 먹을 게 아니라 운동을 하라고 의사에게
   권고받은 회사 임원.

◆ 오늘 회사에서 중요한 발표를 해야 해서 잔뜩 초조한 여성.

여기서 눈여겨 볼 것은, 주인공을 고를 때는 그 사람의 애로점에 주목해야 한다는 점이다. 아이들과 놀아 줄 기운이 없거나, 일할 기운이 없거나, 망치면 큰일 나는 중요한 발표를 앞뒀거나…… 모두 다 어딘가 취약하고, 따라서 공감할 수 있는 사람들이다. 청중이 자신과 동일시할 수 있는 사람들이다. 회사 일이란 때로 얼마나 고된지, 또 그 때문에 삶의 다른 영역이 얼마나 희생되는지 청중도 잘 알고 있으니까.

'최적의' 주인공을 어떻게 택해야 할까? 마치 정답은 하나밖에 없고 완전히 잘못된 오답은 무한히 많은 것 같아서 엄두가 안 날 수 있다. 좋은 소식은, 하나의 정답은 없다는 것이다. 아마 여러분도 5분만 브레인스토밍을 해 보면 수두룩하게 많이 생각해 낼 수 있을 것이다. 여러분 스토리의 주인공은 여러분 생각에 이거다 싶은 사람을 택해서 밀고 나가라.

그다음 단계에서 좀 아닌 것 같다 싶으면, 뭐 어떤가. 그 밖에도 좋은 후보가 얼마든지 있는데. 아무래도 못 정하겠으면 후보들을 각각 쪽지에 적어서 모자에 넣고, 눈 감고 하나 뽑으라. 세상 많은 일이 그렇지만, 무엇을 택하느냐보다는 무엇이든 일단 택해서 진행해 나가는 게 중요할 수 있다. 만약 잘못된 선택이었으면, 진행하는 과정에서 뭔가 배워서 다음번엔 더 잘 선택할 수 있을 것이다.

나는 내 스토리의 주인공으로, 중요한 발표를 앞둔 여성을 선택하겠다. 그녀의 이름은 앤이라고 하자.

주인공이 원하는 것은?

모든 주인공은 스토리가 시작될 때부터 이미 뭔가 원하는 게 있다. 그리고 스토리의 핵심 갈등에서 주축이 되는 것은 그 소망을 이루기 위해 치러야 할 대가다. 경제적 대가가 아니라 감정적 대가다. 그 소망을 이루는 것이 주인공의 주요 동기가 된다. 여러분의 목표는 적절한 외적 문제를 던져서 주인공이 소망을 이루려면 자신의 잘못된 믿음을 되돌아보아야 하는 상황에 처하게 하는 것이다.

스토리 생존 법칙 21

모든 주인공은 스토리가 시작될 때부터 원하는 게 있다. 스토리의 핵심 갈등에서 주축이 되는 것은 그 소망을 이루기 위해 치러야 할 감정적 대가다.

우리가 이 스토리에서 바로잡아야 할 잘못된 믿음은 앞에서 파악했다. 자전거를 주 교통수단으로 쓰는 방법은 체력 소모가 너무 심해서 현실성이 떨어진다는 생각이다. 그리고 스토리의 목표는 그런 관념을 가진 청중의 대표자인 앤에게 그렇지 않음을 납득시키는 것이다.

자, 그렇다면 앤이 스토리가 시작될 때부터 갖고 있을 만한 소망은 무엇일까?

❶ 워낙 매끈하고 유선형이어서 전혀 힘들지 않게 탈 수 있는 새 자전거?

❷ 집에서 가까워서 자전거 타고 출퇴근하기 그리 어렵지 않을 만한 새 직장?

❸ 커피 마시고 잠깐 낮잠 자면서 자전거 타느라 빠진 기운을 보충해도 인사상 불이익이 없는, 유연한 근무제도?

'엥, 쉽잖아. 1번이지' 하고 생각할지 모르겠다. 정답은, 위의 어느 것도 아니다. 아무리 그동안 조사를 충분히 한 여러분이지만, 주인공의 소망이 우리의 제품이나 주장이나 이상과 전혀 관계가 없을 수 있다는 사실은 놀랍게 다가올지도 모른다. '우리가' 거기에(이 경우는 자전거에) 온 신경을 쏟고 있으니 앤도 그러리라고 생각하기 쉽지만, 앤은 우리 자전거는커녕 그 어떤 자전거도 생각하고 있지 않다. 자전거에 꽂혀 있는 것은 우리이고, 그녀의 잘못된 믿음을 바로잡아 주려고 벼르는 것도 우리다. 앤 입장에서는 잘못된 믿음이 아니라, 이미 자기가 받아들인, 전혀 고민하거나 의문시할 일이 없는 진리다. 적어도 아직까지는 그렇다.

그렇다면 앤이 현재 어떤 소망을 갖고 있어야 성공을 추구하는 과정에서 자신의 잘못된 믿음을 되돌아보게 될까? 우리가 앤에 대해 지금 아는 건 오늘 중요한 발표를 해야 한다는 것뿐이고, 자전거 출근과는 아무 관계가 없다. 아니, 그것만은 무슨 일이 있어도 하고 싶지 않을 것이다. 지금은 반드시 정신을 차리고, 기운을 차리고, 머리가 잘 돌아가야 하는 상황이니까. 그렇다면 우리는 자전거를 등장시키는 데 그치지 않고, 그게 어떻게든 그녀의 소망을 이루는 데 도움이 되게 만들어야 한다.

하지만 그 방법을 생각해 보기 전에, 잠깐 다른 스토리를 보고 오자. 일단 청중이 무엇을 원하는지만 알고 나면, 우리의 스토리 틀을 간소화해 원투 펀치 딱 두 방으로 해결하는 방법이 있다. 2013년에 스바루 자동차가 그렇게 했다. 필요한 건 단 두 단어였다.

사례   스바루 자동차

스바루Subaru는 미려함보다 안전성을 중시하며 오랫동안 명성을 이어온 자동차 브랜드로, 수많은 충성 고객이 스바루 덕분에 목숨을 건졌다고 증언하고 있다. 2013년 이 회사는 새 광고를 제작해 아직 스바루의 가치를 모르는 청중을 대상으로 캠페인을 벌이고자 했다. 전하려는 메시지는, 사람과 마찬가지로 자동차도 미모란 가죽 한 꺼풀일 뿐이며, 중요한 것은 역경이 닥쳤을 때 우리를 지켜줄 수 있느냐 하는 것이었다.

스바루 자동차는 목표 청중이 '누구나 바라지만 불가능해 보이는' 어떤 것을 원한다고 판단했다. 그것은 끔찍한 충돌 사고를 당해도 살 수 있다는 믿음이었다. (운전하면서 문자하는 개념 없는 사람들이 워낙 많으니 요즘은 특히 그럴 만도 하다.)

잘못된 믿음 큰 충돌 사고를 당하면 무조건 황천길이다.

청중이 가진 생각은 바로 그것이었다. 스토리의 목표는 잘못된 믿음을 일거에 격파해 그런 생각을 바꿔 주는 것이었다.

30초짜리 광고는 이렇게 진행된다.[10] 끔찍한 사고가 수습되고 난 현장, 카메라가 휴짓조각이 된 차를 비춘다. 자동차 광고에서 금기시되는 장면이다. 우리는 집중하면서, '아이고 저 사람들, 보나마나 다 죽었겠군' 하고 생각한다.

화면에 등장한 견인차 운전사도 그 짓뭉개진 잔해를 응시하며 같은 생각을 하는지, 눈빛에서 씁쓸함이 느껴진다. 근처에 있던 경찰관이 다가와서는, "다들 살았어요"라고 알려준다. 경건함마저 느껴지는 목소리다. 놀란 견인차 운전사가 귀를 의심하며 경찰관을 쳐다본다.

경탄이 배어나는 그 두 마디는 두 번 더 되풀이된다. 견인차 운전사가 차 잔해를 폐차장 직원에게 인도하면서 그리고 그 직원이 다른 동료에게 마지막 안식처에 처참한 몰골로 놓인 차를 가리키면서 같은 말을 한다. 누군가가 "저 용감한 차가 목숨을 던져 사람들을 살렸어!" 하고 외치면서 흐느끼기 시작해도 이상하지 않을 것 같다. (더 나아가 그 차가 주인공이라는 주장도 가능하지 않을까 싶다. 그 차는 가족들을 살릴 수 있는 힘이 있었고, 또 그렇게 했으니까.)

마지막으로, 평범한 가족 네 명이 집을 나와, 미소와 함께 새 스바루 차에 탄다. 아버지가 카메라를 보며 말한다. "우리는 살았어요. 스바루 덕분에요."

"다들 살았어요." 모든 이의 예상을 뒤엎는 결과였다. 하지만 아버지는 처음부터 알고 있었다. 그래서 스바루를 산 것이었다.

진실　제대로 된 차를 타면 살아남을 수 있다. (이것이 스토리의 포인트. 불러일으키는 감정은 경외감, 안도감, 신뢰감.)

깨달음　스바루 차를 사면 최악의 상황에서도 나와 내 가족의 안전을 지킬 수 있다. 선택은 내게 달려 있다.

변화　제일 가까운 스바루 대리점이 어디지?

좋다. 그럼 주인공, 앤에게 다시 돌아가자. 앤은 무엇을 원할까? 다시 말해, 우리의 목표 청중은 무엇을 원할까? 물론 직장에서 좋은 성과를 내고 싶을 것이다. 하지만 그건 관념적이고 막연하다. 거기엔 갈등도 없고, 이야깃거리도 없다.

우리 목표는 앤의 욕구를 뭔가 본인이 주체적으로 다룰 수 있는 구체적인 사건과 묶어서 명확하고 실현 가능하게 만드는 것이다. 그런 사건은 다행히 이미 주어져 있다. 바로 오늘 있을 발표다. 앤이 스토리 시작부터 품고 있는 동기는, 발표의 대성공이다. 이 정도면 구체적이지 않을까? 그런데 아직 좀 부족하다. 앤은 '왜' 발표가 성공하길 원할까? 당연히 누구나 원한다는 것 말고 더 구체적인 이유는 없을까. 판을 좀 더 키워 보면 어떨까. 가령, 지금 자신의 숙적 케빈과 승진을 놓고 경쟁하고 있기 때문이라고 해 보자. 막연하던 앤의 소망이 이제 구체성을 띠기 시작한다. 오늘 있을 발표와 승진의 기회는 앤의 소망이 구체화된 모습이다.

그런데, 그게 다 우리 자전거 구매와 무슨 관련이 있을까? 표면적으로는 아무 관련이 없다. 하지만 지금으로서는 일단 괜찮다.

앤이 품은 동기는 갈등을 빚어낼 여지가 농후하다. 흥미진진하고 복잡한 감정을 터뜨려 줄 잠재력이 충분히 있다. 이제 우리는 그녀의 완벽한 계획을 제대로 망쳐 줄 뭔가를 찾아내기만 하면 된다.

곤경에 처하는 주인공

이제 우리 스토리의 외적 갈등이 등장할 차례다. 외적 갈등은 주인공에게 어떤 장애물 구실을 함으로써 기존에 갖고 있던 잘못된 믿음을 되돌아보게 한다.

우리가 답해야 할 질문은 이것이다. 주인공이 잘못된 믿음을 재고하게 만들 수 있을 만한 외적 문제는 무엇일까?

가령 앤은 오늘 아침에 있을 발표를 통해 승진 기회를 확보하려고 한다. 이때 그녀가 맞닥뜨릴 수 있을 만한 문제는 어떤 게 있을까?

- 출근해 보니 자신의 숙적이 먼저 출근해서, 훔쳐간 그녀의 발표 노트를 가지고 이미 발표를 해 버렸다.

- 아침에 일어나 보니 후두염으로 목이 완전히 쉬어 버렸다.

- 아마존 쇼핑몰의 배송 드론이 사고로 그녀의 머리에 물건을 떨어뜨리는 바람에 영화처럼 기억 상실증에 걸려 버렸다.

우리 목표가 오로지 앤이 발표를 못 하게 하는 것이라면 다 가능하겠지만, 우리 스토리에 쓰기 위한 용도로는 아무것도 적합하지 않다. 모두 그녀가 뜻을 이루지 못하게 방해하는 장애물인 것은 맞지만, 그 어느 것도 그녀로 하여금 자전거 타기에 대한 잘못된 믿음을 직시하게 하지는 않으니까. 물론 여기서 쉽지 않은 점은, 아직까지는 자전거가 그녀의 스토리와 아무 관계가 없다는 것이다. 그렇다면 원점으로 다시 돌아가야 한다. 우리가 아는 정보를 파헤쳐 보면서 뭔가 활용할 만한 게 있는지 보자.

우리는 앞에서 청중이 가진 우려를 구체적으로 짚어 봤다. 자전거를 타면 기분은 좋지만, 출근하고 나서 진이 빠지리라는 걱정이다. 그것이야말로 앤이 원하지 않는 것이다. 특히 오늘 같은 날은 말할 것도 없다.

우리에게 필요한 것은 예기치 않은 상황, 즉 갑작스러운 문제다. 앤이 목표를 이루려면 자신의 잘못된 믿음을 마주할 수밖에 없는 상황이 되어야 한다. 그리고 앤에게 외적으로뿐만 아니라(상쾌하고 준비된 모습으로 제시간에 출근하도록), 내적으로(원기와 활기, 자신감이 넘치도록) 도움을 주는 계기가 되어야 한다.

만약 오늘 하필 자동차 배터리가 방전됐다고 하면 어떨까. 아침에 운전석에 앉아 시동을 거는데, 걸리지를 않는 것이다.

도파민이 느껴지는가? (기대를 깨는 사건.)

코르티솔이 느껴지는가? (이런, 제때 출근할 수 있을까?)

옥시토신이 느껴지는가? (발표 준비를 그렇게 열심히 했는데, 너무 안됐네.)

앤이 당장 문제로 인식할 만한 사건이다. 따라서 청중도 문제로 느끼게 된다. 주인공의 감정이 일어나니 청중의 감정도 일어난다. 게다가 우리의 자전거가 해결해 줄 수 있는 문제이니 안성맞춤이다.

하지만 여기서 더 나가기 전에, 주의할 점이 하나 있다. 지금까지 많은 조사를 했어도, 또다시 배운 것을 깡그리 잊고 청중이 의식하는 문제가 이것이라고 '우리' 마음대로 정의하기가 굉장히 쉽다.

그러면 어떻게 되는지 잘 보여 주는 민망한 사례가 하나 있다.

사례 다이어트 코크

2018년, 코카콜라는 다이어트 코크의 새 광고를 내보냈다. 그런데 제품에 대한 목표 청중의 생각이 아니라 제품 자체에 관심을 집중한 나머지, '자신들의' 마음속 우려를 내비치는 스토리를 만들고 말았다. 아마 최근의 몇몇 연구가 향후 판매량에 미칠 영향과 관련해 걱정이 컸던 것 같다. 당시 다이어트 음료는 건강에 좋지 않고 암, 심장병, 당뇨와 관련성이 있으며 아이러니하게도 몸무게를 오히려 늘릴 수 있다는 연구들이 나와 있었다.

이 광고의 슬로건은 "다이어트 코크, 난 할 수 있으니까"였다.

문제는 슬로건이 일종의 집회 구호처럼 들린다는 것이었다. 마치 누가 우리에게 다이어트 코크를 마시지 못하게 막고 있기라도 해서, 그 강압을 중단시키지 않으면 큰일이라도 난다는 듯한 뉘앙스였다. 물론 그런 강압을 하는 사람은 아무리 봐도 없었다.

그러니 광고 시청자는 다이어트 코크가 저렇게 좋다고 하니 마셔야겠구나 하고 설득되는 것이 아니라 '마시면 뭔가가 안 좋은가 본데 쟤네들이 뭘 숨기고 있나?' 하고 고개를 갸우뚱하게 된다.

30초짜리 영상의 내용은 간단하다.[1] 날씬하고 예쁜, 전형적인 외모의 밀레니얼 세대 여성이 냉장고에서 다이어트 코크를 집어 들더니 한 모금 마시고는 말한다. "자, 다이어트 코크의 중요한 점은 이거예요. 맛있어요. 마시면 기분이 좋아요. 인생은 짧잖아요?"

묘하게 방어적인 태도다. 마치 누구랑 논쟁 중에 상대방이 다이어트 음료가 건강에 좋지 않다고 지적한 데 대해 반론을 펴는 듯한 모습이다. 그러더니 이렇게 말한다. "천막집에서 살고 싶으세요? 그냥 사세요!"

아니, 그러니까 누군지 모르지만 우리에게 다이어트 음료를 못 마시게 압박하고 있는 그 사람이 천막집도 반대하는 건가? 여성은 이어서 또 다른 것들을 우리에게 마음대로 하라고 허락해 준다. "마라톤을 뛰고 싶으면, 뭐 엄청 힘들 것 같긴 하지만, 좋아요." 아이고, 고맙기도 하다.

그다음엔 수학 문제 풀기는 힘들지만…… 이 나올 줄 알았는데, 이렇게 말한다. "하고 싶은 걸 하세요, 뭐든지 간에요." 그러니까 이 광고는 우리가 다이어트 코크 마시길 주저하고, 천막집에 사는 걸 주저하고, 마라톤 뛰는 걸 주저한다고 생각할 뿐 아니라, 우리 본모습대로 살기를 주저한다고 생각해서, 마음대로 "하고 싶은 걸 하라"고 허락해 주고 있다. 그런데 어쩐지 남몰래 해야 될 것 같은 건 기분 탓일까?

"다이어트 코크를 마시고 싶으면, 다이어트 코크를 마셔요."

내포된 메시지는 분명하다. 다이어트 코크를 마신다는 것은 우리의 쾌락을 금하는 거대 권력에 맞서는 행동이라는 것. 모두 일어나 편의점으로 쳐들어가자!

내가 좀 신랄하게 꼬집었다. 하지만 광고가 그런 반응을 부르는 게 사실이다. 코카콜라는 자기들 제품에 워낙 몰두한 나머지, 청중을 우스꽝스러운 모습으로 묘사하고 말았다. 거기에 논란의 '아보카도 토스트'까지 언급해 줬다면 완벽했을 것 같다. 게다가 더 심했던 것은, 훈계조로 이야기한 것이다.

회사 측은 그럴 의도가 없었고, 또 그런 역효과를 깨닫지도 못했다. 코카콜라 북미 사업부의 대니엘 헨리 마케팅 콘텐츠 총괄은 그 광고를 이렇게 소개했다. "번지르르한 마케팅을 빼 버리고, 단순히 다이어트 코크가 실제로 얼마나 좋은지 전하려고 했다. 다이어트 코크는 더욱 진정성 있고 쉽게 다가갈 수 있는 음료가 됐다. 제품의 핵심을 단순히 제시했다. (…) 다이어트 코크는 누구나 언제 어디서든 즐길 수 있다."[12]

이 말에 어떤 문제가 있는지 눈치챘는가? 첫째로, 아무리 '누구나 언제 어디서든' 즐길 수 있는 상품이란 게 있다고 쳐도 하나의 스토리로 모든 사람을 설득할 수는 없을 뿐더러, 잘해야 너무 밋밋해서 아무도 보지 않는 광고가 되고 잘못하면 지금 이 광고처럼 거의 모든 사람이 등을 돌리게 된다. 평론가들도 혹평하고, SNS 반응으로 볼 때 목표 청중도 냉담하게 반응한다. 《파이낸셜 타임스》의 편집자 조 엘리슨은 그 광고를 가리켜 이렇게 지적했다. "아무도 불쾌하게 하지 않으려고 전전긍긍하다가 불쾌할 만큼 형편없는 결과물을 만들고 말았다."[13]

둘째로, 청중의 잘못된 생각이 아니라 제품 자체에만 신경을 쏟고 있다. "다이어트 코크는 더욱 진정성 있고 쉽게 다가갈 수 있는 음료가 됐다"는 게 과연 무슨 뜻일까? 무엇에 비해 진정성이 있다는 건가? 차? 물? 일반 콜라? 그리고 다이어트 코크가 쉽게 다가갈 수 없다고 한 사람이 있나? 늘 마트 진열대에 얼마든지 집어 가라고 떡하니 놓여 있는데. 다이어트 코크가 바쁘거나 자고 있거나 컨디션이 안 좋다고 우리를 거부하기라도 하나? 그보다 더 다가가기 쉬울 수는 없을 것 같다.

아이러니하게도, 청중은 그 광고를 보고 회사의 의도와 정반대의 감정을 느꼈다. 한 트위터 이용자는 심오한 감상을 남겼다. "광고를 보고 의아했다. 다이어트 코크 마시는 게 그렇게 남들 보기에 부끄러운 일이었나? 나만 모르고 있었던 건가?"[14]

이 광고의 미덕이라면, 스토리를 만들 때는 늘 경계를 늦추지 말아야 한다는 점을 확실히 보여 준 것이다. 항상 내가 정말 '상대'의 관점에서 '상대'의 암호 해독기를 통해 상황을 바라보고 있는지, 내 관점에서 보고 있는 건 아닌지 자문해 보라. '내게 중요한 것'에 집중하고 상대가 왜 변화를 꺼리는지에 대한 '내 생각'에 집중하기 시작하면, 망한 것이다.

그 점이 중요한 이유는, 이제 여러분의 스토리를 만들어 볼 차례이기 때문이다. 지금까지 목표 청중에 대해 알아낸 정보를 파고들면서, 목표 청중이 즉시 문제로 인식할 만한 사건이 무엇일지 생각해 보라.

스토리 창작

자, 드디어 지금까지 조사한 정보를 모두 활용해 여러분만의 스토리를 만들 차례다. 시간을 충분히 두고, 커피나 와인 같은 것도 한 잔 따라놓고, 몸과 마음을 편안히 하자. 그리고 다음 네 가지 질문의 답을 브레인스토밍해 보자.

1 내 스토리의 주인공은 정확히 누구인가?

주인공은 아마 여러분이 목표 청중의 대표자로 머릿속에 그리고 있는 유형의 인물일 것이다. 최대한 현실성 있게 구상해 보자.

2 주인공은 스토리가 시작될 때 대략적으로 어떤 소망을 갖고 있는가?

여러분의 스토리는 주인공에게 그 소망을 충족할 기회가 된다.

3 스토리가 펼쳐지는 오늘, 주인공의 그 소망을 충족해 줄 수 있는 어떤 일이 벌어지는가?

예를 들어, 앤이 오늘 발표를 완벽히 해내서 숙적을 물리치고 승진한다면, 직장에서의 성공이라는 자신의 소망을 이루게 된다.

4 어떤 외적 요인이 불거져서 주인공을 가로막는가?

이 질문의 답을 찾을 때 유념해야 할 점은 세 가지다. 첫째, 주인공의 소망을 아예 이루지 못하게 방해할 요인을 찾아야 한다. 둘째, 그 외적 난관으로 인해 주인공은 행동에 나설 수밖에 없다. 셋째, 그 외적 난관을 극복하기 위해 주인공은 자신의 잘못된 믿음을 재고하지 않으면 안 된다.

10강

구체성의 힘
: 요약은 함정이다

"모든 것은 실행에 달려 있다.
희망만으로는 해결이 되지 않는다."[1]
● 스티븐 손드하임

이제 스토리가 나온 것 같다. 완성시키고 싶어 조바심이 날 것이다. 지금까지 사전 작업을 열심히 했고, 이제 준비가 다 됐으니까. 느낌이 너무 좋다. 그렇다면 명심해야 할 게 있다. 지금이 크게 착각하기 딱 좋은 때라는 것이다. 스토리의 구체화 작업을 다 마쳤다는 착각이다. 아니, 무슨 스토리를 들려줄지 다 알고 있는데, 그럼 다 준비된 것 아닌가?

대략적으로 알고 있는 건 맞다.

지금 우리도 앤의 스토리를 대략적으로만 알고 있다. 정리하자면 이렇다. 앤이 승진 기회가 걸려 있는 일생일대의 발표를 하는 날 아침, 차가 시동이 걸리지 않는다. 숙적이 선수를 치기 전에 앤이 회사에 도착하려면 자전거를 타는 방법밖에 없다. 그리하여 우리의 상품이 앤을 살릴 수 있는 구세주가 된다. 앤이 자신의 잘못된 믿음을 극복할 수만 있다면! 앤은 자전거에 올라타고, 진이 빠질 줄 알았는데 오히려 기운이 난다. 발표를 성공리에 마친다. 끝!

그런데…… 뭔가 감정이 느껴졌는가? 아니, 졸지 않고 듣긴 했는가? 내가 작가들에게 잘 하는 말이 있다. 독자에게 설명을 할 건가, 아니면 독자가 주인공의 입장에서 직접 경험할 수 있게 해 줄 건가?

그런데 문제가 정확히 뭘까? 왜 그것으로는 충분히 구체적이지 않은 걸까?

그건 사건을 객관적으로 정리한 것뿐이니까. 그 속에는 내적 투쟁도 없고, 힘든 선택도 없다. 앤은 극복해야 할 게 아무것도 없었다. 위험도 걱정도 없고, 큰일을 앞두고 있지도 않았다. 유일한 논리적 선택지를 택해, 자전거를 타고 출근했을 뿐이다. 간단했다. 사실 식은 죽 먹기였다. 그게 바로 문제다. 왜냐하면, 아시다시피 투쟁이 없으면 응원할 대상도 없고, 감정이입할 사람도 없고, 긴장감도 없으니까. 문제는 그뿐이 아니다. 그 자전거는 대체 어디서 난 건가? 평소 자전거에 관심이 없는 주인공이라면, 왜 자전거 한 대가 덩그러니 놓여 있을까? 너무 편리한 설정 아닌가? 그리고 그냥 승차 공유 서비스 같은 것을 호출해도 되지 않나? 질문이 꼬리를 문다.

바로 요약의 함정이라고 하는 유혹적인 함정이다. 케임브리지 영어 사전의 정의에 따르면 요약이란 "무언가에 관한 주요 사실이나 요지를 간단명료하게 서술한 것"이다. 물론 요약 대상이 되는 사실은 '이미' 존재한다고 전제한 것이다. 스토리라면 이미 모든 사건이 일어났다고 전제한 것이다. 위의 서술은 요약이라고도 할 수 없다. 아직까지는 요약할 거리 자체가 나오지 않았으니까.

스토리 생존 법칙 22

요약은 스토리가 아니다.

우리의 목표는 현재로선 대략적 개념에 불과한 스토리를 아주, 대단히 구체적인 형태로 탈바꿈하는 것이다. 그런데 현실 세계에는 구체적인 정보가 너무나 많다. 매일 매 순간 구체적 정보가 쏟아진다. 그렇다면 그중 어떤 것을 택해야 할까? 산만한 군더더기 정보와 핵심 정보를 어떻게 구분해야 할까? 지금부터 그 비결을 알아볼 텐데, 무조건 구체적 정보를 넣는다고 되는 건 아니다. 하늘은 파랗고, 자전거는 노란색이고, 개는 배변 훈련이 안 돼 있고……. 그중에서 우리 스토리에 밀접하게 연관되는 것, 즉 우리의 행동 요청에 의미를 부여하는 것만 가려내야 한다. 그 밖의 모든 것은 무의미할뿐더러 초점을 흐리기만 한다.

따라서 이 강에서는 일반적 개념을 구체적 이미지로 바꿈으로써 다층적 의미를 담는 방법을 알아본다. 그런 다음, 구체적 정보를 길잡이 삼아 스토리의 도입부를 구상하는 방법을 차근차근 짚어 보겠다. 또 구체적 맥락을 통해 사실을 인격화하여 스토리를 생생하게 만드는 방법을 살펴보고, 명확하고 선명하며 시각적인 스토리를 만드는 방법을 알아본다. 보이지 않으면 느낄 수 없다는 점이 매우 중요하다.

슬금슬금 꼬여 드는 일반적 개념 제거하기

간단히 생각해 볼 수 있다. 일반적인 것은 하나의 범주이고, 구체적인 것은 범주화되는 대상이다. 이를테면 '바지'는 일반적이다. '깃털 무늬 하이웨이스트의 붉은색과 금색 방울 술을 밑단에 단 나팔바지'는 (아마도 좀 많이) 구체적이다. 참 쉽지 않은가? 그렇지만 우리는 일반적 개념을 활용하고 싶은 충동이 워낙 강해서, 그러고도 깨닫지 못할 때가 많다. 아닌 게 아니라, 일반적인 것을 구체적이라고 착각하는 일이 많다. "그 남자는 만족스러웠다"라고 하면 언뜻 구체적인 것 같다. 남자라고 했고, 만족스러웠다고 했으니까. 하지만 구체적이라고 할 수 없다. 어떤 남자일까? 왜 만족스러울까? 그 사람이 생각하는 만족은 뭘까? 알 수가 없다. 그래서 그 문장은 일반적이다.

나와 함께 작업한 작가들 중에는 그런 문장을 구체적으로 바꾸려면 일반적 정보를 덧붙여 수식하기만 하면 된다고 믿는 사람이 굉장히 많았다. 이를테면, "그 남자는 자기가 선택한 직업이 만족스러웠다." 무슨 직업일까? 왜 만족스러웠을까? 그리고 그래서? 그게 왜 중요한가? 아무 이미지도 떠오르지 않고, 표면적 진술 너머에서 어떤 의미도 읽히지 않으니, 관심을 가질 이유도 없다. 이런 반응을 들으면 다소 충격적일 수도 있다. 왜냐하면, 여러분도 그 작가들처럼 자기 스토리를 머릿속에 구상할 때는 뭔가가 어느 정도 눈에 보이니까. 뭔가가 어느 정도 느껴지기도 한다. 여러분 머릿속에서는 어떻게 보면 이미 구체화가 된 것이다.

하지만 그 스토리를 실제로 남에게 해 주면? 막연하고 밋밋하면서 묘하게 난해한 스토리가 된다.

스토리 코치 앤디 굿먼은 구체적 정보의 힘을 잘 보여 주는 사례 하나를 들고 있다. 엘리자베스 워런 상원 의원이 오클라호마에서 성장한 어린 시절 경험을 들려주는 이야기다. 이야기 중 이런 대목이 나온다. "제가 중학교 다닐 때쯤 아버지가 심장마비로 상태가 심각하셨어요. 돌아가시는 줄 알았지요. 교회 이웃들이 반찬 통을 들고 왔어요. 한동안 정말 무서웠어요."[2]

굿먼은 이렇게 말한다. "스토리의 생명은 구체적 정보에 있다. 사소해 보이는 디테일 덕분에 우리는 스토리 속 세계를 눈앞에 그릴 수 있다. '이웃들이 많이 도와줬다'와 '교회 이웃들이 반찬 통을 들고 왔다'를 비교해 보라. 물론 같은 의미지만 단박에 심상을 불러일으키는 것은 한쪽뿐이다."[3]

"이웃들이 많이 도와줬다"라는 문장도 언뜻 생각하면 구체적인 것 같다. 하지만 그 말을 들으면 그 '많이 도와준 이웃들'의 모습이 그려지는가? 잘 그려지지 않는다. 막대 인간들이 왔다 갔다 하면서 뭔지는 모르겠지만 도와주는 막연한 모습뿐이다. 무슨 행동을 하고 있는지는 알 수 없다. 하지만 교회 이웃들의 모습은 눈앞에 그려질 뿐 아니라, 도와줬다는 말 한마디 없어도 그 행동(반찬 통을 들고 오는 모습)에서 도와줬다는 것 이상의 무언가가 전해진다.

그런데 중요한 게 있다. 청중이 원하는 건 스토리 속 세계를 눈앞에 그리는 게 다가 아니다. 워런의 스토리 속 세상에는 그 밖에도 우리에게 알려줄 만한 구체적 디테일이 수십

만 가지 있었을 것이다. 벽지의 색깔, 카펫의 종류, 창밖으로 보이는 풍경……. 모두 반찬 통 못지않게 구체적이고 실제적인 정보이지만 워런은 알려 주지 않았다. 왜 알려 주지 않았을까? 그런 구체적 디테일들은 스토리와 아무 관계가 없기 때문이다. 반찬 통은 아무렇게나 선택한 디테일이 아니라, 메시지 전달을 돕는 구실을 했다. 워런이 속한 집단에 대해 뭔가를 알려 주고 있으니까. 교회에 다니는 사람들이다. 살림이 넉넉하지 않다. 서로 돕고 살았다. 끈끈한 공동체를 이루고 있어서, 힘든 일이 있을 때 서로 힘을 보태 살림을 도와주고 걱정을 하나라도 덜어줄 태세가 되어 있다. 그 단순한 이미지 하나에 수없이 많은 감정이 겹겹이 녹아 있다.

그뿐이 아니다. 듣는 사람은 그 반찬 통 말만 들어도 옛날에 부모님이 아플 때 그런 음식 용기들이 어디선가 나타나던 기억이 생생히 떠오를 수도 있다. '펑' 하면서 어릴 적 기억이 소환되고 워런의 감정이 느껴지면서 저런, 많이 힘들었겠구나 하고 공감이 된다.

여기서 핵심은, 구체적 정보에 우리의 스토리뿐 아니라 우리가 전하고자 하는 의미를 담아내야 한다는 것이다. 윌러드 D. 밴다이버 하원 의원이 1899년에 남긴 말이 있다. "알맹이 없는 달변으로는 나를 설득도 만족도 시킬 수 없다. 나는 미주리 사람이다. 내 눈앞에 직접 보여 달라."[4] 구체성이냐 일반성이냐의 문제에 있어서라면, 우리는 누구나 미주리 사람이다.

보여야 느껴진다

그런데 우리가 어떤 메시지를 전하려고 하는데 목표 청중에 속한 개개인마다 그 메시지와 관련된 구체적 대상이 '다를' 때는 어떻게 하나? 예컨대 우리가 선거에 출마해서, 유권자 한 명 한 명이 가장 중요시하는 구체적 문제를 위해 싸우겠다는 스토리를 들려주고 싶다고 하자. 유권자마다 자신에게 중요한 구체적 문제가 다 다른데, 구체적으로 들어가면 그 문제에 관심이 없는 유권자는 냉랭하게 반응하지 않을까? 그렇지 않다.

　우리는 청중이 반드시 머릿속에 그릴 수 있는 스토리를 들려 주어야 한다. 신경 과학자 안토니오 다마지오가 저서 《데카르트의 오류》에서 지적하듯이, "생각은 주로 이미지로 구성"되어 있으니까.[5] 이미지는 우리를 지적으로 자극함으로써 생각을 유발하는 게 아니다. 이미지는 우리의 감정을 일으킨다. 감정이 생각을 부추기는 것이지, 그 반대가 아니다. 그러므로 주목할 구체적 이미지가 없다면 그 무엇의 의미도 생각해 보기 어렵다. 느끼기 어려운 건 물론이다. 따라서 생각해 봐야 할 질문은 이것이다. 하나의 구체적 이미지에 집중하면서도 그 구체적 이미지를 '넘어서는' 메시지를 전할 수 있을까? 그 이미지를 하나의 상징으로 삼아 뭔가 더 심오하고 보편적인 것을, 더 나아가 다른 구체적 대상들까지 대표하게 할 수는 없을까?

거기에 딱 맞는 예 하나를 살펴보자.

사례   제이미 해리슨의 상원 의원 선거 광고

제이미 해리슨의 〈흙길〉이라는 홍보 영상[6]이 훌륭한 이유 중 하나는 소속 정당을 전혀 찬미하지 않는다는 점이다. 물론 여기서 우리에게 정당 같은 건 아무래도 상관이 없다. 이 스토리의 포인트는 당에 대한 충성이나 상대 진영 헐뜯기와 전혀 관계가 없으니까. 이 스토리의 포인트는 유권자들 입장에서 '그들에게' 무엇이 중요한가 하는 것이다. 정치적으로 중요한 것이 아니라 개인의 일상에서 중요한 것에 주목하고 있다.

해리슨은 하나의 이미지, 하나의 관심사로 유권자들에게 다가갈 방법을 찾아야 했다. 모든 유권자가 그것을 보고 '맞아, 나도 그래. 나도 딱 저런 문제가 있어' 하고 생각하게 만드는 게 목표였다.

홍보 영상은 그 문제를 해결할 방안을 다루고 있지 않다. 아니, 다른 어떤 구체적 문제를 해결할 방안도 다루고 있지 않다. 다만 정치인이 지역구 주민들의 관심사에 귀 기울이는 것이 얼마나 중요한지를 말하고 있다. 그가 전하고 싶었던 메시지는 바로 그것이었다.

영상의 구성은 단순하다. 장면마다 그림이 하나씩 나오고 해리슨의 내레이션과 함께 자막이 표시된다. 그럼 한 장면씩 살펴보자.

사우스캐롤라이나의 한 시골 마을에 찾아갔습니다.

우리는 밑밥을 문다. 스토리 본능이 발동되면서, 무슨 일이 틀림없이 벌어지리라 직감한다.

오래된 흙길을 따라 들어갔습니다.

스토리의 축이 되는 이미지인 것 같다. 그냥 길이 아니라 오래된 흙길이라. 아마 부산한 큰길을 벗어나 외딴 동네로 들어간 것 같다.

어느 샷건 하우스에 다가가 문을 두드렸습니다.

시각적 심상을 자아내는 '샷건 하우스'라는 말에서 이 정치인이 현지 출신임을 알 수 있다. 솔직히 말하면 나는 처음 들어 보는 말이어서 찾아보고야 뜻을 알았다. 복도 없이 방 몇 개가 일렬로 배치된 구조의 집이다.

나이 지긋한 아프리카계 미국인 남성이 나오더니 묻습니다.
"젊은이는 뉘시오? 용건이 뭐요?"

우리는 이제 이 해리슨이라는 정치인이 뭔가 홍보 연설을 하겠구나, 노인이 뭐라고 반응할까 기대하게 된다. 해리슨의 용건은 자명하다. 표를 달라는 것일 듯.

제가 인사했습니다.
"선생님, 전 제이미 해리슨이라고 합니다."
노인이 나를 쳐다보더니 이렇게 말합니다.
"알겠소. 용건이 뭐요?"

와, 만만치 않겠다. 보아하니 이런 정치인 한두 번 만나본 게 아닌 것 같다. 해리슨이 용건을 말하면 바로 돌려보낼 기세다.

"선생님, 이번 선거는 정말 중요하고……."

이런, 큰 실수를 한 듯. 정치 이야기이자 일반적 사항이자 '자기에게' 중요한 문제로 말문을 열었다. 왜 자기에게 투표해야 하는지를 '설명할' 참인 것 같다. 여기서 주목할 점은, 해리슨이 이 말을 꺼내자마자 우리는 그가 실수했음을 알아차린다는 것이다. 직감이 딱 온다.

그러자 노인이 말했습니다. "젊은이, 내가 얘기 하나 하리다."

해리슨의 예상이 깨지는 순간이다. 우리는 바짝 긴장한다. 아마도 노인이 해리슨의 콧대를 단단히 눌러주고 공연한 헛수고를 덜어 줄 생각인 듯.

"지금 차를 타고 들어온 저 길 보이시오?"

역시 아주 시각적인 심상이다. 노인이 해리슨을 '자신의' 세상, 자신의 관심사로 끌어들이고 있다.

"네, 보입니다."

구도가 역전됐다. 이제 노인이 상황을 주도한다.

"무슨 길이오?"
"흙길입니다."

여기서 재미있는 점은, 노인이 곧 뭔가 중요한 말을 하리라는 것을 우리가 바로 직감하고 귀를 바짝 기울인다는 것.

"젊은이, 저 길은 로널드 레이건이 대통령 할 때도 흙길이었고,
아버지 부시, 아들 부시가 대통령 할 때도 흙길이었소."

아하, 공화당을 탓하려는 거군. 공화당 때문에 길이 아직도 흙길이라는…….

"빌 클린턴, 버락 오바마가 대통령 할 때도 흙길이었소."

아니네, 민주당도 나쁘다니. 그럼 무슨 말을 하려는 걸까?

**"아직도 저 모양 저 꼴 그대로 흙길이오.
민주당이든 공화당이든 저 길을 포장해 주기 전에는,
당신 같은 사람들 상대도 하기 싫소."**

아하! 정치 문제가 전혀 아니었다. 정치인들이 주민들의 일상에서 '정말' 중요한 문제에 관심을 두지 않는 행태를 질타한 것이었다. 주민들 관심사는 따로 있는데, 그것도 알아주지 않는 정치인 말은 들어서 뭐 하겠는가?

노인은 문을 닫았습니다. 전 마음이 좀 상했습니다.

노인을 설득해 자기에게 투표하게 하려고 했는데 목표 달성에 보기 좋게 실패했다. 그런데 그걸 우리 앞에서 그대로 인정하고 있다. 자신의 취약점을 드러내고 있다.

그런데 가만히 생각을 해 봤습니다.

해리슨이 여기서 한발 더 나아간다. 변명도 하지 않고, 노인의 생각이 잘못됐다고 하지도 않고, 노인의 괴로움은 어느 당의 탓이라고 손가락질하지도 않는다. 그 대신 노인이 한 말을 생각해 보며 자기 생각을 되돌아보고 있다.

노인에게 가장 중요한 문제는 자기 집 앞 흙길이었습니다.

흙길은 그에게 실제로 '중요한' 문제다. 관념적인 문제도, 막연한 문제도, 추상적인 문제도 아니다. 따라서 실행 가능한 사안이다. 해결할 수 있는 구체적 문제다.

정치인들 연설이라면 많이 들어 봤고, 이런저런 약속도
들어 봤지만, 결국 그 길을 포장해 주는 사람은 아무도 없었습니다.

해리슨은 노인의 포인트가 무엇인지 정확히 이해하고 있다. 그리고 자연히 그 포인트는 '모든 주민'의 포인트가 된다. 즉, 이런 것이다. "당신들은 약속만 늘어놓고, '내게' 중요한 일은 절대 해 주지 않아. 내 삶 속에서 '내게' 영향을 주는 문제에는 관심도 없지. 그런데 당신 요구에 내가 왜 관심을 가져야 해?"

그 길이 상징하는 것은 우리 주 각지의 수많은 주민이
안고 있는 수많은 문제입니다.

해리슨은 여기서 흙길이라는 하나의 구체적 문제를, 자기 지역 유권자들과 관련된 '모든' 구체적 문제의 상징으로 활용하고 있다.

**앨런데일 주민들에게는 흙길이 아니라 학교일 수도 있습니다.
뱀버그 주민들에게는 흙길이 아니라 병원일 수도 있습니다.**

다른 구체적 예를 두 가지 든 것은, 집단마다 관심사가 다르다
는 점을 알고 있음을 보여 주기 위해서다. 또 각 집단에 가장 중요
한 게 무엇인지 파악해 조치하겠다는 것이리라.

**그 흙길은 우리 주 전역의 수많은 주민이 겪고 있는
어려움입니다.**

해리슨은 한 걸음 더 들어가, 모든 구체적 문제를 하나로 아우
르면서 그 밑바탕에 있는 문제를 제시한다. 즉, 정치인들이 언제
부턴가 지역 주민들의 실질적이고 명확한 요구에 관심을 두지 않
아 주민들에게 고통을 안기고 있다는 것이다.

**예전 한때는 상원 의원이 주민들에게 도움이 됐던 시절도
있었습니다. 전 그 도움의 정신을 되살리고 싶습니다.
주민들의 신뢰를 되찾아야 합니다. 그래서 저는 미합중국
상원 의원 선거에 출마했습니다.**

마침내, 거의 첨언에 가깝게 자신의 요청을 밝힌다. 그 요청 자
체만 놓고 보면 막연하고 일반적이고 두루뭉술하면서 완전히 당

파적인 주문이다. 하지만 해리슨은 강력한 구체적 대상 하나에서 출발해 자신이 해결하고자 하는 보편적 문제를 도출해 냄으로써 진정성 있게 최종 요청을 이끌어 낸다.

잘못된 믿음 정치인은 다 똑같다. 우리 생활에 실제로 중요한 것에는 관심이 없다. 오로지 당선되고 자리를 계속 유지하는 데만 관심이 있다.

진실 정치인도 그런 고정관념을 깨고 우리에게 귀를 기울일 수 있다. 우리에게 구체적인 영향을 끼치는 문제에 주목하고, 어쩌면 해결해 줄 수 있을지도 모른다.

깨달음 해리슨이 그런 정치인일지도 모른다. 그는 귀를 기울였고, 실수를 인정했고, 뭔가 깨달았다. 우리에게 도움을 주려고 하니, 뽑아 주면 잘할 수도 있겠다.

변화 그에게 투표하겠다.

여기서 오래된 흙길이라는 구체적 이미지 하나가 중심축 역할을 톡톡히 했다.

첫째로, 문자적 차원에서, 흙길은 그 노인에게 왜 중요한지 우리가 확실히 느낄 수 있는 대상이었다. 1980년대부터 지금까지 노인에게 늘 곤란을 끼쳤던 문제니까. 그가 전하는 메시지는 명확했다. 정치인들이 정말 자기를 생각했더라면 그 흙길을 포장해 줬으리라는 것.

> 둘째로, 상징적 차원에서, 흙길은 모든 유권자의 무척 실질적인 문제를 대변하면서, 앞으로 바뀌어야 할 것을 상징하는 존재가 됐다. 정치인들은 마땅히 그런 문제에 관심을 기울여서 뭔가 조치를 해야 할 것이다.
>
> 해리슨은 그 구체적인 하나의 이미지를 활용해 매우 효과적인 스토리를 만들어 냈다.

하지만 만약 좀 더 손에 잡히지 않는 개념, 가령 풍요나 자유나 선택권 같은 것을 전하려고 한다면? 그럴 때도 이미지 하나를 잘 선택하면 성공할 수 있을까? 그렇다, 할 수 있다. 아닌 게 아니라, 때로는 어이없을 만큼 하찮은 구체적 대상만 가지고도 스토리를 들려줄 수 있고, 자그마치 한 나라의 운명을 바꿀 수도 있다. 이를테면 푸딩팝Pudding Pops(1980~90년대에 미국에서 인기 있었던, 초콜릿 푸딩을 얼려서 막대에 꽂은 빙과류 제품—옮긴이) 같은 것이다.

《더 뉴요커》의 칼럼니스트 앤드루 매런츠는 보리스 옐친이 러시아 대통령이 되기 전인 1989년에 미국을 방문한 이야기를 들려준다. "옐친은 조지 H. W. 부시 대통령과 회담을 갖고, 뉴욕 증권 거래소 객장을 둘러본 데 이어, 휴스턴 외곽의 평범한 슈퍼마켓에 들렀다. 그곳에서 푸딩팝을 엄청나게 많이 늘어놓고 파는 것을 본 옐친은 크게 놀라서 '정치국 사람들도 이런 건 못 누린다. 고르바초프조차도!'라고 감탄하며 볼셰비즘을 영원히 철폐하겠다고 맹세했다."[7]

여기서 주목할 점은, 그 보잘것없는 군것질거리가 옐친에게는 어떤 '의미'로 다가왔고, 그 의미는 달콤한 맛과도, 발음하기 어려운 성분명이 끝없이 이어지는 원재료 표시와도 전혀 관계가 없었다는 것이다. 옐친에게 푸딩팝은 소련이 갖고 있지 못한 모든 것을 상징했다. 한낱 빙과류가 거대한 개념을 확실히 깨닫게 해 준 것이다. 풍요나 자유나 선택권 자체를 머릿속에 그릴 수는 없지만, 환한 냉동고 안에 푸딩팝 박스가 그득 진열돼 있는 모습은 눈을 감고 선명하게 그려볼 수 있으니까.

구체적인 이미지는 아무리 평범한 것이라 해도 사람을 놀라게 하고 기억에 길이 남을 수 있다. 냉전 시대 정치의 심각함과 푸딩팝의 하찮음이 어깨를 나란히 하는 그림은 워낙 예상 밖이라 '엥, 뭐라고?' 하고 귀를 의심하게 하는 효과가 있다.

이야기꾼들은 익히 알고 있는 효과다. 사실 따지고 보면, 정말 그 칼럼니스트의 말처럼 푸딩팝이 옐친의 깨달음을 촉발한 원인이었을까? 옐친 본인은 그날 슈퍼마켓 방문을 이렇게 회고했다. "진열대에 캔이며 팩이며 온갖 상품 수백, 수천

개가 그득한 모습을 보고, 나는 생전 처음 소련 인민에 대한 안타까움으로 솔직히 처참한 기분을 느꼈다. 초부유국이 될 수 있었던 우리나라가 그토록 극심한 빈곤 상태로 전락했다니! 생각만 해도 끔찍했다."[8]

어찌 된 일인지 푸딩팝의 언급은 없다. 그렇다면《더 뉴요커》처럼 격조 높은 잡지가 왜 굳이 푸딩팝을 그 깨달음의 촉발 원인으로 지목했을까? 옐친의 슈퍼마켓 방문 장면을 기록한 사진에 그 실마리가 있다. 확연히 연출된 사진 속에서 옐친은 냉동식품 진열대를 들여다보면서 두 팔을 놀랐다는 듯 펼쳐 들고, 만면에 미소를 띠고 있다. 진열대 안에는 푸딩 팝 외에도 아이스크림, 오렌지 맛 하드, 초콜릿 시럽 등이 즐 비하다. 아마도 옐친이 푸딩팝을 좋아한 것은 맞는 듯하다(내가 지금 푸딩팝을 수없이 언급하고 있는 걸 보면 알겠지만, 아무리 생각해도 재미있는 사실이다).

그런데 중요한 건 이것이다. 역시 우리의 시선을 끌어 당기는 사진이 또 하나 있는데, 이번엔 옐친이 풋강낭콩, 버섯, 무 등을 응시하고 있는 장면이다. 하지만 "그곳에서 채소를 엄청나게 많이 늘어놓고 파는 것을 본 옐친은 크게 놀라서"라고 하면 아무래도 감정에 확 와닿지 않는다. '채소'는 모습을 상상하기도 더 어렵고 훨씬 평범한 느낌이다. 매런츠가《더 뉴요커》에 실을 스토리를 구상할 때는 다 생각이 있었던 것이다. 포인트 전달을 맡을 구체적 대상은, 두말할 것 없이 푸딩팝이지! 푸딩팝이라고 하면 누가 잊겠어?

다시 말해, 그냥 구체화하는 것으로 다가 아니다. 구체적 대상 중에서도 의미를 전할 뿐 아니라 의외의 요소를 갖춘 것을 골라야 한다.

다시 앤의 스토리로 돌아갈 때다. 지금 스토리의 대략적인 얼개는 잡아놓은 상태다. 이제 구체화해 보자. 우선 어디에서 시작할지부터 생각해 보자.

자동차 시동이 걸리지 않는 장면에서 시작해야 한다고 생각하기 쉽다. 그것이야말로 패턴을 완전히 제대로 깨고 앤의 기대를 뒤엎는 사건이니까 아주 좋을 것 같다. 하지만 거기서 시작하면 다른 날이 아니라 특히 '오늘' 어떤 큰일이 기다리고 있는지 전달할 방법이 없다. 그걸 전달하려면 좀 더 이전으로 가야 한다.

시작은 어디서부터?

중요한 질문은 이것이다. 우리가 결정한 외적 문제에 비추어 볼 때, 오늘은 앤에게 다른 날과 어떻게 다른가? 거기에 따라 앤이 어떤 큰일을 앞두고 있는지, 앤이 원하는 게 무엇인지 정해지니까.

그런데 여기서 잘못된 판단에 빠지기가 아찔할 만큼 쉽다. 차가 고장 나서 앤이 난데없이 낯선 상황으로 내몰리는 장면에서부터 스토리를 시작하면 안성맞춤이라고 생각하는 것이다. 모습이 생생히 그려지고, 느낌도 잘 오니까.

문제는, '우리는' 앤의 소망을 알지만 청중은 모른다는 것. 청중 입장에서는, 차가 시동이 안 걸리는데, '그래서 어쨌다는 거지?' 이렇게 생각할 뿐이다. 물론 청중도 '일반적으로' 나쁜 일이라는 건 안다. 하지만 그로 인해 초래될 결과가 명확하지 않으니, 예상되는 것도 없고, 마음을 쓸 이유도 딱히 없다. 그러니 우리는 차를 고장 내기 전에 차가 '오늘' 고장 나면 구체적으로 왜 안 되는지 청중에게 알려줄 필요가 있다. 그냥 안 되는 정도가 아니라 '정말 큰일'인 이유가 있어야 한다. 그래서 스토리의 시작점을 결정할 때는 생각해 봐야 할 질문이 세 가지 있다.

❶ 이날은 주인공에게 여느 날과 왜 다른가?
❷ 주인공은 거기에 어떤 이해가 걸려 있는가?
❸ 그 점을 청중에게 어떻게 전할 것인가?

앤이 과연 어떤 행동을 하면 청중에게 오늘이 여느 날과 다르다는 것을 확실히 보여 주고 곧 엄청나게 중요한 발표를 해야 한다는 사실을 알릴 수 있을까?

지금 우리 목표는 스토리의 기본을 숙달하는 것이니, 이 스토리는 구상하기 편하게 한 2분짜리 영상으로 만든다고 생각해 보자. 물론 지금부터 구상할 내용은 어떤 형식으로든 각색할 수 있다. 발표 중간에 들려주는 스토리가 될 수도 있고, 트윗이 될 수도 있고, 기부 권유 편지가 될 수도 있다.

그럼 앤이 자기 SUV에 올라 시동을 걸기 전까지, 그날 아침 어떤 일이 일어날 수 있을지 한번 살펴보겠다. 매 사건이 한 층 한 층 압박을 가하면서 긴장감을 고조하고, 우리의 호기심을 유발하는 동시에 감정 이입도를 높이는 모습에 주목하자. 다음과 같다.

- ◆ 앤이 서둘러 옷을 입는 동시에 컴퓨터 화면을 보면서 급하게 발표 자료를 스크롤해 내려간다. (잔뜩 긴장했네, 왜일까? 참고로, 여기가 처음으로 패턴이 깨지는 곳이다. 물론 청중은 앤의 평소 아침 일과가 어떤지 모르지만, 스토리의 생리를 충분히 알기에 앤이 발표 자료 같은 것을 긴장 속에서 훑어보고 있음을 알 수 있다. 뭔가 심상치 않은 일을 앞두고 있다는 뜻이다.)

- ◆ 어머니에게서 '응원'의 문자 메시지가 온다. 내용은 "심호흡 크게 하고. 넌 할 수 있어." 같은 것이다. (헛, 뭔가 능력을 검증받는 일이 있나 보군. 방금 훑어보던 그 발표인가 보네.)

- ◆ 이어서 상사에게서도 문자가 와 긴장을 한층 더 높인다. "어서,

CEO 오셨어. 내 체면 세워줘야 돼!" (맞네. 그리고 와, 진짜 중요한 발표인가 봐.)

◆ 라디오 뉴스가 나온다. 차량 정체가 심해 모든 차선이 막혀 있다고 한다. (회사까지 거리가 얼마나 되나 모르겠네. 늦지 않아야 할 텐데. 교통 문제야 도저히 불가항력이니 이거 큰일인데.)

◆ 앤이 교통 상황을 머릿속으로 상상한다. 화난 운전자들, 빨간색 후미등, 땀투성이 얼굴이 빠르게 스쳐 지나간다. (아이고, 제시간에 회사에 간다고 해도 녹초가 되겠구먼. 참고로, 여기서 자가용 출퇴근이 그렇게 꼭 좋은 것만은 아니라는 포인트도 전달된다.)

◆ 앤이 손목시계를 본다. 겁에 질려 있다. 신발 양쪽을 바꿔 신고 차고로 깡충거리며 뛰어간다. (어서, 어서!)

◆ 차고 안에는 SUV가 있고, 한쪽 구석에 자전거가 처박혀 있다. 그렇다, '우리' 자전거다. 커다란 빨간색 리본이 달려 있다. 리본이 먼지투성이에 축 처진 것으로 보아 그 자리에 오래 놓여 있었던 것 같다. 선물인 건 분명한데, 마음에 들지 않았나 보다. 앤이 언제 저걸 탈 시간이 날까? (음, 누가 준 선물일까? 아직도 리본이 달려 있으니 한 번도 안 탔단 얘긴데. 뭔가 사연이 있겠군.)

◆ 차 키를 꽂아 시동을 거는데…… 아무 반응이 없다. (앗, 이제 어떡해?!)

◆ 휴대 전화에서는 또 알림이 울린다. 상사의 문자다. "지금 어디쯤 오고 있어?" (도대체 어쩌려나? 제시간에 가긴 틀렸는데!)

차가 고장 나기 '전까지' 얼마나 많은 정보를 집어넣었는지 보았는가? 그리고 나니 차의 고장이란 사건이 그냥 평범하게 '아 제길, 회사에 지각하게 생겼네' 정도가 아니라 엄청나게 더 큰 의미를 갖게 됐다. 짧은 장면 몇 개만 가지고 앤의 목표가 무엇인지, 목표를 이루려면 극복해야 할 장애물이 무엇인지, 또 이루지 못하면 왜 큰일인지 분명히 설정하고, 청중의 응원을 확보했다. 구체적이고 확연한 이미지들을 시각적으로 제시함으로써 지금 이 순간 앤에게 중요한 게 무엇인지 청중에게 알려줬다. 이 스토리에서 '푸딩팝' 구실을 하는 것은 먼지 쌓인 빨간색 리본이다. 확실히 범상치 않은 의외의 물건으로, 우리 시선을 자전거에 끌어당긴다.

이제 우리는 다음에 어떻게 되는지 궁금해진다. 앤은 과연 제시간에 출근해 발표를 할 수 있을까?

시종일관 하나의 매끈한 장면처럼 느껴지지만, 조금 더 깊이 파고들어가 한 겹 한 겹 들여다보자. 과거와 미래를 모두 현재 속에 녹여 표현한 것을 눈치챘는지?

예를 들어, 과거는 다음과 같이 드러난다.

◆ 앤이 발표 자료를 훑어본다. '이미' 작성해 놓은 자료이고, 많은 공을 들인 게 분명해 보인다.

◆ 교통 정체가 있다는 뉴스를 듣고 곧바로 기억을 환기한다. 즉, 과거의 이미지들을 떠올리면서 예기치 못하게 닥친 장애물을 머릿

속에 그린다.

◆ 차고에 축 처진 리본이 달린 채 놓여 있는 자전거를 보면서 우리
는 궁금해한다. '엥, 저건 뭐지?' 우리의 궁금증을 자아낸 건 자전
거 자체가 아니었다. 거기에 숨은 사연을 짐작케 한 것은 너덜너
덜한 리본이었다. 우리는 낌새를 챈다. 저게 시각적으로 강조된
걸로 봐서 스토리 속에서 뭔가 역할이 있겠구나 하면서 기대를
높인다. 앤은 아는지 모르겠지만, 저 자전거가 뭔가 중요한 구실
을 하겠어.

미래의 예를 들면 다음과 같다.

◆ 앤이 받은 문자 세 통은 앤이 뭔가 중요한 일을 앞두고 있으며, 그
건 발표라는 것을 짐작케 해 준다.

◆ 앤이 손목시계를 보더니 신발을 바꿔 신고 차고로 뛰어 나간다.
이 모든 행동은 앤에게 닥친 일의 긴급함과 중요성을 시사해 준
다. 앤의 불안감이 우리에게도 그대로 전해진다.

이렇게 과거와 미래의 요소들이 모두 합쳐져 현재 속에
서 긴장감을 조성하고 있다. 과거는 앤이 무엇을 중요시하고
무엇을 원하는지 드러내 주고, 미래는 그 욕구에 비추어 어떤
큰일이 기다리고 있는지 암시해 준다.

눈치챘을지 모르겠지만, 앞에서 우리가 브레인스토밍했

던 내용을 다 집어넣지는 않았다. 앤의 숙적이 있다거나, 앤이 늦게 출근하면 그 숙적이 대신 발표를 해 버릴 우려가 있다거나 하는 언급은 전혀 나오지 않았다. 괜찮다. 그건 버리고 갈 수도 있고, 스토리를 만들어 나가면서 끼워 넣을 방법을 생각해 볼 수도 있다. 지금으로선 어느 쪽이든 좋다. 아 그러고 보니, 리본 달린 자전거에 얽힌 사연은 뭘까? 누가 준 자전거일까? 음, 글쎄다. 사실 확정된 건 아무것도 없다. 어차피 스토리 만들기는 다듬고 또 다듬는 과정이니, 지금으로선 아무래도 좋다.

관심 끌기 성공! 그다음은?

청중은 일단 스토리에 관심이 사로잡히고 나면 호기심이 발동한다. 와, 주인공이 '저렇게 만만치 않은' 곤경에서 어떻게 벗어나려나? 그렇다면 해법은 단박에 얻어져선 안 된다. 어렵게 쟁취되어야 한다. 물론 스토리를 만드는 우리는 주인공이 내려야 할 옳은 선택이 무엇인지 알고 있다. 바로 그것 때문에 스토리를 만들고 있는 거니까. 하지만 스토리란 주인공이 그 결론에 도달하는 과정이다. 주인공이 어떻게 분투하고, 어떤 이유로 모험을 결심하고, 그 과정에서 무엇을 깨닫는지 보여 주어야 한다.

로맨틱 코미디 영화를 생각해 보라. 처음부터 우리는 지금 결혼하려는 두 사람이 서로 전혀 안 맞는다는 것을 알고 있다. 주인공의 진정한 사랑은 옆집에 사는 좀 엉뚱한 여자라는 것을 뻔히 알고 있다. 하지만 주인공이 우리만큼 그걸 빨리 깨달았다면 스토리가 나올 수 없을 것이다. 그래서 우리는 여유를 갖고 지켜본다. 보아하니 영화가 다 끝날 때쯤에야 주인공이 정신을 차리겠구나 하면서. 그리고 그게 바로 즐거움이다. 우리의 관심사는 '주인공의' 깨달음 그리고 '무엇 때문에 그리 깨닫느냐' 하는 것이다. 앤의 경우도 마찬가지고, 여러분의 주인공도 마찬가지다. 이제 세팅이 다 차려졌으니 우리가 생각해 봐야 할 질문도 그것이다. 어떻게 스토리를 만들어야 주인공이 자기 스스로 그런 깨달음에 도달하게 될까?

스토리 창작

지금까지 여러분의 주인공에 대해 알게 된 모든 것을 가지고, 우리가 지금 앤의 스토리를 구상한 것처럼 여러분의 스토리를 구상해 보라. 그리고 아래의 작업을 해 보자.

- ◆ 스토리의 시작점을 정해 보자. 구체적으로 어떤 지점에서 시작해야 주인공에게 그 순간 중요한 것이 무엇인지, 또 일이 뜻대로 되지 않으면 왜 큰일인가를 전달할 수 있을지 생각해 보자.

- ◆ 주인공의 소망을 이루지 못하게 막을 장애물은 무엇인가? 구체적인 이미지, 구체적인 난관, 점점 확대되는 구체적 사건을 떠올려 보자.

- ◆ 위의 세팅을 놓고, 주인공이 앤처럼 불가피한 문제에 맞닥뜨리는 구체적 순간을 구상해 보자.

결과적으로 몇 가지 버전이 나올 수도 있을 텐데, 괜찮다. 구상하다 보면 미칠 것처럼 답답할 때도 있고, 또 아이디어가 마술처럼 튀어나올 때도 있을 것이다. 포기하지 말자. 골인 지점이 얼마 남지 않았다.

11강

인과관계의 힘
: A라면 B이니 고로 C

"긴장감이 클수록 잠재력도 높다."[1]
● 카를 융

이제 도입부가 만들어졌다. 축하한다. 청중이 궁극적으로 우리의 요청을 받아들일 수 있게 하려면, 지금부터는 긴장감을 서서히 고조시켜서 청중의 관심을 붙잡아야 한다. 오스카 와일드가 "서스펜스가 정말 끔찍하군. 계속 이어지면 좋겠네"[2]라고 표현한 그 기분을 느끼게 하는 것이다.

도입부에서는 앞으로 해결해야 할 문제가 무엇인지 정립했다. 이제부터 구상할 것은 주인공이 일련의 인과적 전개를 따라 그 문제의 해결을 시도하는 과정이다. 그 해법은 물론 단번에 손쉽게 얻어져서는 안 된다. 그렇게 쉬운 것이었다면 애초에 문제라고 할 수도 없을 것이다. 게다가 쉽게 해결되면 청중의 반감을 사기 쉽다. '내가 보기엔 문제인데 이야기하는 사람이 보기에는 별일이 아니라는 거야?' 이런 반응이 나와선 안 될 것이다.

해법은 간단할 수도 있다. 가령 앤의 경우는 '닥치고 자전거를 타라!' 아닌가? 세상에 그렇게 쉬운 일이 있을까? 하지만 그게 중요한 게 아니다. 해법이란 알고 보면 자명할 때가 많다. 어려운 건 그 해법에 도달하기 위해 거치는 분투 과정이고, 그 과정을 보여 주기 위해서 사건의 인과적 전개를 짜주어야 한다. 잊지 말자, 주인공은 청중과 똑같은 잘못된 믿음을 놓고 씨름하고 있다. 그러니 청중에게 그 씨름이 만만치 않다면 주인공에게도 만만치 않게 만들어 줘야 한다.

그렇다, 쉬운 작업은 아니다. 현대 사회는 모든 것이 삶을 더 '편하게' 해 주게끔 되어 있지만 정작 우리 뇌는 문제 해결을 갈구하게 되어 있다는 게 아이러니다. 클레어몬트 대학원의 심리학 및 경영학 석좌교수 미하이 칙센트미하이에 따르면, 사람은 (일단 흥미가 동하고 나면) 어렵지만 달성이 가능한 일을 시도할 때 가장 행복하다고 한다.[3] 그래서 청중은 주인공이 처한 문제가 드러나자마자 주인공이 어떻게 할지, 문제가 어떻게 풀릴지를 예측하기 시작한다. 그렇게 되면 스토리에 더더욱 큰 관심을 갖게 된다. 자신의 예측이 맞았는지 틀렸는지 알고 싶어지니까.

여러분의 스토리가 바로 그 재미를 줄 수 있도록, 이 강에서는 개연성 있게 점점 확대되는 인과적 전개 과정cause-and-effect trajectory을 스토리에 넣는 법을 살펴본다. 또 스토리가 엇나가지 않게 곁가지를 쳐내는 확실한 방법도 알아본다. 이 강을 마칠 때면 구체적인 반전의 연속을 통해 긴장이 고조되어 가는 얼개를 만들 수 있을 것이다. 방금 여러분이 구상한 도입부에서 시작해, 주인공이 (12강에서 다룰) '아하' 하는 순간을 거쳐 모든 것을 확실히 깨닫기 바로 전까지의 과정이다.

사실 '내가 그럴 줄 알았지'만큼 만족스러운 감정도 없다. 뭔가를 알아낼 때 주어지는 짜릿한 정서적 보상 덕분이다. 그래서 우리는 십자말풀이나 미스터리 팟캐스트를 좋아한다. 맛깔난 호박 파이에 들어가는 비밀 재료를 추론해 냈을 때의 짜릿함은 또 어떤가.

깨닫는 순간만 짜릿한 게 아니다. 그 보상이 그토록 만족스러운 이유는 알아내려고 들인 노력 때문이다. 우리는 추리 욕구 덕분에 이렇게 살아 있는 것이기도 하다. 아시다시피 우리 뇌는 예측 기계로서, 'A라면 B이니, 고로 C'라는 (언뜻 보기에) 안정적인 논리를 찾아내느라 늘 여념이 없다. 우리가 이렇게 미래를 예상하는 능력이 없었다면, 늘 깜짝깜짝 소스라치게 놀라면서 살아야 했을 것이다.

다행히, 세상에서 우리가 확실히 의지할 수 있는 게 하나 있다면 바로 인과성이다. 일찍이 철학자 데이비드 흄도 "인과는 우주의 접착제"라고 했다.[4] 그러나 흄도 잊지 않고 지적했듯이, 우리가 '생각한' 인과관계가 꼭 '맞는' 건 아니다. 우리가 그 인과관계에 비추어 일어나리라고 예상한 일이 꼭 '일어나는' 것도 아니고. 멀리 갈 것도 없이 최근 뉴스 제목이나 선거 결과만 봐도 우리가 큰 착각을 밥 먹듯 한다는 건 자명하다.

요컨대, 결과적으로 맞건 틀리건 간에 우리는 끊임없이 이런저런 인과관계를 찾아 눈을 굴리게 되어 있다. 그러지 않으면 도대체 모든 게 말이 되질 않으니까. 현실 세상에서 우리는 자신의 경험에 의존하지만, 여러분의 스토리 속에서 경험이 주인공에게(그리고 청중에게) 가르쳐 줄 교훈을 결정하는 건 오롯이 '여러분' 몫이다. 단, 그러려면 스토리의 처음부터 끝까지 시종일관 명료하고 구체적이고 개연성 있게 인과적 전개 과정을 짜놓아야 한다.

인과관계: 개연성 추구

우선 '개연성believability'의 뜻부터 정의해 보자. 개연성이란 깊이 생각해 보지 않고도 'A로 인해 B가 일어났을 만하다'라고 저절로 납득이 되는 것을 뜻한다. 스토리를 만들 때는 두

가지 차원의 개연성을 추구해야 한다.

❶ 일반적인 물리적 개연성(이건 비교적 쉽다).

❷ 주인공의 내적 논리에 비추어 본 정서적·심리적 개연성(이건 쉽지 않다. 우리가 지금까지 사전 작업을 그렇게 많이 한 이유가 이것이다).

물리적 개연성은 우리가 익히 알고 있는 차원의 개연성이다. 어느 집단의 사람이건, 성장 배경이 어떻건, 가장 좋아하는 계절이 뭐건 누구에게나 사실상 똑같이 적용되니까. 우리는 일반적으로 사람이란 걷거나 달리거나 펄쩍 뛸 수는 있어도 팔을 펄럭거리며 날 수는 없다고 알고 있다. 이 세상은 물리적으로 가능하거나 불가능한 각종 제약이 있다. 사물은 중력으로 인해 땅에 붙어 있고, 사람은 음식과 물이 있어야 살 수 있고, 아기는 밤을 새워 가며 주식시장 걱정을 하지 않는다. 아주 간단하다.

그에 비해 내적 논리에 따른 개연성은 제대로 살리려면 훨씬 더 신경을 써야 한다. 주인공의 말과 행동이 정서적, 심리적으로 '진짜'라는 느낌을 주어야 한다. 청중이 찾는 게 바로 그것이니까. 청중은 주인공이 속한 집단의 세계관에 비추어 볼 때 주인공이 어떤 행동을 하는 내면적 '이유'가 무엇인지에 관심이 꽂혀 있다. 그런데 거기에 개연성이 떨어져 버리면, 설령 다른 모든 게 물리적으로 완벽히 말이 된다 해도 청중은 이렇게 생각한다. '야, 저건 너무 말이 안 되네.'

아닌 게 아니라, 이 내적인 개연성은 워낙 중요해서 제대로만 살려내면 물리적 개연성은 지키지 않아도 용서가 된다. 때로는 지키지 않는 게 오히려 포인트를 전달하는 데 도움이 될 수도 있다.

이트레이드 증권사의 '말하는 아기' 광고 시리즈를 예로 들어 보자.[5] 물론 아기 중에는 또래에 비해 조숙하고 발육이 좋은 아기도 있지만, 아무리 그렇다 해도 자기 힘으로 증권 계좌를 개설하는 일은 없다(게다가 아기가 투자할 자금이 어디 있겠는가). 그러니 아기가 금융 조언을 한다는 건 전혀 불가능한 일인 게 맞다. 하지만 이 광고 속 아기가 어느 똑똑한 스물여덟 살 청년처럼 달변을 쏟아내는 모습에, 우리는 어이없어 하는 게 아니라 뚫어져라 주목하게 된다.

이 광고는 일단 의외성이 있다. 패턴을 바로 깨면서 시작한다. 말 못 하는 아기가 말을 하니 우리는 이게 대체 뭔가 하고 눈여겨본다. 그렇지만 아기가 아니라 개나 고양이나 햄스터가 금융 조언을 했더라도 눈길을 끌긴 마찬가지였을 것이다. 그럼 왜 굳이 아기일까? 이유가 있다. 광고는 일단 우리의 관심을 사로잡고 나서, 이트레이드 서비스를 이용하면 아기도 투자할 수 있을 만큼 투자가 간단하다는 개념을 시각적으로 전달한다. 바로 이 광고가 전하려는 포인트다. 아기가 그 말을 실제로 하는데, 마치 스물여덟 살 청년이 또래와 대화하듯 편하게 말한다.

이 광고가 크게 성공한 이유가 그것이다. 두 번째 차원의 개연성이 흠잡을 데 없이 완벽했던 것. 다시 말해 주인공의 내적 논리가 그럴듯하게 표현됐다. 아기가 세상을 보는 관점은 목표 청중의 관점과 잘 맞아떨어졌다. 아기는 청중이 경험으로 깨달은 교훈을 알고 있었고, 청중의 언어를 구사했다.

광고는 2008년에 첫선을 보였다. 이트레이드가 목표로 삼은 청중은 초보 개인 투자자로,[6] 그때까지만 해도 자금 운용을 자기가 알아서 한다는 게 좀 찜찜했던 사람들이었다. 그도 그럴 것이, 투자 회사들이 열심히 메시지를 주입한 덕택에 사람들은 자금 운용이란 전문적이고 겁나는 일이어서 숙련된 전문가 손에 맡기는 게 최선이라고만 알고 있었다. 그러다가 금융 위기가 닥치면서, 투자를 '신중하게' 하지 못한 투자 회사에 땀 흘려 번 돈을 맡긴다는 게 이제 한층 더 찜찜해졌다.

광고 속 아기는 그 정서를 여실히 대변해 주었다. "형씨들, 고맙지만 됐어요. 우린 알아서 잘하고 있거든요." 광고는 발칙하면서 재미있었고, 도표나 용어나 어려운 말 하나 없이 요점을 전달했다. 문화 평론가 일레인 래핑은 이 광고를 가리켜 "아이가 증권 거래업을 인간화했다"고 평했다.[7]

여기서 키워드는 '인간화'다. 다른 말로 하면 '쉽게 접근할 수 있게' 한 것이다. 스토리 속 주인공이 목표 청중의 눈으로 세상을 보고 그들 특유의 논리로 생각할 때, 스토리는 개연성을 획득한다. 설령 일어나는 사건 자체가 황당무계하다 해도 상관이 없다. 이 점을 잘 활용하면 의외성이라는 중요한 요소를 집어넣는 좋은 전략이 될 수도 있다.

긴장 고조: 반전 집어넣기

"잠깐, 지금 소설 쓰는 것도 아닌데 '반전'이라니?" 여러분은 이렇게 반문할지도 모르겠다. 지금 여러분이 만드는 것은 가령 60초짜리 광고, 두 문단짜리 스토리, 트윗 등일 수도 있다. 하지만 중요한 건 그래도 반전을 넣을 수 있고, 넣어야 한다는 것이다. 그 가장 훌륭한 예는 (진위 여부는 불분명하지만) 어니스트 헤밍웨이가 문인들과 옥신각신하던 중 여섯 단어로 스토리를 써 보라는 도전을 받고 써냈다는 글이다. "팝니다. 아기 신발. 한 번도 신지 않음.For sale. Baby shoes. Never worn."[8] 가슴 아프게 제대로 한 방 먹이는 반전이다. 하지만 따지고 보면 사실 아기가 신발 신을 일이 그렇게 많진 않으니, 가슴 아픈 스토리라기보다는 그냥 신발을 잘못 사서 내놓은 것일 수도 있지 않을까 하는 생각도 든다.

그런가 하면 배우 윌리엄 샤트너의 이런 기발한 작품도 있다. "수능을 망쳤다. 장학금이 취소됐다. 로켓을 발명했다.Failed SAT. Lost scholarship. Invented rocket."9 또, 이야기꾼 캐런 디츠의 더 기발한 스토리도 있다. "골프를 쳤다. 상사가 이겼다. 해고를 면했다.Played golf. Boss won. Kept job."10 많은 이야기를 시사하고 요점이 확실하면서, 안타깝게도 눈칫밥 먹고 사는 수많은 노동자(즉 대다수 사람)의 마음에 와닿는 초단편 소설이라 하지 않을 수 없다. 원인에서 결과로 깔끔하게 이어지는, 개연성 있는 인과적 전개도 눈여겨볼 만하다. 겉으로 일어난 사건을 서술하면서 동시에 이면의 사정도 암시하고 있다. 독자는 스토리의 화자가 상사에게 일부러 져 줬다는 것도, 왜 그랬는지도 알고 있다. 물론 그 이유가 스토리의 포인트다.

자, 그렇다면 어떻게 해야 개연성 있고 반전이 있는 인과적 전개를 구상해서, 청중의 기대를 활용하고 궁극적으로 그 기대를 뒤집을 수 있을까? 그 한 예로 언뜻 무척 단순해 보이는 60초짜리 광고 하나를 살펴보자. 청중의 기대를 꿰뚫고 있으면, 그 기대를 보기 좋게 깨서 놀라움을 안겨줄 수 있음을 보여 주는 광고다.

사례 **제타**

광고는 누구나 익히 아는 전형적 상황을 중심으로 전개된다.[1] 결혼식 날 어마어마하게 지각한 신랑이 신부의 반응을 예상하고 애태우는 상황이다. 우선 영상의 내용을 함께 보고, 그런 다음 제작자의 의도를 이야기해 보자.

◆ 한 남자의 얼굴이 보인다. 초조하면서 단단히 작심한 표정이다. 방금 뭔가 중요한 결심이라도 내렸는지 그 무엇이 앞길을 막아도 포기하지 않겠다는 의지가 읽힌다. 남자는 비가 추적거리는 어느 외딴 지방 도로를 차로 질주하고 있고, 주위에는 집도 건물도 보이지 않는다. 누가 봐도 다급한 모습이다. (무슨 범상치 않은 일이 있는 게로군. 뭔가 큰일이 있어.)

◆ 장면이 바뀌어 웨딩드레스를 입은 여자가 신부 대기실에 서 있다. 여자의 뒤로는 사제가 서 있고, 곁에는 신부 들러리들이 무릎을 꿇고 드레스와 면사포를 매만져 주고 있다. 여자가 내려다보며 미소 짓는다. 한 쪽에 놓인 의자에는 아버지가 앉아 딸의 모습을 지켜보고 있다. (헉, 그 남자가 신랑이었군. 그런데 왜 그렇게 외딴 벽지에 있는 거야? 이 장면에서 우리는 인과관계를 포착하고 문제가 무엇인지 직감한다.)

◆ 다시 남자의 모습, 여전히 엄청난 속도로 질주하고 있다. (우리

는 남자가 늦지 않아야 할 텐데 하며 마음속으로 응원한다. 벌써 식장에 가 있어야 할 사람이 무엇 때문에 저렇게 늦은 건지도 궁금하다.)

◆ 딸을 지켜보는 신부의 아버지. 그런데 표정이 좀 무거워 보인다. 약혼반지를 만지작거리는 신부, 애틋한 눈빛으로 허공을 응시한다. (저런, 신랑이 안 와서 걱정하고 있군. 빨리 와야 할 텐데. 변명거리는 제대로 있으려나.)

◆ 남자가 초조하게 손목시계를 흘낏 보고 속도를 더 높인다. 땀에 젖은 모습이다. (아니 왜 저렇게 늦은 거야? 무슨 일이 있었나? 제시간에 못 가면 어떻게 되는 거지?)

◆ 아버지도 손목시계를 흘낏 본다. (아버지는 왜 저렇게 기분이 안 좋아 보이지? 신랑이 늦게 오는 것만이 이유일까? 신랑감 자체에 불만이 있었는데 역시나 하고 있는지도. 어쨌거나 딸이 상처받을까 봐 걱정하는 건 분명해. 그런데 아무래도 조짐이 안 좋아 보이네.)

◆ 굼뜬 캠핑 트레일러 한 대가 길 앞을 막아선다. 남자는 당황한 기색이다. (왜 하필 지금! 하긴 항상 이런 식이지. 망할 트레일러. 긴장감이 한층 고조된다.)

◆ 아버지가 딸의 양손을 잡아준다. 딸은 애써 웃어 보이지만 엷은 미소에 그치고, 먼저 시선을 돌린다. (딸이 생각보다 많이 걱정하고 있는 걸 아버지도 알겠군. 두 사람한테 누가 말 좀 해 줘, 신랑이 오고 있다고. 포기하지 마!)

◆ 남자는 모험을 감행할 참이다. 기어를 바꿔 넣고 쏜살같이 트레일러를 추월한다. (와, 차가 파워가 좋아서 다행이네. 잘못하면 반대 차선에서 오는 차와 부딪칠 것 같았어. 남자가 여자를 많이 사랑하는군.)

◆ 딸에게서 눈을 돌리는 아버지, 근심은 더 깊어 보인다. (우리 근심도 깊어진다.)

◆ 남자가 많이 가까이 왔나 보다. 긴 다리 위를 지나가는데…… 이런, 아직도 시골이다. (시간이 없어!)

◆ 신부가 창밖을 내다보더니 실망한 표정으로 고개를 돌리고는, 마음을 굳게 먹는다. (잘하면 곧 올 거야. 아직 포기하지 마.)

◆ 마침내 도시로 접어든 남자, 그런데…… 철도 건널목 게이트가 내려와 길을 막는다. 한없이 긴 열차가 지나가는 동안, 남자는 안절부절못하더니 고개를 핸들 위에 묻었다가 다시 뒤로 젖히고는 답답함에 소리를 지른다. (아 이런, 자기 결혼식에 못 가게 생겼군. 어떡하나, 일부러 안 나타났다고들 생각할 텐데.)

◆ 아버지가 체념한 듯 고개를 숙인 채, 신부 대기실의 문을 우리 눈앞에서 닫는다. (이제 끝이군. 하객들에게 신랑이 안 나타났다고 말해야겠지. 얼마나 괴로울까.)

◆ 화면이 바뀌어 교회 앞. 인적 없는 길에 남자의 차가 도착하고, 남자가 황급히 내려 계단을 뛰어 올라간다. 열려 있는 교회 문으로 들어간다.

◆ 교회 좌석은 하객으로 빼곡하다. 제단 앞에는 신부와…… 엥, 신랑이 있네? 두 사람이 나란히 서 있다. 사제가 "이 결혼에 이의가 있으신 분은 지금 말씀하시거나 아니면 영원히 침묵해 주십시오"라고 말하는 순간 남자가 달려 들어온다. 그 자리에 멈춰선 남자를 신랑이 노려보다가 신부를 흘끗 본다. 신부는 고개를 떨군다. 아, 남자와의 사이에 무언가가 있다는 인정이다. 남자가 입을 열려는 찰나, 신부는 반짝이는 눈으로 그를 바라보며 떨리는 숨을 들이켜고, 그제야 우리는 깨닫는다. 지금 우리가 본 것은 다름 아닌 영화 《졸업The Graduate》의 마지막 장면을 60초짜리로 각색한 버전이었다. 남자는 《졸업》의 더스틴 호프만처럼 일생의 사랑이 잘못된 상대와 결혼하려는 찰나에 구해 낸 것이다.

의외의 결과이면서도 깊은 만족감이 느껴진다. 마술사가 빈 모자에서 별안간 토끼를 꺼내 들 때 관객의 반응처럼, 우리는 화가 나는 게 아니라 짜릿한 전율을 느낀다.

그리고 광고가 기억에 남는다. 하지만 어쨌거나 광고가 우리를 '속여 넘긴' 건 맞지 않나? 누구한테 속아 넘어가면 기분이 나쁘기 마련인데, 왜 우리는 화가 나지 않았을까?

화가 나지 않은 이유는, 눈앞에 벌어진 인과적 전개에 우리가 부여한 의미도 실제로 일어난 사건 못지않게 말이 됐기 때문이다. 다시 말해, 그런 장면들이 이어진 끝에 우리가 예상했던 대로 일이 일어났다고—가령 남자가 도착했더니 텅 빈 예식장에 버려진 리본과 꽃만 나뒹굴고 있었다고—해도 충분히 개연성이 있었을 것이다. 핵심은, 광고가 의외의 결말을 내놓긴 했지만 우리가 깜빡 속은 것을 조롱하지 않았다는 점이다. 단지 그 상황을 전혀 다르게 바라보는 관점을 제시했을 뿐이다. 우리가 만들 스토리의 목표도 물론 그것이다. 익숙한 무언가를 새로운 시각으로 볼 수 있게 해 주는 것이다.

좋다. 기발한 스토리에 잘 속았다고 치자. 그런데 그게 제타Jetta 자동차를 사는 것과 무슨 관련이 있을까? 사실 끝날 때까지는 이게 차 광고인지도 알 수 없다. 남자가 식장에 제때 도착할 것인지 결말을 주시하느라 바빠서 '얘네들이 뭘 팔려고 이러는 거지?' 하는 생각은 할 틈도 없다. 그렇다면 이 광고는 어떻게 진짜 하고 싶은 말, 즉 우리 차를 사라는 말을 전하고 있는 걸까?

우선 표면상으로 보면, 이 광고에서 차는 주인공은 아니었지만(남자가 주인공이었다) 거의 '영웅'이었다. 캠핑 트레일러를 안전하게 쏜살같이 추월했고, 흥건하게 젖어 미끄러운 도로에서 급커브를 안정적으로 소화했다. 결국 마지막 순간에 맞추어 주인공을 목적지에 데려다 주었다. 하지만 여기엔 더 깊은 뭔가가 있다.

이 스토리 자체의 교훈이 무엇이었을까?

신부가 결혼하려는 상대는, 우리가 마지막 몇 프레임에서 보았듯이, 신부가 완전히 반한 남자는 아니었다. 물론 멀쩡하긴 했다. 키도 크고, 평범하게 준수한 얼굴이고. 딱히 문제는 하나도 없다. 누가 봐도 그 정도면 괜찮은 신랑감이다. 단지 좀 평범하다 못해 심심하다는 느낌마저 든다. 셔츠 단추를 꽉 채우고, 짧게 깎은 머리는 흐트러짐 없이 단정하고, 뭔가 고리타분해 보인다. 반면 주인공 남자는 훨씬 생기 넘치고 열정이 있어 보인다. 셔츠 단추는 다 채우지 않았고, 조금 긴 머리는 로맨스 소설 주인공처럼 헝클어져 있다. 남자는 위험을 두려워하지 않고, 모험을 주저하지 않는다. 아닌 게 아니라, 자칫 대망신감이 될 수도 있었다. 하지만 무슨 상관인가, 그녀를 사랑하는데! 우리는 애틋해진다.

물론 남자가 만약 주인공이 아니어서 우리가 응원하는 인물이 아니었더라면 그리고 신부가 지금 큰 실수를 하기 직전이라고 우리가 믿게끔 분위기가 깔리지 않았더라면, 우리는 남자가 뛰어들어 결혼식을 훼방 놓는 모습을 보고 뭐 저렇게 무례한 자가 있나 하고 생각했을지도 모른다.

그렇지만 우리는 그 반대의 감정을 느끼게 된다. '와, 다행이다. 잘못된 상대와 결혼하려는 여자를 구해 줬어.'

그게 바로 이 스토리의 포인트이자, 광고의 포인트였다. 당신이 원하는 것은 손을 뻗으면 쥘 수 있다. 손에 넣겠다는 용기만 있으면. 마지막으로 화면에 뜨는 슬로건이 광고의 정체를 드러내면서, 그 점을 분명히 한다. "안전벨트 단단히 조이세요. 제타 VR6. 운전자 모집."

잘못된 믿음 난 내가 꿈꾸는 그녀를(그러니까 드림 카를······) 가질 수 없어. 그건 누구 다른 사람 몫이겠지. 나한테는 무리야.

진실 내 꿈은 내가 손만 뻗으면 쥘 수 있어. 차지하겠다는 용기만 있다면. 지금 나선다면.

깨달음 왜 내 드림 카를 눈앞에서 놓쳐야 하지? 가질 수 있어(할부 조건만 합리적이라면).

> **변화** 제타를 한번 시승해 봐야 되겠어.

조금 더 깊이 들여다보면, 신부 역시도 잘못된 믿음이 있는 게 분명하다. 즉, 그녀가 주인공이었을 수도 있다. 그리고 어떻게 보면 그녀도 마지막에 행동을 취한다. 그녀가 남자를 바라보는 눈빛으로 볼 때 우리는 그녀가 마지막 순간, 아직 늦기 전에 자기 실수를 깨달았다는 걸 알 수 있다. 그녀의 입장에서 보면 이 스토리는 차선에 만족하지 않고 최선을 선택하는 이야기가 된다.

> **잘못된 믿음** 평범한 보급형 남자(그러니까 보급형 차……)는 비록 내가 꿈꾸는 이상은 아니지만, 그걸로도 충분해.

> **진실** 남자에게서 그리고 차에서 내가 얻을 수 있는 건 그게 다가 아니야. 제대로 된 선택을 한다면 전에는 차마 꿈도 꾸지 못했던 새로운 곳으로 함께 떠날 수 있다고(그리고 자동차의 경우는 안전하게 제시간에 갈 수 있지).

> **깨달음** 왜 과거에 안주해? 내 이상적인 남자도, 이상적인 차도 현실에 존재해. 그리고 나를 기다리고 있어.

> **변화** 제타를 한번 시승해 봐야 되겠어. (프레드는 알아서 괜찮은 여자 만나고 잘 살 거야.)

제작자가 이 광고에 심어놓은 감정은 무엇일까? 인생에서 내가 진짜로 원하는 것을 추구하고, 또 그것을 실제로 성취할 힘을 자각하는 데서 오는 짜릿함이다. 비록 그 길에 온갖 장애물이 놓여 있다 할지라도. 또 신부의 관점에서 본다면, 선택받는 기쁨이자 누군가에게 무엇보다 소중한 사람이 된다는 기쁨이다. 물론 여러분 생각이 맞다. '언젠가 백마 탄 왕자님이 나를 데리러 올 거야' 식의 구태의연한 성차별적 관념이 배어나는 발상이 아닐 수 없다. 내 그런 믿음에 비추어 본다면 나는 이 광고에 눈길을 주지 않아야 마땅할 것이다. 이렇게 보고 또 볼 것이 아니라(물론 일 때문에……). 하지만 중요한 건, 선택받고자 하는 욕구는 워낙 원초적이면서 보편적인 욕구라는 것이다. 인정하긴 부끄럽지만 이 광고는 내게 제대로 와닿았다. 그 다른 관점은 생각해 볼 겨를도 없었고, 그래서 더더욱 부끄럽게도 아예 생각해 보지 않았다. 이것 역시 스토리의 힘일 것이다.

여운을 남기는 강력한 스토리에 감동하기는 쉽지만, 그걸 만든다는 건 완전히 다른 얘기다. 그런 스토리를 만들 생각만 해도 좀 긴장이 될 것이다. 좋은 현상이다. 지금부터 알아볼 주제가 바로 긴장감이니까.

두려움 없이는 용기도 없다

스토리 속 주인공이 문제를 해결하기 위해서는 '본인이' 생각하기에도 넘어설 수 없을 것 같은 장애물을 넘어서야 한다. 만약 주인공이 용감무쌍해서 겁이 없다면? 그러면 아무리 나쁜 일이 닥친다 해도 역경이랄 게 없다. 내면적으로 극복해야 할 것도 없고, 결과적으로 깨닫는 것도 없을 것이다. 다시 말해 지금까지 우리가 앤을 많이 힘들게 했지만, 이제 좀 더 힘들게 만들어 볼 차례다.

말은 쉽다. 하지만 어떻게 해야 할까? 객관적으로 봤을 때 극적인 사건이라면 얼마든지 있을 수 있다. 운석이 뒷마당에 떨어질 수도 있다. 외계인의 우주선이 지붕에 착륙할 수도 있을 것이다. 또 물론 홍수도 있고 지진도 있다. 화산 폭발도 있고. 용암이 막 흘러 내려오면 볼 만하지 않을까. 짐작했겠지만, 다 틀린 답이다. 비밀을 말하자면, 정답은 '항상' 스토리의 뒤편에 있다.

거창한 외적 사건은 잊자. 고민해야 할 질문은 이것이다. 앤이라면 현재 처한 상황 속에서 어떻게 할까? '본인은' 어떻게 문제를 해결하려고 할까? 사실 이건 '청중은 어떻게 할까'라는 질문인 셈이다. 그렇게 생각해 보면 선택의 폭이 훨씬 좁아지면서 구체적인 안들이 나온다. 개연성도 높아지는 것은 두말할 것 없다. 목표는, 아무리 황당한 것이라 해도 무엇이든 떠오르는 대로 브레인스토밍해 보는 것이다. 앤의 경우라면 다음과 같은 안을 생각해 볼 수 있을 것 같다.

- ◆ 직장 동료에게 문자를 보내 발표를 혹시 오후로 미뤄도 될지 물어본다.

- ◆ 줌으로 원격 발표를 할 수 있는지 알아본다.

- ◆ 리프트(우버와 비슷한 미국의 승차 공유 서비스—옮긴이)를 부르면 오는 데 얼마나 걸릴지 알아본다.

- ◆ 이웃집 차를 빌릴 수 있는지 알아본다.

- ◆ 긍정적 사고에 관한 책을 펼쳐서, 간절히 바라면 회사로 순간 이동할 수 있는지 알아본다.

- ◆ 아 참, 그 자전거도 있긴 하지.

　마지막 방안인 자전거는 현재로선 터무니없는 발상이다(순간 이동보다 더). 사실 앤은 자전거를 까맣게 잊고 있을 공산이 크다. 하지만 우리의 청중은 잊지 않았다. 청중은 앤이 차에 다급하게 타는 순간 자전거가 놓여 있는 것을 봤고, 그게 앞으로 뭔가 의미가 있으리라고 본능적으로 직감했다. 아닌 게 아니라, 차에 시동이 걸리지 않을 때부터 아마 속으로 '자전거, 자전거!' 하고 외치고 있었을 것이다. 안톤 체호프도 이렇게 말했다. "장전된 총은 쏠 것이 아니라면 무대에 놓지 말

아야 한다. 지키지도 않을 약속을 해서는 안 된다."[12] 우리가
자전거를 청중에게 보여 준 것도 하나의 약속이었다. 자전거
가 뭔가 의미심장한 역할을 하리라는 기대를 하게끔 분위기
를 깔았다. 아니라면 왜 굳이 화면에 등장시켰겠는가?

그렇다면 위에 나온 방안들 중에서 가장 효과적인 반전
이 될 만한 것 몇 개를 찾아보자. 요건은 한 사건이 개연성 있
게 다음 사건을 일으켜야 한다는 것이다. 다시 말해 물리적,
감정적으로 가능한 전개여야 할 뿐 아니라 앤이 가진 나름의
내적 논리에 부합해야 한다. 그리고 스토리를 최대한 짧게 만
들기 위해, 언제나 효과적인 이른바 '3의 법칙'을 채택하기로
하자. 그 법칙이 왜 그렇게 효과적이냐고? 알다시피 우리 뇌
는 늘 패턴을 탐색하게 되어 있고, 가장 짧은 패턴은…… 셋
으로 이루어지니까.

그런데 법칙이 하나 더 있다. 일을 한층 더 쉽게 만들어
주는 법칙이다.

가능하다면 반전이 하나 거듭될 때마다 일이 더 커져야
한다. 즉, 새로운 전개가 일어날 때마다 앤은 잘못하면 잃을
게 더 많아져야 한다. 이 요건을 적용하면 후보를 더 줄여나
갈 수 있다. 기본적으로 동등한 후보는 제거하면 된다. 예를
들어, 앤이 만약 발표를 늦춰도 되냐고 물었는데 안 된다는
대답이 돌아왔다면, 이어서 그럼 줌으로 해도 되냐고 물어야

할까? 재차 거절당하면 물론 가능성이 하나 더 줄어들긴 하겠지만, 일이 더 커지는 효과는 없다. 다른 말로 하면, 줌은 전진이 아니라 '옆걸음질'이므로 불필요하다.

스토리 생존 법칙 23

반전이 거듭될 때마다 주인공은 잃을 것이 더 많아져야 한다.

그리고 마지막 법칙이 있다. 가장 쉬운 해법을 먼저 시도해 보는 것이다. 상당히 확실한 법칙인데, 우리 뇌가 바로 그런 식으로 되어 있기 때문이다. 물론 가장 쉬운 해법이라고 하면 낮잠 한숨 자고 일어나서 문제가 해결돼 있기를 바라는 것이겠지만, 앤이 선택할 수 있는 방법이 아니다. 앤의 경우는 리프트 호출을 시도해 보는 게 가장 쉬운 방법일 것이다. 극심한 교통 정체를 생각하면 성공 가망은 희박하지만, 뭐 리프트 운전자는 도처에 있으니까. 일단 쉬운 해법이고, 사회적 위신에 전혀 해로울 게 없고, 아무에게도 문제를 알릴 필요가 없다. 게다가 당장 시도해 볼 수 있다. 완벽하다.

반전 1: 앤은 리프트 호출을 시도한다. 그런데 화면을 보니 근처에 아무 차도 없다고 나온다. 대기 시간이 한 시간이다. 그동안 교통 정체는 더 심해졌다. (그렇다면 이웃집 차를 빌리는 방법도—어차피 옆걸음질이기도 하지만—의미가 없다.) 자, 원 스트라이크다.

이제 해 볼 만한 방법이 두 가지 남았는데, 방금 살펴봤다시피 서로 유사한 관계다. 동료에게 문자를 보내서 발표 일정을 조정할 수 있느냐고 물어 볼 수도 있고, 집에서 줌으로 발표해도 되느냐고 물어 볼 수도 있다. 두 가지 다 괜찮다. 하지만 아무래도 일정 조정이 더 나을 듯하다. 앤이 어떻게든 회사에 가야 하는 상황에서 스토리의 초점을 옮기지 않는 게 좋을 것 같다. 그리고 그 과정에서 일을 더 키울 방법이 있는지 한번 생각해 보자. 위기를 더 고조시키는 것이다.

반전 2: 앤이 동료에게 문자를 보내 분위기를 떠본다. 발표를 오후로 미룰 수는 없을지? 대번에 답이 돌아온다. '안 돼. CEO가 기다리고 있고, 케빈 자식이 지금 회사로 오고 있어. 네가 늦으면 너 대신 발표할 예정이야, 빨리 와!' 투 스트라이크다.

결국 앤의 숙적을 스토리에 집어넣은 것을 보았는지? 이제 일이 확실히 더 커졌다. 앤은 케빈이 우쭐거리며 기분 나쁘게 웃는 얼굴을 상상한다. 게다가 케빈이 승진 기회를 뺏어가기라도 하면, 생각만 해도 끔찍하다. 앤이 결의를 더욱 굳힌다. 어떻게 해서든 먼저 가야 해. 하지만 어떻게?

　　3의 법칙이 구원의 손길을 내민다. 문득 앤의 눈에 자전거가 들어오고, 비록 내키지 않지만 방법이 없는 건 아니라는 깨달음에 생각이 미친다.

반전 3: 이제 이판사판이다. 앤은 자전거에 달린 리본을 풀어 던지고, 핸들에 걸려 있는 새 헬멧을 쓰고, 차고 문을 열고, 자전거를 끌고 나간다.

　　잠깐. 뭔가 중요한 걸 잊은 것 같다. 지금까지 아마 여러분은 시나리오의 전개를 상상하면서 앤의 모습을 머릿속에 그렸을 것이다. 앤은 방금 전까지 SUV를 몰고 출근해서, 멋지게 발표를 할 생각이었다. 그럼 무슨 옷을 입고 있을까? 레깅스에 운동용 티에 스니커즈 차림을 상상하진 않았을 것이다.

　　요컨대, 스토리를 만들다 보면 "아뿔싸!" 하게 되는 순간이 있다. 이마를 치면서 "아, 그 생각을 못 했네. 이제 어떡하지?" 하고 통탄하게 된다. "아뿔싸"는 원점으로 되돌아가야 한다는 신호가 될 수도 있지만, 사전 작업을 충실히 해 놓았다면 수정만 좀 해 주면 될 것이다.

　　자, 그렇다면 우리의 청중에 대해 조사한 내용을 다시 상기해 보자. 그들이 주저하는 원인 중 하나는 동조 압력일지도 모른다. 사회의 일반적인 관행이나 관습 때문에 자기 본모습대로 살지 못하고 남들 기대에 맞춰 행동하고 있을지 모른다. 어쩌면 앤의 옷을 이용해 그런 포인트를 전할 수도 있겠다.

아마도 여러분은 앤의 지금 복장을 스커트와 블라우스에 어쩌면 재킷까지 걸친 채, 힐을 신고 머리는 단정히 말아 올린 모습 정도로 상상했을 듯하다. 한마디로 튀지 않는 정장 스타일이다. 방금 전 힐을 신으면서 허둥댄 것도 어쩌면 평소 신던 신발이 아니어서일지도 모른다. 이런, 이 차림으로 어떻게 자전거를 타나?

스토리 생존 법칙 24

'아뿔싸' 순간은 훌륭한 스토리를 만들기 위해 거쳐야 할 과정이다. 그럴 때는 원점으로 되돌아가야 할 수도 있고, 단지 수정만 필요할 수도 있다.

스토리란 이렇게 만들면서 되는 대로 형태를 갖춰 나갈 때가 많다. 자, 그럼 이 문제를 어떻게 풀까? 디테일 하나를 또 추가해 보면 어떨까. 그런 '근무복'은 애초 그녀의 본모습이 아님을 보여 주는 디테일. 가령 쌈박한 검은색 나일론 메신저 백 같은 것이 좋겠다. 안에는 운동복이 들어 있다. 앤이 퇴근 후 헬스장에 갖고 다니는 백이다. (그렇다면 앞으로 돌아가서 시나리오를 좀 수정해, 이전에는 그녀가 하루 일을 마치고 녹초가 된 몸으로 힘들게 운동까지 했다는 사실을 보여 주는 방법도 있겠다.)

이제 앤은 자전거를 흘깃 보고는, 숨을 깊이 쉬고 마음을 굳게 다잡는다. 머리핀을 풀자 머리카락이 어깨까지 스르륵 내려온다. 앤은 운동복으로 재빨리 갈아입고(물론 화면 밖에서), 스커트와 셔츠를 돌돌 말아 백 속에 집어넣는다. 앤이 자신의 진짜 모습을 드러낸다. 관습이라는 껍데기 속에 숨어 있던 본모습이다. 우와!

앤이 자전거를 끌고 차고 밖으로 나온다. 이 장면에서는 무슨 상상을 펼쳐도 상관없으니, 앤이 언덕 위에 산다고 해 보자. 아래를 내려다보니 차들이 도심을 향해 줄지어 기어가고 있다. 저 멀리 높은 건물을 흘깃 바라본다. 회사 건물이다. 앤은 자신 없고 미심쩍은 표정이다. 시간 안에 도착할 수 있을까? 녹초가 되진 않을까? 어떻게든 해 볼 각오가 돼 있다. 예식장으로 질주하던 그 남자처럼, 반드시 가야 한다는 일념뿐이니까. 그리고 그 남자처럼, 그녀의 구세주도 지금 올라탄 교통수단이다.

이제 문제는 이것이다. 앤은 회사에 도착해서 녹초가 돼 있을까, 활력이 넘칠까? 내가 상상하는 앤은 처음엔 좀 걱정스러운 표정으로 페달을 천천히 밟다가, 자동차 사이를 씽씽 통과하는 재미를 깨닫고는, 신나게 달려가는 모습이다.

일단은 앤이 회사에 도착했을 때 어떤 기분일지는 잊기로 하자. 이 스토리 속에는 또 하나의 강력한 감정이 숨어 있다. 바로 꿈쩍 않는 차들과 씩씩거리는 운전자들 사이를 씽씽 지나가는 짜릿함이다. 그런 기쁨에 환호하지 않을 통근자는 없을 것 같다. 정체 속에 하릴없이 갇혀 있는 짜증이라면 누구나 익숙하니까. 그리고 어쩌면 혹시 이럴 수도 있지 않을까. 앤이 회사에 가까워지면서 기다랗게 늘어선 차의 행렬 옆을 지나가는데, 저 앞에 한 남자가 차창 밖으로 고개를 내밀고는 고래고래 욕하고 있다. 그 옆을 지나가면서 보니, 바로 케빈! 차 안에 갇혀 옴짝달싹 못 하고 있는 숙적의 모습이다.

이렇게 해서 어느 정도 쓸 만한 인과적 전개를 구상해 봤다. 이제 앤의 잘못된 믿음이 보기 좋게 무너질 순간만 앞두고 있다. 그런데 어떤 식으로 무너져야 할까? 다음 강에서 자세히 알아보자.

스토리 창작

우선 여러분의 스토리 및 행동 요청과 관련해, 목표 청중이 가진 특성과 잘못된 믿음 그리고 세계관에 대해 알게 된 사항을 모두 복습해 보라. 굳이 꼭 그래야 하나 하는 생각이 들더라도 그렇게 해야 한다. 자칫하면 나도 모르게 나의 신념 체계에 이끌려 두루뭉술한 일반론의 세계로 다시 빠져들기가 상상 이상으로 쉽다.[13]

자, 그럼 이제 도입부에서 험난한 위기에 내몰린 주인공을 앞에 놓고 생각해 보자. 주인공의 머리에 떠오르는 해결 방안은 어떤 게 있을까? 앤의 경우처럼 후보를 뽑아 본다. '주인공의 특성을 고려할 때' 주인공이 떠올릴 만한 것이라면 아무리 황당한 것이라도 좋다.

후보를 뽑고 나면 그중에서 쓸 만한 것을 추려 본다. 유사한 것은 제거하면 된다. 앤의 경우 리프트 호출과 이웃집 차 빌리기를 뺐던 것을 기억하자. 목표는 일련의 반전으로 위기를 키워 가면서 결국 주인공으로 하여금 자신의 잘못된 믿음에 비추어 성공 가망이 없는 방안을 어쩔 수 없이 택하게 만드는 것이다. 앤의 경우는 자전거에 올라타는 방안이었다. 스토리 첫머리에서 앤은 자전거를 타고 회사에 갈 수는 있겠지만 도착하면 녹초가 될 것이라 생각해, 활력 넘치는 발표로 임원들을 감동시키고 승진 기회를 딸 가망이 없다고 봤다.

가장 효과적인 반전을 찾아내려면 다음의 세 가지 질문을 생각해 보면 좋다.

1 이 반전이나 전개 또는 디테일을 넣으면, 주인공이 '아하!' 하고 깨닫는 순간을 향해 스토리가 전진하는 효과가 있는가?

2 주인공이 이 해결 방안을 모색해 본 후 포기해야 마지막에 내릴 결정이 말이 되는가?

3 반전이 거듭될 때마다 주인공이 지금 씨름하고 있는 문제가 점점 확대되어 더욱 풀기 어려워지는 효과가 있는가?

12강

깨달음의 힘
: '아하!'의 순간

**"자신을 괴롭히는 것으로부터 진정 벗어나고 싶다면,
다른 곳으로 갈 것이 아니라 다른 사람이 되어야 한다."[1]**
● 세네카

깨달음의 순간은 정말 짜릿하다. 중학교 때 같은 반의 잘생긴 남자아이가 나를 좋아한다는 사실을 깨달았을 때, 회사에서 종일 웹 서핑만 하는 아첨꾼 게으름뱅이 동료를 제치고 내가 승진한다는 사실을 깨달았을 때, 부모님이 내 생일 선물로 진짜 조랑말을 사 놓았다는 사실을 깨달았을 때(이건 착각이었겠지만) 기분이 어땠는가?

그러한 깨달음이 그리도 황홀한 이유는 내 삶에 변화가 찾아오리라는 사실 때문만은 아니다. 그 깨달음에 내 힘으로 도달했다는 사실이 중요하다. 스스로 똑똑한 기분이 들고 행동에 나설 힘이 난다. 이제 나는 어떻게 해야 옳은지 알고 있

고, 또 '느껴지니까'.

우리의 청중도 주인공이 '아하'의 순간을 맞을 때 똑같은 기분을 느끼게 된다. 그때 주인공은 자신의 잘못된 믿음을 떨쳐 버리고, 자신에게 애초부터 문제를 해결할 힘이 있었음을 깨닫는다. 〈오즈의 마법사〉의 도로시가 애초에 동쪽 마녀가 집채에 깔려 죽었을 때부터 자신에게 집으로 돌아갈 능력이 있었음을 깨달은 것처럼.

하지만 깨달음 그 자체만으로는 부족하다. 우리의 관심사는, 주인공이 과연 어떻게 해서 그렇게 번쩍 하는 깨달음을 얻었느냐 하는 것이다.

항상 그렇듯이 〈오즈의 마법사〉가 이 방면에서 완벽한 예를 보여 준다. 영화가 진행되는 내내 도로시는 자기가 해야 한다고 들었던 행동을 함으로써 자신의 문제를 해결하려고 한다. 우여곡절 끝에 온갖 외적인 난관을 훌륭하게 극복한 도로시는, 마녀의 빗자루를 들고 의기양양하게 에메랄드 시티로 돌아온다. 하지만 알고 보니 그것만으로는 해결이 되지 않는다. 어설픈 마법사가 본의 아니게 도로시의 고향 캔자스로 혼자 떠나 버리자, 도로시는 상심한다. 이제 누구의 도움을 받아야 집으로 돌아갈 수 있을까? 그때 착한 마녀 글린다가 다시 등장해서는 이렇게 말한다. "넌 이제 아무의 도움도 필요로 하지 않아. 네게는 캔자스로 돌아갈 수 있는 힘이 처음부터 있었단다." 내 생각이지만, 그 순간 도로시가 글린다를 한 대 후려치지 않은 게 다행이다.

"제가요?" 도로시가 묻는다.

허수아비는 좀 더 대놓고 따진다. "아니 그럼 왜 진작 알려 주시지 않았어요?"

그때 글린다의 대답이 바로 내가 이 책을 쓴 이유이자, 여러분이 스토리를 만드는 이유다. "왜냐하면, 말해 줬어도 안 믿을 테니까. 자기 스스로 깨우쳐야만 했거든."

도로시가 자신의 문제를 해결할 수 있었던 것은 그동안 보여 주었던 온갖 용감한 행동 덕분이 아니라, 그 경험을 통해 스스로 깨우친 교훈 덕분이었던 것이다.

바로 그렇기에, 주인공의 깨달음에 개연성이 있으려면 그 이면의 내적 논리를 청중이 납득해야 한다. 청중이 알고 싶은 것은 이것이다. 주인공은 왜 자신의 잘못된 믿음이 틀렸다는 자각에 이르렀을까? 무엇 때문에 진실에 눈이 뜨인 걸까? 우리가 갈구하는 게 바로 그것이다. 그게 바로 우리가 살면서 써먹을 수 있을 만한 팁이니까. 그리고 그 팁이 접수되려면, 내가 즐겨 쓰는 말이지만, 번쩍 하고 깨달음이 와야 한다.

바로 그 순간, 여러분 스토리의 포인트가 전해진다. 여러분이 말하려고 하는 요점이 전해진다. '집만 한 곳이 없다'라는 '교훈' 자체가 중요한 게 아니다. 중요한 건 그 '이유'다.

스토리 속에서 벌어지는 모든 일들은 바로 그 순간에 도달하기 위한 여정이다. 스토리가 그 순간에 확실히 도달할 수 있게 하기 위해 이 강에서는 우선 '아하' 순간의 네 가지 핵심 요건을 알아보겠다. 그 요건이 갖춰져야 청중이 고대하고 있던 순간에 스토리의 포인트가 아리송해지는 불상사를 막을 수 있다. 그런 다음 마지막으로, 우리가 만들고 있는 스토리에서 우리 삶의 스토리로 시선을 돌려, 스스로의 취약점을 마주한다는 것의 막강한 힘에 대해 생각해 보려고 한다.

'아하' 순간의 해부

'아하' 순간을 청중은 처음부터 언제 나오나 기다리면서 계속 궁금해했다. 청중은 이제 준비가 돼 있다. 이것이 스토리의 묘미다. 우리가 만약 스토리의 포인트를 대놓고 설파했다면—자전거를 타면 힘이 빠지지 않고 오히려 활력이 솟는다거나, 우리 후보가 국민 대통합을 이룰 것이라거나, 이 치약이 최고라고 말해 주었다면—청중은 아마 반발할 것이다. 아니, 끝까지 들어주기나 하면 다행이 아닐까. 하지만 지금 우리는 청중의 관심을 사로잡았으니, 청중은 방어막을 내리고 대문마저 활짝 열어젖힌 상태다. 한마디로 취약한 상태라고 할 수 있다. 아니, 취약함을 넘어서 무방비 상태다. 게다가 더 소름 끼치는 사실은, 자기가 그런 상태인 것도 모른다는 것이다. 이 또한 스토리의 힘이다. 스토리는 레이더망에 걸리지 않고 소리 없이 날아서, 청중의 신념 체계 속으로 곧바로 파고든다. 단, 스토리가 청중의 언어를 구사해야 가능한 일이다.

자, 그럼 어떻게 하면 청중이 스토리의 포인트를 확실히 깨닫게 해 줄 수 있을까? 효과적인 '아하' 순간이 갖춰야 할 요소가 네 가지 있다.

❶ 더 이상 미룰 수 없는, 그야말로 최후의 순간에 찾아와야 한다.

❷ 그 어느 인물도 아니라 오롯이 주인공의 깨달음이어야 한다.

❸ 투명해야 한다. 청중이 그 이면의 논리 전개를, 즉 주인공의 내적 투쟁을 뚜렷하게 이해할 수 있어야 한다.

❹ 해방감을 주어야 한다. 주인공이 자신을 옥죄었던 잘못된 믿음에서 벗어나 이제 문제를 해결할 수 있어야 한다.

〈오즈의 마법사〉에서 이 네 가지 요소를 하나하나 살펴보자. 그전에 먼저 스토리의 세팅을 알아보자.

스토리의 시작부터 도로시가 원하는 것은 무엇일까? 공정한 대우다. 정의를 원한다. 심술궂은 걸치 아줌마가 별 이유

없이 도로시의 애견 토토를 죽이겠다고 협박하자—너무나 불공정한 일이다—도로시는 토토를 데리고 도망가는 수밖에 없겠다는 생각을 한다.

잘못된 믿음 뭔가 일이 잘못됐을 때 가장 좋은 방법은 도망가서 다른 곳에서 새로 시작하는 거야. 무지개 너머 저곳으로 갈 수만 있으면 모든 문제가 눈 녹듯 사라지겠지?

　문제는, 내가 어딜 가든지 나는 그대로라는 것이다. 다시 말해 우리의 목표 청중처럼, 도로시도 자신의 문제와 자신의 신념 체계를 그대로 안고 있다. 문제는 결코 눈 녹듯 사라지지 않는다. 외면할수록 문제는 어둠 속에 방치된 채 점점 더 커질 뿐이다. 스토리가 진행되면서 도로시는 자신의 전제를 되돌아볼 수밖에 없다. 과연 도망치는 것이 최선의 선택이 맞나? 본의 아니게 오즈에 갇혀 버렸으니 이제 와서 아니네 하고 슬며시 집으로 기어들어갈 수도 없는 형편이다. 도로시는 자신의 잘못된 믿음으로 인한 대가를 직접 마주할 수밖에 없다.

　도로시의 외적 목표는 집에 돌아가는 것이지만, 그녀의 진짜 문제는 자신에게 문제를 해결할 힘이 없다고 믿는 것이다. 그래서 자신의 신념을 꿋꿋이 밀고 나가지 않고, 그 대신 도망치는 길을 택한다. 약하거나 용기가 없어서가 아니라, 그 때까지 살아오면서 그렇게 하는 것이 옳다고 배웠기 때문이다. 그러나 자신의 외적 문제를 풀고자 사악한 마녀의 성을 찾아가는 길에 친구들을 사귀게 된다. 도로시는 친구들이 용기를 내어 악당들에 맞서고 정의를 위해 싸우도록 돕는 과정에서, 자기 내면의 힘에 눈을 뜬다. 자신의 잘못된 믿음을 바로잡아 줄 해독제를 찾은 것이다.

진실 도망친다고 해서 해결되는 것은 없다. 그러나 나의 신념을 용감히 밀고 나간다면 상황을 변화시킬 수도 있다.

깨달음 내가 찾던 그것은 늘 내 주변에 있었어. 집만 한 곳은 세상에 없어!

변화 이제 도로시는 자기 힘으로 집에 돌아갈 수 있고, 돌아가서 자신의 신념을 지키기 위해 싸울 용기가 있다.

그렇다면 이제 그 '아하' 순간을 요소별로 나누어 보자.

❶ 배치상, 타이밍이 적절하지 않으면 다 소용없다. '아하' 순간이 찾아오는 타이밍은 스토리의 최대한 막바지, 즉 모든 것을 영영 잃는 참사가 일어나기 바로 직전이어야 한다. 도로시의 경우도

딱 그랬다. 하라는 일을 모두 다 했는데도, 집으로 데려다줄 열기구가 자기를 놓고 영영 떠나 버렸다. 모든 기회를 영원히 잃게 될 순간이다. 마녀의 빗자루를 하나 훔쳐 오는 것보다 훨씬 큰 난관이다. 이제 시도해 볼 수 있는 건 다 해 봤으니 긴장이 한껏 고조되면서, 도로시는 도무지 불가능하리라 생각했던 가능성에 매달려 볼 수밖에 없다. 우리는 조마조마한 마음으로 손에 땀을 쥔다. '아, 안 돼. 이제 어떻게 집에 가지?'

여러분의 스토리에서 '아하' 순간이 일어나는 타이밍은 도로시의 경우보다도 더 중요하다. 여러분의 청중이 진실을 깨닫고 난 다음에는 그 깨달음을 음미할 여유를 주어야 하기 때문이다. 그러지 않고 뭔가 새로운 것으로 초점을 옮기면, 흥분이 바로 가라앉아 버린다. 요컨대, 방금 뭔가를 깨달은 청중의 주의를 딴 곳으로 뺏어 가서는 안 된다. 지금이 바로 주인공의 깨달음이 곧 청중의 깨달음이 되면서 청중의 세계관에 녹아드는 순간이다. 이제 스토리의 주인공처럼, 청중도 행동에 나설 수 있을 것이다.

그러기 위해선?

❷ '아하' 순간은 항상 주인공의 것이어야 한다. 청중은 주인공을 자신의 분신처럼 여기고, 주인공의 경험을 자신도 생생히 함께 느끼면서 응원하고 있다. 그래서 주인공이 다른 사람에게 구원받지 않고 스스로 해내길 바란다. 지금까지 주인공의 고통을 함께 겪어 왔으니, 이제 주인공이 승리하는 순간도 함께 맛보고 싶다. 바로 그렇기에, 그 누구도 끼어들어서 주인공의 문제를 대신 해

결해 주어선 안 되는 것이다. 주인공의 엄마도, 상사도, 착한 마녀 글린다조차도…… 그런데 여기엔 한층 더 깊은 원리가 있다.

❸ '아하' 순간은 투명해야 한다. 주인공이 아무리 무엇을 깨달았다 해도 그 이면에 깔린 논리가 드러나지 않으면 의미가 없다. 우리가 갈구하는 게 바로 그것이니까. 우리는 주인공이 자신의 믿음이 왜 잘못인지 깨닫고 진실을 받아들이는 그 순간을 명확하게 들여다보고 싶다. 바로 그 순간, 용감한 모텔6 이용객은 자신이 손주들에게 장난감 사주려고 돈을 아끼는 현명한 사람이라는 점을 깨달았다. 바로 그 순간, 10대 청소년은 "여자애처럼"이라는 말에 담긴 폄하의 시선을 깨달았다. 또 바로 그 순간, 제이미 해리슨은 유권자들이 동네 흙길도 포장해 주지 않고 공허한 약속만 내놓는 정치인의 말은 믿지 않는다는 것을 깨달았다.

스토리 생존 법칙 25

주인공의 '아하' 순간은 그 이면의 논리를 드러내 보이지 않으면 의미가 없다.

그 순간 주인공이 모텔6 이용은 현명한 선택임을 깨달은 게 다가 아니다. "여자애처럼"이 나쁜 말임을 깨달은 게 다가 아니다. 유권자들의 필요를 충족해 주어야 함을 깨달은 게 다가 아니다.

중요한 것은 '왜'다. 그러한 깨달음이 무엇을 '의미하느냐' 하는 것이다. 즉, 깨달음 이면의 '이유'다. 그 깨달음 덕분에 주인공은 문제를 해결할 수 있게 된다. 그리고……

❹ 해방감을 느낀다! 주인공은 '아하' 순간을 통해 애초부터 자기 발목을 잡고 있던 잘못된 믿음에서 벗어난다. 자기를 좌지우지하고 있다고 생각했던 어떤 타인이나 관념 또는 신념이 그렇게 절대적이지 않음을 깨달으면서 전혀 몰랐던 힘이 느껴진다. 동시에 자신이 실천하려는 변화를 통해 자신의 진정한 본모습에 가까워질 수 있음을 깨닫는다. 청중은 주인공을 자신과 동일시하고 있으므로, 청중도 같은 감정을 느낀다.

도로시가 찾아 헤매던 해답은 바로 자기 주변에 있었지만, 도로시는 알아보지 못했다. 안전한 일상의 굴레에서 튕겨져 나와, 자신의 잘못된 믿음을 꿰뚫어 볼 눈을 얻고 나서야 비로소 해답을 찾을 수 있었다. 여러분의 청중도 마찬가지다. 그와 같은 모든 '아하' 순간의 핵심을 작가 프루스트는 다음과 같은 글귀에 완벽하게 담아냈다(원문을 살짝 축약한 것이지만). "진정한 발견의 여행은 새로운 풍경을 찾는 것이 아니라 새로운 눈을 얻는 것이다."[2]

아무리 그렇다 해도, 처음에는 문제를 빙 돌아서 피해 가고 싶은 유혹이 엄청나게 강력할 것이다. 그래서 우리는 쉬운 탈출구를 찾으려고 너무 많은 시간을 쓰곤 한다. 그동안 사태는 더 악화하기 마련이다.

앤도 똑같았다. 일단 리프트 호출을 시도했다. 실패했다. 문제는 해결되지 않았다. 발표를 미뤄 보려고 했다. 역시 실패했다. 문제는 해결되지 않았을 뿐 아니라, 더 악화됐다. 시간이 점점 촉박해져 갔고, 게다가 케빈이 회사로 오고 있다고 하니 일이 점점 커지고 있었다. 이제는 다른 선택이 없었다. 그 망할 자전거를 타는 수밖에. 더 고민할 것도 없었다. 이리저리 재볼 것도 없었다. 남은 건 오로지 자전거뿐이었다.

앤은 여느 때라면 눈길도 주지 않았을 수단을 어쩔 수 없이 택한다. 그리고 어제까지만 해도, 자전거를 타고 진이 빠지게 출근해 봤자 안 좋은 점이라면 피곤해서 점심시간에 한눈붙여야 하는 게 다였다. 오늘은 다르다. 직장에 제시간에, 그것도 자신감과 활력이 넘치는 상태로 쌩쌩하게 출근하지 않으면 그야말로 일생일대의 기회가 날아갈지 모른다.

그런데 뜻밖의 대목은 이것이다. 이 스토리에서 중요한 건 앤이 발표를 잘 해내거나 승진 기회를 따내느냐의 여부가 아니다. 중요한 건 앤이 사회가 기대하는 모습이 아닌 본인의 진짜 모습으로 살아갈 용기가 있느냐 하는 것이다.

앤이 '아하' 순간에 깨닫는 건 무엇일까? 그건 바로, 자신의 운명을 스스로 만들어 나갈 힘이 있다는 자각이다. 어쩌면 남들의 기대에 순응하지 않는 것이 오히려 성공하는 길일 수도 있다. 성공의 정의를 바꾸면 되는 일이다. 하지만 그런 깨달음을 누가 대신 가르쳐 줄 수는 없다.

그렇다면 시선을 붙잡는 디테일을 좀 더 집어넣으면서 스토리에 살을 붙여 나가 보면 어떨까. 아마 처음에 앤은 자전거에 큰 믿음이 없을 것이다. 기다란 줄을 지어 거북이처럼 나아가는 차들 틈에 끼어, 차라리 걸어가는 게 빠르겠다고 생각할지도 모른다. 얼굴 표정에서 다 끝났다는 절망감이 배어난다. 체념한 채 오른쪽을 흘깃 본다. 길가를 바라보다가 문득 깨닫는다. 좁긴 하지만 뻥 뚫려 있다. 곧바로 갓길 쪽으로 핸들을 튼다. 그리고 질주한다.

앤은 점점 속도를 낸다. 그러다가 골목길을 질러가기도 하고, 공원을 가로지르기도 하고, 차들이 다니지 않는 좁은 거리를 달리기도 한다. '자기만의' 길을 찾은 것이다. 앤의 얼굴에서 그 감정이 읽힌다. 직장에 제시간에 도착하는 건 이미 중요하지 않다. 중요한 건 자전거 타는 즐거움, 눈앞에 펼쳐지는 여정, 지금 이 순간을 온전히 즐기는 기쁨이다.

앤에게 번쩍 하고 깨달음이 오는 건 언제일까? 지금처럼 아무 말을 하지 않고 있으면, 그 내면의 사고를 우리가 어떻게 알 수 있을까? 말을 시켜야 할까? 머릿속 생각을 내레이션으로 들려주어야 할까? 아니다. 우리는 이미 앤의 생각이 두려움(내가 과연 할 수 있을까?)에서 짜릿함(그럼, 난 할 수 있어)

으로 변해가는 과정을 표정 변화를 통해 지켜봤다. 또 몸짓언어로도 앤이 자전거와 점차 한몸이 되어가는 모습을 확인할 수 있다. 그렇다, 그 자전거가 결국 우리가 팔려고 하는 제품이다.

하지만 앤의 깨달음은 자전거가 자신의 외적인 문제를 해결해 줄 수 있다는 데 그치지 않는다. 자전거를 타고 제시간에, 상쾌하고 자신감 넘치는 상태로 출근할 수 있다는 게다가 아니다. 더 깊숙한 내면의 깨달음이 있다. 자전거를 타자 자신의 본모습을 펼칠 세상이 활짝 열렸고, 지금 그녀는 그 속으로 유유히 달려가고 있다. (와, 나도 나가서 자전거 한 대 사고 싶어진다.)

그렇다면 이 스토리의 결말은 다음 두 가지 중 하나가 될 수 있을 것 같다.

결말 1: 앤이 회사 건물 앞에 유유히 도착해, 자전거에서 폴짝 뛰어내린다. 헬멧을 벗고 머리를 풀어 헤친다. 결연하게 성큼성큼 걸어 들어간다.

결말 2: 앤의 자전거가 회사 건물을 향해 나아간다. 그리고 그대로 지나쳐 간다. 회사 일은 애초에 앤에게 잘 맞지 않았고, 승진한다면 회사에 더 묶이기만 하리라. 승진은 케빈이나 하라고 하자. 앤은 더 크고 좋은 꿈을 찾아 떠난다.

두 시나리오에서 모두, 발표가 어떻게 됐는지, 또 누가 승진을 했는지는 알 수 없다는 것 눈치챘는가? 사실 그게 뭐가 중요하겠는가? 이 결말에서 더 진행시켰다면, 우리가 청중에게 마지막으로 안겨 주려는 감정이 희석되고 묻혀 버렸을 것이다. 그 감정은 바로 희망, 기대 그리고 해방감이다.

그렇다면 어느 결말이 더 나을까? 스토리를 이루는 모든 요소의 결정이 다 마찬가지지만, 결말의 선택 역시 목표 청중의 세계관에 달려 있다.

청중이 만약 야망 있는 직장인들이어서 최고 임원 자리까지 죽죽 올라가는 게 삶의 목표라면, 첫 번째 결말이 완벽할 것이다. 하지만 청중이 만약 온종일 사무실에 갇혀 있는 답답한 직장 생활에서 조금이라도 일탈을 꿈꾸는 사람들이라면, 두 번째 결말이 더 큰 감흥을 줄 것이다. 혹시 아는가? 어쩌면 앤이 자기 근무복이 들어 있는 메신저 백을 근처 쓰레기통에 휙 던져 넣고 지평선을 향해 달려가는 장면이 결말이 될지도 모른다.

그럼 혹시 설명이 미진한 부분이 있을까? 딱 하나 있다. 자전거에 달려 있던, 그 축 처진 큰 리본이다. 리본을 뺄 수는 없다. 리본이 필요한 두 가지 중요한 이유가 있다. 첫째, 구세주 역할을 할 자전거가 마침 앤에게 '있었던' 이유가 되어 준다. 둘째, 앤이 자전거를 자의로 마련한 것도 아니고 한 번도 타지 않았다는 사실을 알려준다. 하지만 누가 준 선물이며 왜 줬는지를 꼭 밝힐 필요가 있을까? 더 나아가 앤이 선물을 탐탁지 않아 해서 벌어졌을 싸움, 또 그 선물을 준 사람의 생각이 결국 일리가 있었음을 앤이 비로소 깨달았다는 사실 같은 것은? 답은 다행히, '아니오'다. 스토리 속의 사소한 것들은 설명하지 않고 그냥 두어도 되는 경우가 있다. 단, 청중이 개연성 있는 이유를 나름대로 상상해 볼 수 있어야 한다. 리본이 그런 경우에 든다.

스토리 생존 법칙 26

사소한 것들은 설명하지 않고 그냥 두어도 되는 경우가 있다. 단, 청중이 개연성 있는 이유를 나름대로 상상해 볼 수 있어야 한다.

자, 그럼 앤의 스토리를 보여 주면 과연 우리의 목표 청중—매일같이 몇 시간씩 교통 정체 속에서 씨름하느라 지친 도시의 자가용 통근자들—에게 자전거를 팔 수 있을까? 그럴 것 같긴 한데, 모르겠다. 내가 보기에 어디가 부족해서 그런 건 아니다. 단지, 미래 일을 알 수는 없으니까. 사람들이 어떤 의미를 붙여서 해석할지도 알 수 없다. 그런 문제는 우리가 아직 생각해 보지도 않았다. 찬찬히 따져 보지 않으면 전혀 생각지 못한 의외의 의미로 해석되는 일도 있을 수 있다.

그러고 보면, 타인을 설득하고 납득시키고 감화하는 수단으로 스토리 외에도 더 믿을 만한 것들이 있어서 다행이다. 스토리는 데이터처럼 수량화할 수도 없고, 수학처럼 확실하지도 않고, 간단한 문장처럼 피상적이지도 않으니까. 스토리는 두렵다. 우리가 꺼려하도록 교육받은 그것, 바로 감정을 불러일으키기 때문이다.

스토리가 두려운 이유는 또 있다. 스토리의 힘을 활용하기 위해선 그 무엇보다 무서운 세계, 즉 미지의 세계를 헤매야만 한다는 점이다. 사실이란 것은 천만다행히도 이미 존재한다. 그래서 그냥 전달만 해 주면 된다. 하지만 스토리는 '만들어야' 한다. 그리고 스토리를 만들려면, 자신의 취약성을 끌어안아야 한다. 스토리를 만들고 그 스토리가 통하리라고 믿는 것은 실패의 가능성에 몸을 던지면서, 더 나아가 스토리가 '자기 자신의' 이런저런 점을 드러낼 가능성을 받아들이는 일이니까. 후자는 더 겁나는 일이다.

이트레이드 증권사의 광고를 만든 광고 대행사 그레이 뉴욕의 토르 미렌 크리에이티브 총괄은 이렇게 털어놓았다. "우리는 처음 아기 광고를 만들어 놓고 이게 희대의 바보짓인지 천재적인 작품인지 도저히 알 수가 없었다. 나는 끔찍하게 두려웠다."³ 그랬을 만한 것이, 말하는 아기 광고를 공개하는 순간까지는 정말 역사상 유례가 없는 바보짓이 될 가능성이 '엄연히' 존재했다. 자칫하면 안경을 쓴 채로 안경을 찾아온 집안을 헤매는 바보짓과 어깨를 나란히 할 수도 있었으리라(나만 그러나?). 요컨대, 결과가 잘 나오고 나서 위험을 무릅써 볼 만했다고 사후평가하긴 쉽다. 문제는 정말 처참하게 실패할 가능성이 분명히 있는 시점에 그 위험을 무릅써야 한다는 것. 그래서 뚝심이 필요하다. 아니, 뚝심이 무엇보다 중요하다.

뚝심이란 내 스토리에 모험을 걸어 보고, 내 신념을 꿋꿋이 밀고 나가는 끈기를 뜻한다. 비록 큰 희생을 치러야 할 가능성이 있더라도, 아니 그럴 때 더더욱 발휘되는 것이 뚝심이다. 그러다 보면 상상을 초월한 성공을 거둘 수도 있다. 실제 예를 하나 들어 보자.

사례

린다닷컴

린다닷컴Lynda.com은 하버드 경영대학원 디지털 전략단에 따르면 그 시절 많은 디지털 혁명의 촉매제 역할을 한 웹 사이트다.[4] 공동 창업자 린다 와인먼은 '인터넷의 어머니'로 불린다.[5] 2015년에 소셜 미디어 링크드인의 자회사 링크드인 러닝LinkedIn Learning은 린다닷컴을 15억 달러에 사들였다.[6] 하지만 이 모든 것은 사후에 돌이켜 본 결과일 뿐이다.

1995년, 린다는 캘리포니아주 패서디나의 아트센터 칼리지 오브 디자인ArtCenter College of Design에 교수로 재직하면서 그 당시로서는 대단히 낯선 과목을 가르쳤다.[7] 바로 그래픽 웹 디자인이었다. 컴퓨터 마니아가 아니라 예술학도이던 린다의 제자들은 당시 소수의 전문가들만 이해하던 그 신기술 앞에 적잖이 위축됐다. 린다는 웹 디자인 기술이 학생들의 앞날에 대단히 중요하리라 직감했지만, 기존의 일반적인 교수법으로 가르친다면 학생들이 위축감만 더 느끼고 아예 외면할지도 모른다고 생각했다. 그래서 다른 누구도 쓰지 않는 방식을 도입해 컴퓨터 기술을 가르쳤다. 내용을 단순명료하고 부담 없는 단위로 잘게 나누어 이해하기 쉽게 했고, 전문 용어를 피해 가면서, 난해할 수 있는 주제를 부드럽게 풀어서 설명했다.

학생들에게 적합한 교재를 찾으러 인근 서점에 가 보았지만, 있는 것이라곤 전문 용어가 빼곡히 적힌, 마치 외국책 같아 보이는 참고 서적뿐이었다. 오로지 사실만을 수록한 그 교범들은 코딩이나 프로그래밍을 하는 독자를 대상으로 엔지니어와 컴퓨터 공학자가 쓴 책들이었다. 저자들은 마치 앞에 나왔던 그 해양대기청 과학자들처럼, 그 사실이 의미하는 바를 본인들이 잘 알고 있으니 남들도 다 알리라고 생각했던 것이다.

그래서 린다는 직접 책을 쓰기로 결심했다. 린다는 당시를 이렇게 회고한다. "내가 가르치던 미대생들에게 이해시키려는 생각뿐이었고, 그 이상의 뜻은 딱히 없었어요." 그 학생들이야말로 린다가 훤히 알고 있는 청중이었고, 린다는 자기가 무엇을 잘하는지도 알고 있었다. 전문적인 정보를 인격화하여 거기에 이미 빠져 있지 않은 사람들도 쉽게 이해할 수 있게 하는 일이었다. 그게 바로 린다가 독자에게 줄 수 있는 이익이었다. 또 린다의 열렬한 관심사이기도 했다. '자신이' 푹 빠져 있는 일이자, 진정한 자기 모습의 표현이었다.

린다가 쓴 책은 기존에 나와 있던 교범들과는 판이하게 달랐다. "정말 친절하게 쓰고 싶었어요. 1인칭 시점으로 쓰고, 제 학생들의 이야기를 들려주고 싶었어요. 그리고 그동안 내가 강의를 잘할 수 있었던 원리를 토대로, 친절한 선생님의 목소리로 말하려고 했어요."

출판사와 계약을 맺고, 그때까지 칙칙한 흑백으로 엄청나게 전문적인 책밖에 펴내지 않았던 출판사를 설득까지 해서, 책 가격이 크게 올라가는 부담을 무릅쓰고 전면에 컬러 그래픽을 넣기로 했다. 완벽한 결정인 것 같았다. "원고를 보내놓고 기다렸죠. 서너 달쯤 지나서 전화가 오더라고요. '저희가 편집을 했는데 보내드릴 테니까 한번 읽어 보시고 오류가 없는지 좀 봐 달라'고 하더군요. 원고를 받아서 읽기 시작하는데, 1인칭 시점이 다 빠져 있고, 그 출판사의 기존 책들처럼 딱딱한 문체로 바꿔 놓았더라고요. 책의 영혼을 완전히 제거해 버린 거예요. 내가 쓴 책이라는 걸 알아볼 수 없었어요. 읽으면서 눈물이 쏟아지더군요."

출판사는 그 책의 목표 독자를 전혀 이해하지 못했는지, '자기들의' 기존 방침에 맞게 글을 다시 쓴 것이었다. 자기들 생각에 안전하게 느껴지는 선택을 했고, 결국 자기들만이 들을 수 있는 스토리를 만든 것이다.

린다는 선택을 내려야 했다. 상대는 이 책을 내줄 힘이 있는 출판사였다. 린다 자신은 그럴 능력이 없었다.

상심에 빠져, 글 쓰는 친구에게 전화해 조언을 구했다. 친구는 아마 계약서 내용 중에 출판사가 원고를 거절하는 경우 작가가 계약금을 돌려주면 판권을 돌려받을 수 있다는 조항이 있을 것이라고 했다. 계약서를 다시 읽어 봤더니, 정말 그런 조항이 있었다.

하지만 그 조항을 행사하려니 실패한 기분이었다. 린다는 유명하지도 않았고, 매년 아트센터 칼리지 오브 디자인에서 가르치는 백 명 정도의 학생들 말고는 스토리를 들어줄 청중도 없었다. 완벽히 취약한 상황에 놓여 있었다. 주말 동안 괴롭게 고민한 끝에 결심을 내렸다. "월요일 아침, 있는 용기를 다 끌어모아 전화를 걸었어요. '이건 내 원고가 거절당한 것이라고 본다. 여기에 내 이름을 넣을 수는 없다. 편집된 결과를 보고 기분이 참담했고, 주말 내내 울었다. 계약서의 그 조항을 행사하고자 한다'고 말했죠."

모든 것이 날아가는 순간이었다. 린다에게 남은 것은 자신이 만든 스토리에 대한 믿음, 청중이 무엇을 필요로 하는지에 대한 믿음 그리고 자신이 줄 수 있는 이익에 대한 믿음뿐이었다. 린다는 사전 조사를 이미 했고, 확신이 있었지만, 어쩔 수 없었다.

스토리는 여기서 끝날 수도 있었을 것이다. 린다도 그냥 끝날 수 있다는 점을 잘 알고 있었다. 그게 바로 핵심이다. 그런 위험을 무릅쓴다는 것은 쉽지 않은 일이었다. 가슴속 신념을 꿋꿋이 밀고 나가려면 때로 극심한 괴로움이 따르기 마련이다. 뚝심이 필요하다.

린다와 연락하던 출판사 쪽 사람이 도움의 손길을 내밀었다. 자기도 편집부에 열심히 설명했다면서, 이 책은 기존의 책과는 종류가 다르니 다르게 취급해야 한다고 했지만, 통하지 않았다고 했다. 변화란 어려운 법이니까. 편집진은 익숙하지 않은 새로운 무언가를 마주하고는, 그 차이를 받아들이지도, 그 가치를 알아보지도 않고, 그냥 착오라는 생각에서 자기들 관념대로 고쳐 썼다. 이 책의 의도 자체가 바로 그때까지 나왔던 책 스타일이 통하지 않는 새 독자들에게 다가간다는 것이었는데, 모순된 결정이 아닐 수 없었다.

출판사 쪽 사람은 원고를 다시 린다의 목소리로 되돌리겠다고 약속했다. 약속은 지켜졌고, 책은 린다가 처음 썼던 형식대로 1996년에 출간됐다. 제목은 《웹 그래픽 디자인Designing Web Graphics》이었다. 책이 인기를 끄는 데는 시간이 좀 걸렸다. 출판사가 여섯 달 후에 보니 출간분이 모두 팔려 나갔고, 독자들이 책을 더 찍어 달라고 요구하고 있었다. 하지만 세상 사람들이 보기엔 하루아침에 일어난 돌풍이 따로 없었다. 비즈니스 잡지《패스트 컴퍼니Fast Company》는 이렇게 평했다. "최초로 시도된 형태의 기술 서적으로 평가받는《웹 그래픽 디자인》은 즉시 인기를 끌어모으며 웹 디자인의 대중적 지침서를 찾는 전 세계 독자들의 참고서가 되었다."[8]

책은 백만 부 이상이 팔리고 12개국 이상의 언어로 번역되면서, 이 출판사 역사상 손꼽히는 성공작이 되었다. 덕분에 린다의 교육 사업과 교육 방식은 일약 전국적으로 유명해졌다. 린다 본인의 표현을 빌리면, 일 년에 백 명 정도에 불과하던 학생이 수백만 명으로 불어났다.

우리가 각자 스토리의 주인공이듯, 린다도 자기 스토리의 주인공이었다. 그러니 그녀의 '아하' 순간이 우리가 바로 앞에서 알아본 기본 틀을 그대로 따른 것도 당연하다. 왜냐고? 스토리는 인간 심리의 거울이니까. 스토리를 이루는 모든 요소가 그렇다. 스토리는 우리가 결심하는 과정을 엑스레이처럼 훤히 드러낸다. 스토리는 삶 자체의 생생한 초상화다.

따라서 린다의 '아하' 순간을 다음과 같이 분석해 볼 수 있다.

❶ 깨달음은 린다가 불가피한 어떤 문제를 마주하면서, 더 이상 미룰 수 없는 절박한 순간에 찾아왔다.

❷ 문제를 해결하기 위해서는 다른 누구도 아닌 린다 본인이 행동에 나서야만 했다.

❸ 린다는 출판사의 편집을 거친 원고가 워낙 많이 바뀌어서 자신이 생각했던 목표 청중의 언어와 멀어져 버렸다는 것을 깨달았다. 더군다나 출판사에서는 린다의 목소리를 특색 없이 밋밋하게 만들어 버리고 말았다. 시사 프로그램 〈60분〉의 제작자들이 오프라 윈프리의 목소리를 밋밋하게 만들려고 했던 것처럼. 흡인력 있는 스토리를 만드는 핵심을 빼 버린 것이다. 그 핵심은 인간적인 교육에 대한 열정이었다. 그리고 그 속에는 건조한 데이터를 내놓는 대신 사람들에게 무언가를 실제로 전해 주는 기쁨이 있었다. 린다는 그 점을 깨달은 덕분에 어려운 결정을 내릴 수 있었다.

❹ 린다는 빼앗겼던 힘을 되찾고 자신의 메시지를 손에 쥐면서 해방감을 느꼈다. 하지만 쉬운 일은 아니었다. 가치 있는 일은 결코 쉬운 법이 없으니까.

그리고 거기에 아이러니가 있다. 뚝심을 갖고 자신의 신념을 꿋꿋이 밀고 나간다면, 스스로 취약해지는 느낌이 들지만 동시에 힘을 얻게 된다는 사실이다. 린다는 청중이 원하는 것이 무엇인지 알고 있었다. 그리고 청중에게 이미 원하는 것을 주었던 자신의 경험을 믿고자 했다. 린다의 스토리는 모든 게 잘되리라는 보장이 전혀 없을 때 자기 자신을 믿는 것의 힘을 보여 준다. 그런 보장은, 실제로 없으니까.

만약 출판사에서 책의 판권을 린다에게 반납했다면 어떻게 됐을까? 린다라면, 책을 독자의 손에 쥐어 줄 다른 길을 결국 찾아내지 않았을까.

여러분도 만약 그런 처지에 놓이게 된다면, 역시 길을 찾아낼 것이다.

스토리 창작

주인공의 '아하' 순간이 청중에게 강력한 울림으로 행동을 유발할 수 있으려면, 다음 네 가지 요건을 충족해야 한다.

1 **타이밍:** '아하' 순간은 더 이상 미룰 수 없는 최후의 순간에 찾아와야 한다. 주인공이 모든 것을 영영 잃기 직전에 비로소 깨달음에 이르러야 한다.

   [확인 포인트] 주인공을 확실히 궁지에 몰아붙였는가? 주인공이 실패하기 정말로 일보 직전에 몰려서야 문제의 해결 방법을 깨닫는가?

2 **주체성:** 주인공이 문제를 해결하는 주체여야 한다.

   [확인 포인트] 주결정적인 힘을 쓰는 사람이 주인공인가?

3 **투명성:** 주인공의 갑작스러운 심경 변화에 깔린 '이유'를 청중이 알 수 있어야 한다. 다시 말해, 번쩍 하고 깨달음이 오는 순간을 볼 수 있어야 한다. 주인공의 생각이 바뀐 것만으로 다가 아니다. 중요한 건 그 이유다.

   [확인 포인트] 주인공의 '아하' 순간이 투명한가? 그 갑작스러운 깨달음 이면의 논리를 청중이 이해하는가?

4 **해방감:** 주인공은 '아하' 순간을 통해 자신을 그동안 옥죄고 있던 잘못된 믿음에서 벗어난다.

   [확인 포인트] 주인공이 그 깨달음 덕분에 자신의 더 진정한 참모습을 찾는가?

스토리의 힘

: 사람은 스토리가 필요하다

"리더십의 90퍼센트는
사람들이 원하는 바를 전달하는 능력이다."[1]
● 다이앤 파인스타인, 미국 상원 의원

나는 어렸을 때 〈록키와 불윙클〉이라는 TV 애니메이션을 즐겨 봤는데, 거기에 늘 반복해서 나오던 개그 하나가 지금도 기억난다. 록키가 시청자에게 새 이야기를 막 소개하려고 할 때 불윙클이 말을 끊고 이렇게 외친다. "록키야, 내가 모자에서 토끼 꺼내는 마술 보여 줄게!"

달리 선택이 없는 록키는 불만스러운 표정으로 "또?" 하고 묻는다. 불윙클은 자기 턱시도의 소매를 통째로 쑥 뜯어내고 "소매 속에 아무것도 없지?" 하더니, 모자 위에서 손가락을 꼼지락거리다가 "짠!" 하고 외친다. 그러고는 모자에서 뭔가를 꺼내는데, 성난 코뿔소 한 마리가 튀어나온다. 불윙클은

잽싸게 코뿔소를 다시 밀어 넣고는 이렇게 말한다. "이런, 내 힘을 내가 몰랐네!"

스토리의 힘도 똑같다. 이제 여러분은 그 힘을 다룰 줄 알게 되었으니, 마음껏 기뻐하되 잊지 말자. 스토리의 힘은 엄청나게 효과적이고 막강하다. 스파이더맨의 좌우명처럼, 큰 힘에는 큰 책임이 따르는 법이다.

스토리가 발달한 목적이 바로 우리가 세상을 이해하는 것은 돕기 위해서인 만큼, 스토리는 우리를 쑥 끌어들여 스토리 속 현실을 실제로 받아들이게 하는 힘이 있다. 그래서 그 덕분에 거짓이 퍼지기도 어처구니없을 만큼 쉽다.

우리는 뭔가 반짝거리는 것이 주의를 끌면 그걸 쫓아가는 습성이 있다. 그리고 거짓은 진실보다 '이색적'인 경향이 있기에 따분한 진실보다 훨씬 주목을 끈다. 가령 화성인이 뉴저지주를 침공했다거나(1938년 라디오 드라마 〈우주전쟁War of the Worlds〉을 청취자들이 실제 뉴스로 착각한 소동), 힐러리 클린턴이 워싱턴 DC의 피자 가게에서 아동 성 착취 조직을 운영하고 있다는 이야기에(2016년 '피자 게이트' 음모론) 사람들이 어떻게 반응했는가? 우리가 변덕스럽거나 귀가 얇거나 주의가 산만해서 그런 게 아니라, 우리의 생존 시스템은 진화 과정에서 '초경계 태세'로 세팅됐기 때문이다. 옛날에는 뭔가 조금이라도 이상한 것은 진짜로 위험이 닥쳤다는 신호일 수 있었기 때문에, 이상하면 이상할수록 우리는 대번에 알아채게 되어 있다. 그리고 알아채고 나면 자기의 다음 행동 결정에 참고하는 데 그치지 않고, 남들에게 열심히 전달하게 되어 있다. 그도 그럴 것이, 귀중한 첩보를 가진 사람이 되면 사회적 지위를 엄청 높일 수 있다.[2]

그 첩보를 전달한 수단은? 그렇다, 바로 스토리다. 그때나 지금이나, 우리가 외부에서 들어오는 정보를 이해하는 데 쓰는 수단은 스토리니까.

그런 까닭에, 스토리의 작동 원리를 이해한다는 것은 그 어느 때보다 중요한 일이 되었다. 비단 남을 설득하고 납득시키기 위해서만이 아니다. 잘 생각해 보면 말이 되지 않는 주장을 누군가가 스토리를 통해 우리에게 납득시키려고 할 때, 그 시도를 간파하기 위해서도 필요하다. 스토리를 이용하면 꽤 손쉽게 우리 뇌의 회로를 해킹하고 우리를 조종해 거짓을 믿게 만들 수 있으니까. 그렇게 되면 우리는 죽기 살기로 진실에 저항하곤 한다. 오늘날 갈라지고 양극화된 우리 시대의 중심에는 바로 그와 같은 요인이 있다.

우리는 지금과 같은 신경 회로를 탑재한 덕분에 작은 부족 단위로 똘똘 뭉칠 수 있었지만, 거기엔 대가가 따른다. 다른 집단의 신념을 상상하고 공감하기는 그만큼 더 어렵다. 트위터에 잠깐만 들어가 봐도, 사실을 동원해 상대편을 설득하려고 하는 모습을 쉽게 볼 수 있다. 본인 생각에나 설득력 있는 사실이다. 아니, 우리는 설득하거나 설득되려고 하기보다는, 그저 동지들의 지지만 받고 싶어 하는지 모른다(나부터도 딱 그렇다). '지지자 앞에서 유세'한다는 말이 있다. 그러면 마음이 편한 게 사실이지만, 그렇게만 하다 보면 합의와 타협, 배려의 길과는 멀어지기 마련이다. 우리 삶에 도움이 될 새로운 시각에 눈을 뜨지 못하는 건 물론이다.

그래서 스토리란 위험한 것일까? 그렇다, 확실히 위험할 수 있다.

그렇다면 결국 우리는 스토리를 멀리하고 믿음직스러운 '사실'로 되돌아가야 하는 걸까? 아니다. 그건 가능하지도 않다. 아무리 정보와 데이터와 사실을 많이 접한다 해도, 우리 뇌는 그것을 스토리로 풀이함으로써 비로소 그 의미를 파악하고 신경 써야 할 일인지 판단하게 되어 있다.

그러므로 스토리의 힘을 활용할 줄 모르는 사람은 스토리에 희생될 수밖에 없다. 자신의 힘을 타인에게 넘겨주게 되어 있다. 여러 의미에서 그렇게 되기 마련이다. 그러나 이 책을 통해 여러분은 설득력 있는 스토리의 비결이 청중에 대한 이해임을 알게 됐다. 이제 여러분은 청중을 이해하는 방법을 알고 있고, 그것이 여러분의 가장 큰 힘이다.

스토리 생존 법칙 27

스토리의 힘을 활용할 줄 모르는 사람은 스토리에 희생될 수밖에 없다.

다시 말해, 이제 여러분은 어마어마하게 어려우면서도 엄청나게 강력한 일을 해낼 수 있다. 즉, 자신의 입장에서 벗어나 상대방의 입장에 설 수 있다. 세상을 상대의 눈으로 바라볼 수 있다. 나도 모르게 나의 관점에서 상대를 판단하는 자세(모든 인간의 기본 세팅)에서 벗어나, 상대의 관점에서 상대를 이해할 수 있다. 그럴 수 있다면, 스토리 만들 때만 도움이 되는 게 아니다. 주변 모든 사람의 행동에 깔린 이유를 읽어내고, 또 진정으로 공감할 수 있다. 타인뿐만이 아니다. 자기 자신에 대해서도 마찬가지다.

여기서 감정 이야기를 하지 않을 수 없다. 내가 생각하기에 이 책의 가장 중요한 포인트이자 무엇보다 큰 해방감을 안겨 주는 진실은, 감정이란 두려워할 대상도, 극복할 대상도, 외면할 대상도 아니라는 점이다. 우리는 곧 우리의 감정이다. 감정은 우리가 끌어안아야 할 대상이다. 감정이 우리를, 매일같이 단 한 순간도 빼지 않고 끌어안고 있으니까. 우리의 모든 믿음, 지식, 이해는 감정의 형태를 취하고 있다. 감정은 우리가 수행하는 모든 결정과 변화의 동력이다.

스토리의 역할이 바로 거기에 있다. 누구에게 무슨 주제를 설득하려고 해도 중요한 것은 단순히 '감정' 자체가 아니라 그 감정을 느끼는 '이유'다. 그리고 그 '이유'를 배울 수 있는 방법은 직접 경험 아니면 스토리를 통한 간접 경험이다.

이야기하는 사람의 의도가 깔려 있든 없든, 스토리는 매일같이 우리를 변화시킨다. 우리가 의식하건 의식하지 못하건 마찬가지다. 대개는 의식하지 못한다.

그렇지만 정말 '시시껄렁한' 스토리도 있지 않나? 그냥 아무 생각 없이 보는 오락물 같은 것 말이다. 〈델타 포스〉 같은 액션 영화, 〈고스트버스터즈〉 같은 가벼운 코미디물, 〈더티 댄싱〉 같이 근사한 로맨스 영화를 생각해 보자. 그런 것들은 물론 재미있긴 하지만, 현실 세계에서 이렇다 할 여파를 초래할 리는 없지 않은가? 이를테면 무자비한 독재 정권을 전복하는 데 기여한다거나 할 수 있겠는가?

1980년대에 루마니아의 비밀경찰도 그럴 리 없다고 봤다.

1989년 루마니아 혁명은 동구권에서도 가장 삼엄한 스탈린주의 체제로 여겨지던 독재자 니콜라에 차우셰스쿠의 정권을 몰락시킨 사건이다. 그 혁명에 할리우드 블록버스터들이 모종의 역할을 했다면? 확실히 황당한 소리처럼 들린다.

나만큼 역사에 약한 분도 있을 수 있으니(그러긴 솔직히 어렵겠지만), 조너선 크로가 웹 사이트 '오픈 컬처'에 올린 배경 설명이 도움이 될 것 같다. "니콜라에 차우셰스쿠 정권은 다른 바르샤바 조약 가맹국에 비해서도 대단히 잔학하고 억압적인 통치로 악명이 높았다. 물불 가리지 않고 외채 청산을 추진하는 과정에서 국민들을 생활고에 빠뜨리고 자신은 수도 부쿠레슈티 중심에 거대한 호화 궁전을 지었다. 수도 밖의 모든 라디오 방송국을 폐쇄하고 모든 TV 방송을 하루 두 시간으로 제한했다. 방송된 프로그램은 공산주의 선전의 애호가라면 모를까 누가 봐도 재미없는 내용이었다."[3]

그러니 국민들은 스토리에 갈증을 느낄 수밖에 없었다.

그러던 중 테오도르 잠피르Teodor Zamfir라는 남성이 온갖 난관을 뚫고 미국 영화를 루마니아 국내로 밀반입하기 시작했다.[4] 자기 집에 비밀 녹음실을 차려 놓고, 한 여성을 고용해 대사를 번역·더빙시켰다. 그녀의 이름은 이리나 니스토르Irina Nistor였다.

잠피르는 VHS 해적판 비디오를 복제해 VCR(비디오 재생기)을 보유한 고객들에게 마약 밀매하듯 암암리에 유통했다. 당시 VCR은 불법이었을 뿐 아니라 가격이 차 한 대 값이었다. 1989년까지 니스토르가 혼자서 번역해 낸 영화는 3천여 편에 이르렀다. 혹자의 추정에 따르면 당시 루마니아 전체에

VCR이 1만 대 정도 있었다고 한다.

온 동네 사람들이 흐릿한 흑백 TV 수상기 앞에 모여 앉아 밤새도록 〈록키〉와 〈람보〉, 〈가시나무새〉와 〈델타 포스〉, 〈베스트 키드〉 같은 영화를 보고 또 봤다.

사람들은 당시의 감상을 이렇게 회고한다. "영화는 서방 세계를 들여다보는 창이었죠. 영화를 통해 자유세계란 어떤 모습인지 알게 됐어요."

"영화가 끝나고 나면 거리가 그냥 거리로 보이지 않고, 돌이 그냥 돌로 보이지 않았어요. 다 해결해야 할 과제였어요. (…) 우리는 영웅이 되고 싶다는 생각이 들었어요."

"영화가 심어 놓은 자유의 씨앗이 점점 자라났어요."

그 영화들은 논리적인 주장을 펴지도 않았고, 서방 세계의 삶을 말로 설명하지도 않았다. 사실도, 숫자도, 데이터도 제시하지 않았다. 다만 구체적인 디테일을 통해 자유가 어떤 '느낌'인지 맛볼 수 있는 간접 체험을 제공했다. 영화는 모든 사람의 마음에 와닿았다.

그런데 이게 가능했던 데는 이유가 있었다. 비밀경찰은 잠피르가 그런 일을 벌이고 있다는 것을 알고 있었다. 자기들도 그 영화를 다 봤다. 니스토르는 본업이 정부 기관에서 번역하는 일이었는데, 저녁에 퇴근할 때마다 부서에 배속된 비밀경찰이 엘리베이터를 따라 타고는 이렇게 속삭였다고 한다. "어젯밤에 다 들었어요."

　당 중앙위원회 소속의 비밀경찰들도 일반 국민들과 마찬가지로 영화에 흠뻑 빠져 있었던 것이다. 잠피르는 차우셰스쿠의 아들에게까지 비디오테이프를 공급했다고 주장한다.

　공식적으로 당국자들은 하나부터 열까지 사실상 모든 것을 이념적인 이유로 검열했지만, 검열받지 않은 영화가 사람들 마음속에 진짜로 변화를 일으킬 힘이 있으리라고는 전혀 생각지 못했다. 더군다나 행동을 유발하리라고는 꿈도 꾸지 못했다. 큰 착각이었다.

　잠피르는 이렇게 말한다. "모든 것을 통제했던 독재 정권이었지만, 겉보기에 하찮아 보이던 비디오테이프는 통제하지 않고 방치했습니다. 그 비디오테이프가 공산주의 체제 전체에 균열을 일으켰지요. (…) 1989년 혁명이 일어나자 누구나 할 것 없이 거리로 뛰쳐나왔습니다. 저 밖에 더 나은 삶이 있다는 것을 다들 알고 있었거든요. 어떻게 알았냐고요? 영화를 통해 알았지요."

　니스토르는 명쾌하게 한마디로 표현했다. "사람은 스토리가 필요하잖아요?"[5]

　그렇다, 사람은 누구나 그렇다. 스토리는 그저 즐거움을 위한 것이 아니다. 스토리가 즐거운 이유는 바로 우리의 시선을 끌기 위해서다. 좋건 싫건 우리는 끌려들 수밖에 없다. 스토리는 부지불식간에 우리 뇌를 접수하여 우리를 홀려 버린다. 스토리가 끝나면 우리는 어딘가 바뀐 모습이 된다. 그리고 나가서 돌아다니며 세상을 바꾼다.

이제 여러분의 손에 그 힘이 쥐어져 있다. 현명하게 쓰기 바란다.

감사의 말

그간 너무나 많은 분께 엄청난 빚을 졌다. 그분들이 아니었으면 나는 지금 이 순간까지도 이 책을 차일피일 미루면서 언젠가 충분히 쉬고 나서, 아니면 음양오행론적으로 길일을 택해서 쓴다는 생각이었을 것이다. 쉽게 말해서 절대 안 썼을 것이다. 그런데 결국 다 썼다. 민망할 만큼 너그럽게 도와주신 수많은 분의 지혜와 격려와 식견 덕분이다.

우선 캐리 D. 클라크 님에게 감사드린다. 3년 전 앨버커키에서 열린 작가 콘퍼런스에서 저녁 식사 때 내 옆자리에 앉아 내게 이 책을 써 보라고 권한 장본인이다. 현명한 조언과 격려로 내가 처음 원고를 쓰기 시작할 때 막대한 도움을 주었다.

책의 제목을 제안해 준 마크 로브너 님에게 감사드린다. 몇 해 전 내가 스토리의 힘을 주제로 과학자들 앞에서 강연하기 전에 강연의 제목을 고민할 때였다. 내 고민을 듣자마자 "스토리만이 살길Story or Die"로 하라고 했다.

스토리 전문가 앤디 굿먼 님에게 감사드린다. 책 첫머리를 스포르트 헤시피 축구팀 이야기로 시작하라고 제안해 주었다.

늘 변함없이 격려해 주고 본인의 스토리를 아낌없이 들려준 내 소중한 벗, 린다 와인먼에게 진심 어린 고마움을 전한다.

'운전 중 문자를 하지 맙시다' 영상을 만든 노아 더비코 님에게 감사드린다. 영상 제작의 소상한 뒷이야기를 흔쾌히 들려주고 내 모든 질문에 열정적으로 답해 주어 나도 덩달아 열정이 샘솟았다.

스토리가 현실 세계에서 발휘하는 힘을 주제로 장시간 대화를 나눠 준 제인 프레이거 님에게 감사드린다.

비즈니스 세계의 스토리텔링과 관련해 깊이 있는 전략적 통찰도 전해 주고 무엇보다 열 살때부터 계속 친구로 지내준 제이슨 벤레비에게 고마움을 전한다. 사랑한다, 친구야.

글쓰기란 외로운 작업이다. 그동안 훌륭한 작가 친구들이 성원과 격려를 보내 주고 여러모로 사기를 북돋워 주지 않았더라면 난 마냥 헤매기만 했을 것이다. 이름을 들자면 커스틴 쿤, 스콧 월뱅크스, 샤론 베이커, 리베카 페크론, 미셸 텔레즈, PJ 안, 신시아 앤더슨, 아밋 차트와니, 미셸 피오달리소, 조앤 매케이브, 캐럴라인 레빗, 세라 크론, 짐 더비코, 앨리 크론-

더비코, 닉 크론-더비코, 이든 셔, 제프 킨들리, 루이즈 킨들리, 모나 프리드먼, 프랜시스 핍스, 스테퍼니 그리맥 등이다.

콜린 킨들리, 줄리아 바우먼, 크리스 넬슨, 세 명의 작가에게 각별히 감사드린다. 사전 초고를 읽고 정말 절실한 순간에 예리한 조언을 해 주었다.

스토리를 주제로 수많은 시간 동안 함께 수다 떨어 준 스쿨 오브 비주얼 아츠 시각 예술 석사 프로그램의 네이선 폭스 학과장에게 진심으로 감사드린다. 본인의 학생들에게 내가 '창의적'이란 말은 너무 관념적이어서 싫어한다는 말을 낄낄거리며 전해 주던 모습이 너무 보기 좋아서 잊히지 않는다. 진짜 그 단어는 무슨 뜻으로 쓰는지?

스토리를 너무나 좋아하는 데이지 크론-킨들리에게 고맙다. 특히 돌팔이 의사 이야기와 엽기적인 장난을 벌이는 '모자 쓴 고양이' 이야기의 팬이고 시시껄렁한 이야기를 질색하는 데이지 덕분에 나는 한시도 긴장을 늦추지 못할뿐더러 일하는 보람을 느낀다.

내 딸 애니에게 무한한 고마움을 전한다. 스토리로 사람을 홀리는 데 재주가 있는 애니는 초고가 나오는 족족(처음에 쓴 허접한 초고까지도) 읽어 주고 가장 심각한 문제점을 늘 배려심 듬뿍 담아 지적해 줬다. 아이디어를 구상하고 다듬는 데 그 누구보다 큰 도움을 준 내 아들 피터에게 고맙다. 네 기발한 아이디어를 내가 뻔뻔하게 많이 훔쳐 썼단다.

언제나처럼 칼날 같은 예리함으로 내가 요점에 집중할 수 있게 거듭하여 도와준 제니 내시 님에게 진심으로 깊이 감사드린다. 수전 디프레이터스 프리랜서 편집자에게 한없는 감사를 전한다. 내가 원하는 큰 그림을 알아보고 그 그림을 지면으로 옮길 수 있도록 치열하리만큼 명료하게 글을 다듬어 주었다.

함께 작업하던 편집자와 헤어지는 것만큼 책을 펴내는 과정에서 큰 불상사도 없을 것이다. 텐 스피드 출판사에서 내가 쓴 첫 두 책의 출간을 맡아 주며 나와 오랜 시간 함께했던, 천재적인 리사 웨스트모얼랜드 편집자가 이 책도 앞장서서 기획을 담당해 줬다. 그런데 내가 최종 원고를 넘기기 직전에 연락이 왔는데, 집에서 아기를 보면서 쉬기로 했다며 새 편집자가 배정될 것이라고 했다. 가슴이 철렁했다. 내가 모르는 편집자가, 게다가 맡은 프로젝트가 따로 있던 사람이 갑자기 시간을 빼서 자기가 기획하지도 않은 책을 넘겨받고 모르는 작가와 함께 일하게 되었다니, 절대 좋은 소식일 리가 없었다.

그런데 좋은 소식이 맞았다. 왜냐하면 새 편집자가 바로 독보적인 편집자 맷 인먼이었으니까. 맷의 엄청나게 예리한 피드백을 받으면서 원고는 확연히 달라졌다. 맷은 내가 어떤 책을 쓰고 싶어 하는지 정확히 꿰뚫어 보고, 우아하고 끈질기

게, 현자와 같은 지혜와 짓궂은 유머 감각으로 나를 목적지까지 인도해 줬다. 게다가 나처럼 영화 〈더티 댄싱〉의 팬이다. 더 이상 뭘 바라겠는가?

모든 게 잘 풀렸지만, 똑 부러지게 유능한 내 에이전트, 로리 애브커마이어의 도움 없이는 애초에 불가능한 일이었다. 이번에도 로리 덕분에 모든 과정이 상상 이상으로 편하게 진행됐다. 마음 깊이 한없는 고마움과 막대한 존경을 보낸다.

그리고 마지막으로, 내 평생의 절친 돈 핼펀에게 고마움을 전한다. 우리는 처음 만난 날부터 옥신각신했지. 언제까지나 옥신각신할 수 있길 바랄 뿐이야. 끝으로, 항상 내 곁에 있어 주는 남편 스튜어트 더마에게 늘 한없이 고맙다. 남편은 이 책을 쓰는 내내 내 버팀목이 되어주고 항상 시간 맞춰 저녁을 딱딱 차려 줬다. 드디어 다 끝났으니, 우리 이제 숨 좀 돌리고 쉬자고요.

주

들어가는 말

1 Emily Nussbaum, Twitter post, October 20, 2019, 9:35 p.m., https://twitter.com/emilynussbaum/status/1186138913133551616.

2 Andy Goodman, "Stories that Cause a Change of Heart (Literally)," *Free-Range Thinking*, December, 2015, 1 – 2.

3 Luca Bertocci, "Which Business Are We Really in?: The Immortal Fans Campaign," LinkedIn, January 17, 2017, https://www.linkedin.com/pulse/which-business-we-really-luca-bertocci.

4 Sport Club Recife: Immortal Fans, YouTube video, 3:15, May 3, 2013, https://www.youtube.com/watch?v=kzmGExc1pfw (accessed 6/20/20).

5 Andrew Soergel, "Thousands of Brazilian Soccer Supporters Become 'Immortal Fans'," *U.S. News and World Reports*, June 3, 2014, https://www.usnews.com/news/newsgram/articles/2014/06/03/thousands-of-brazilian-soccer-supporters-become-immortal-fans.

6 Julia Carneiro, "How Thousands of Football Fans Are Helping Save Lives," *BBC News*, June 1, 2014. https://www.bbc.com/news/magazine-27632527.

7 Antonio Damasio, *Self Comes to Mind: Constructing the Conscious Brain* (New York: Pantheon, 2010), 293.

8 Michael Gazzaniga, *Human: The Science Behind What Makes Your Brain Unique* (New York: Harper Perennial, 2008), 301 – 2.

주

1강 스토리만이 살길

1 Antonio Damasio, *The Feeling of What Happens: Body and Emotion in the Making of Consciousness* (New York: Mariner Books, October 2000), 30.

2 Cory Booker, "Cory Booker: Building on the Success of the War on Poverty: The Government's Half-Century of Effort Has Slashed Poverty Rates. It's Time To Strengthen and Scale up What Works," *Wall Street Journal*, January 24, 2014, https://www.wsj.com/articles/cory-booker-building-on-the-success-of-the-war-on-poverty-1390608039.

3 Paul Ryan, "Paul Ryan: A New Direction in the War on Poverty: It's Time for a New Approach, Says Paul Ryan," *Wall Street Journal*, January 24, 2014, https://www.wsj.com/articles/paul-ryan-a-new-direction-in-the-war-on-poverty-1390607947.

4 Paul J. Zak, "Why Inspiring Stories Make Us React: The Neuroscience of Narrative," *Cerebrum*, February 2, 2015, https://www.dana.org/article/why-inspiring-stories-make-us-react-the-neuroscience-of-narrative.

5 Jennifer Aaker, "Harnessing the Power of Stories," YouTube Video, 8:36, March 13, 2013, https://womensleadership.stanford.edu/stories (accessed 6/27/2020).

6 Timothy D. Wilson, *Strangers to Ourselves: Discovering the Adaptive Unconscious* (Cambridge, MA: Belknap Press of Harvard University Press, 2002), 24.

7 Lisa A. Schwartz and Lucas Cuadros, "The Effects of the Environment on Decision-Making," *Journal of Financial Education* 43, no. 2 (2017): 223 – 34, https://www.jstor.org/stable/26573523 (accessed June 20, 2020).

8 Brian Wansink and Jeffery Sobal, "Mindless Eating: The 200 Daily Food Decisions We Overlook," *Environment and Behavior*, January 1, 2007, https://doi.org/10.1177/0013916506295573.

9 Sheena Iyengar, "How to Make Choosing Easier," TedSalon NY, 2011, 00:03, https://www.ted.com/talks/sheena_iyengar_how_to_make_choosing_easier/transcript (accessed 6/20/20).

10 Wilson, *Strangers to Ourselves*, 24.

11 Clara Moskowitz, "Mind's Limit Found: 4 Things at Once," *LiveScience*, April 28, 2008, https://www.livescience.com/2493-mind-limit-4.html.

12 Yuval Noah Harari, *Sapiens: A Brief History of Humankind* (New York: Harper Perennial, 2015, 9.

13 Damasio, *Self Comes to Mind*, 275.

14 Gazzaniga, *Human*, 226.

15 Benjamin K. Bergen, *Louder Than Words: The New Science on How the Mind Makes Meaning* (New York: Basic Books, 2012), 19.

16 David Foster Wallace, "This is Water: Full-Version David Foster Wallace Commencement Speech," YouTube Video, 22:43, May 9, 2013, https://www.youtube.com/watch?v=8CrOL-ydFMI (accessed 6/27/20).

17 Brian Boyd, *On the Origin of Stories: Evolution, Cognition, and Fiction* (Cambridge, MA: Belknap Press of Harvard University, 2009), 19.

18 Read Montague, *Your Brain Is (Almost) Perfect: How We Make Decisions* (New York: Plume, 2007), 111.

19 Zak, "Why Inspiring Stories Make Us React."

20 Harari, *Sapiens*, 10 – 12.

21 Matthew D. Lieberman, *Social: Why Our Brains Are Wired to Connect* (New York: Crown, 2013), 28.

22 Harari, *Sapiens*, 10.

23 Gazzaniga, *Human*, 83.

24 Robin I. M. Dunbar, *Grooming, Gossip and the Evolution of Language* (Cambridge, MA: Harvard University Press, 1997), 77.

25 Harari, *Sapiens*, 22 – 23.

26 Elitsa Dermendzhiyska, "Rejection Kills," *Psyche: A New Magazine from Aeon*, April 30, 2019, https://aeon.co/essays/health-warning-social-rejection-doesnt-only-hurt-it-kills.

2강 사실은 사실로 물리칠 수 없다

1 Gazzaniga, *Human*, 226.

2 Zak, *Cerebrum,* "Why Inspiring Stories Make Us React."

3 Gazzaniga, *Human*, 286.

4 Science On a Sphere, National Oceanic and Atmospheric Administration, "Earth System Climate Change," (click on link for "script"), https://sos.noaa.gov/datasets/earth-system-climate-change/ (accessed 6/26/20).

5 Gazzaniga, *Human*, 190.

6 Elizabeth Louise Newton, "The Rocky Road from Actions to Intentions" (박사 학위 논문, Stanford University, 1990), 34.

7 Newton, "The Rocky Road from Actions to Intentions", 36.

8 Damasio, *Self Comes to Mind*, 55 – 56.

9 Benjamin K. Bergen, *Louder Than Words: The New Science of How the Mind Makes Meaning* (New York: Basic Books, 2012), 19.

10 Jeanne Maglaty, "When Did Girls Start Wearing Pink?," *Smithsonian Magazine*, April 7, 2011, https://www.smithsonianmag.com/arts-culture/when-did-girls-start-wearing-pink-1370097.

11 Jo B. Paoletti, *Pink and Blue: Telling the Boys from the Girls in America*, (Bloomington and Indianapolis: Indiana University Press, 2012), 89.

12 Tali Sharot, *The Influential Mind: What the Brain Reveals About Our Power to Change Others* (New York: Picador, Reprint 2018), 14 – 15.

13 Harari, *Sapiens*, 20 – 28.

14 Steven Pinker, *How the Mind Works* (New York: W.W. Norton & Company, 1997/2009), 207.

15 Harari, *Sapiens*, 38.

16 Francis Heylighen, "Complexity and Information Overload in Society: Why Increasing Efficiency Leads to Decreasing Control," *The Information Society*, 2002. https://www.researchgate.net/publication/249875564_Complexity_and_Information_Overload_in_Society_why_increasing_efficiency_leads_to_decreasing_control.

17 George M. Salvich, et al, "Alleviating Social Pain: A Double-Blind, Randomized, Placebo-Controlled Trial of Forgiveness and Acetaminophen" *Annals of Behavioral Medicine* 53, issue 12 (December 2019): 1045 – 54, https://doi.org/10.1093/abm/kaz015.

18 Mark Twain, "Memoranda, The Late Benjamin Franklin," *Galaxy*, July, 1870, 138.

19 Damasio, *Self Comes to Mind*, 27.

20 Jonas T. Kaplan et al. "Neural Correlates of Maintaining One's Political Beliefs in the Face of Counterevidence," *Scientific Reports* 6, Article 39589, December 2016, https://doi:10.1038/srep39589.

21 Brian Resnick, "A New Brain Study Sheds Light on Why It Can be So Hard to Change Someone's Political Beliefs," *Vox*, January 23, 2017, https://www.vox.com/science-and-health/2016/12/28/14088992/brain-study-change-minds.

22 Thierry Steimer, "The Biology of Fear- and Anxiety-Related Behaviors," *Dialogues in Clinical Neuroscience*, September 2002, 4(3): 231 – 49, https://www.ncbi.nlm.nih.gov/pmc/articles/PMC3181681.

23 Sharot, *The Influential Mind*, 7.

24 Chip Heath and Dan Heath, *Made to Stick: Why Some Ideas Survive and Others Die* (New York: Random House, 2007), 234.

25 Gerry Everding, "Readers Build Vivid Mental Simulations of Narrative Stimulations, Brain Scans Suggest," *Source*, Washington University in St. Louis, January 26, 2009, https://source.wustl.edu/2009/01/readers-build-vivid-mental-simulations-of-narrative-situations-brain-scans-suggest.

26 Ohio State University, "TV Drama Can Be More Persuasive Than News Program, Study Finds," *ScienceDaily*, February 11, 2010, https://www.sciencedaily.com/releases/2010/02/100209144153.htm.

27 Ohio State University, "TV Drama Can Be More Persuasive Than News Program, Study Finds."

28 Ohio State University, "TV Drama Can Be More Persuasive Than News Program, Study Finds."

3강 감정의 누명을 벗겨라

1 La Trisha McIntosh and La Tasha Taylor, "A Conversation with Dr. Maya Angelou," *Beautifully Said Magazine*, July 4, 2012. http://bsmandmedia.com/

a-conversation-with-dr-maya-angelou.

2   Plato, *Phaedrus*, Trans. Benjamin Jowett, provided by The Internet Classics Archive, http://classics.mit.edu/Plato/phaedrus.html. (accessed 6/12/20).

3   "Oprah Winfrey Becomes Special Contributor to *60 Minutes*," February 2, 2017, CBS News, https://www.cbsnews.com/news/oprah-winfrey-becomes-special-contributor-to-60-minutes.

4   Lacey Rose, "Oprah Talks Apple Plans, *60 Minutes* Exit, 'Leaving Neverland,' Backlash and Mayor Pete 'Buttabeep, Buttaboop'," *The Hollywood Reporter*, April 30, 2019, https://www.hollywoodreporter.com/features/oprah-winfrey-talks-apple-plans-60-minutes-split-2020-election-1205311.

5   Antonio Damasio, *Descartes' Error: Emotion, Reason, and the Human Brain* (New York, NY: Penguin Books, 1994), 159.

6   Damasio, *Self Comes to Mind*, 25.

7   David Eagleman, *The Brain: The Story of You*, (New York: Vintage, Reprint Edition, 2017), 119.

8   Sharot, *The Influential Mind*, 40.

9   Damasio, *Descartes' Error*, 191.

10   Damasio, *Descartes' Error*, 139 – 51.

11   Jonah Lehrer, *How We Decide* (Boston and New York: Houghton Mifflin Harcourt, 2009), 14.

12   Damasio, *Descartes' Error*, 139 – 51.

13   Dean D. Buonomano, *Your Brain Is a Time Machine: The Neuroscience and Physics of Time* (New York: W.W. Norton & Company, 2018), 10 – 11.

14   Buonomano, *Your Brain Is a Time Machine*, 20.

15   V. S. Ramachandran, *The Tell-Tale Brain: A Neuroscientist's Quest for What Makes Us Human* (New York: W.W. Norton, 2011), 65.

16   Monika Riegel et al, "Effect of Emotion on Memory for Words and Their Context," *Journal of Comparative Neurology*, November 2015, https://www.researchgate.net/publication/283730021_Effect_of_emotion_on_memory_for_words_and_their_context.

17   Elizabeth Phelps, "Human Emotion and Memory: Interactions of the Amygda-

la and Hippocampal Complex," *Current Opinion in Neurobiology* 14 (2004):
198 - 202.

18 Lehrer, *How We Decide*, 41.

19 Lauri Nummenmaa et al, "Emotional Speech Synchronizes Brains across Listeners and Engages Large-Scale Dynamic Brain Networks," *Neuroimage* 102, pt. 2 (2014): 498 - 509, doi:10.1016/j.neuroimage.2014.07.063.

20 Sharot, *The Influential Mind*, 38 - 39.

21 Lauri Nummenmaa, "Emotional Speech Synchronizes Brains across Listeners," 498 - 509.

22 Jacob A. Riis, "Theodore Roosevelt," *American Monthly Review of Reviews* 22, no. 2 (August 1900): 184.

4강 뇌가 끌리는 스토리

1 Mark Turner, *The Literary Mind: The Origins of Thought and Language* (Oxford, England: Oxford University Press, Revised Ed: 1998), 4 - 5.

2 Confessions, St. Augustine of Hippo, Book 11, http://the-wanderling.com/augustine_time.html (accessed 6/20/20).

3 Aristotle, trans. by Anthony Kenny, *The Poetics (Oxford World Classics)* (Oxford, England: Oxford University Press, reprint edition, 2013), 47.

4 McMaster University, "The Art of Storytelling: Researchers Explore Why We Relate to Characters," *ScienceDaily*, September 13, 2018, https://www.sciencedaily.com/releases/2018/09/180913113822.htm.

5 Steven Brown et al, "Storytelling Is Intrinsically Mentalistic: A Functional Magnetic Resonance Imaging Study of Narrative Production across Modalities," *Journal of Cognitive Neuroscience* 30, issue 9 (September 2018): 1298 - 1314. https://doi.org/10.1162/jocn_a_01294.

6 McMaster University, "The Art of Storytelling: Researchers Explore Why We Relate to Characters," *ScienceDaily*, September 13, 2018.

7 Marcel Just and Melissa Ludtke, "Watching the Human Brain Process Information," *Nieman Reports*: The Nieman Foundation for Journalism at Harvard University 64, no. 2 (Summer 2010): 13 - 14. https://niemanreports.org/

articles/watching-the-human-brain-process-information.

8   Anna Coscia, "Always, #LikeAGirl, Changing the Meaning of Words to Make Girls Proud to Be Girls," https://docplayer.net/86766206-Always-likea-girl-changing-the-meaning-of-words-to-make-girls-proud-to-be-girls-authored-by-anna-coscia-agency-leo-burnett-london-client-p-g.html.

9   Sara Perez, "P&G's #LikeAGirl Ad Scored the Most Social Buzz During Super Bowl 2015," Tech Crunch, February 1, 2015, https://techcrunch.com/2015/02/01/pgs-likeagirl-ad-scored-the-most-social-buzz-during-super-bowl-2015.

10 Anna Coscia, "Always, #LikeAGirl, Changing the Meaning of Words to Make Girls Proud to Be Girls."

11 Case Study: Always #LikeAGirl, *Campaign*, October 12, 2015, https://www.campaignlive.co.uk/article/case-study-always-likeagirl/1366870.

12 Anna Coscia, "Always, #LikeAGirl, Changing the Meaning of Words to Make Girls Proud to Be Girls."

13 Anna Coscia, "Always, #LikeAGirl, Changing the Meaning of Words to Make Girls Proud to Be Girls."

14 Kim Kauffman, "Leo's Cannes Contenders, '#LikeAGirl'," June 21, 2015, https://leoburnett.com/articles/work/what-it-means-to-be-likeagirl.

15 Anna Coscia, "Always, #LikeAGirl, Changing the Meaning of Words to Make Girls Proud to Be Girls."

16 Anna Coscia, "Always, #LikeAGirl, Changing the Meaning of Words to Make Girls Proud to Be Girls."

17 Aurora University Online, "4 Successful Integrated Marketing Communications Examples," September 13, 2018, February 21, 2017, https://online.aurora.edu/integrated-marketing-communications-examples.

18 Sara Perez, "P&G's #LikeAGirl Ad Scored the Most Social Buzz During Super Bowl 2015."

19 Anna Coscia, "Always, #LikeAGirl, Changing the Meaning of Words to Make Girls Proud to Be Girls."

5강 확실한 상대를 정하라

1 Friedrich Nietzsche, trans. Walter Kaufmann, trans., (New York: Penguin Books; U.S. Edition, 1977), 458.

2 Sharot, *The Influential Mind*, 7.

3 Brian Handwerk, "Pro-Environment Light Bulb Labeling Turns Off Conservatives, Study Finds," *National Geographic News*, May 1, 2013, https://www.nationalgeographic.com/news/energy/2013/04/130430-light-bulb-labeling.

4 Mary Forgione, "Jimmy Kimmel's New Airport Greeting: 'Welcome to LAX. We Apologize for the Construction'," *Los Angeles Times*, July 31, 2019, https://www.latimes.com/travel/story/2019-07-30/kimmel-dudamel-feniger-lax-welcome-announcements.

5 Richard D. Lane and Lynn Nadel, *Cognitive Neuroscience of Emotion, Series in Affective Science* (New York: Oxford University Press, 2002), 345-70.

6 Keith J. Karren et al. *Mind/Body Health: The Effect of Attitudes, Emotions and Relationships* (New York: Benjamin Cummings, 2010), 461.

7 Brian Luke Seaward, *Managing Stress: Principles and Strategies for Health and Well-Being* (Sudbury, Mass: Jones and Bartlett, 2009), 258.

8 Marianne Sonnby-Borgström, "Automatic Mimicry Reactions as Related to Differences in Emotional Empathy," *Scandinavian Journal of Psychology* 43, issue 5: 433-43.

9 Anthony Leiserowitz et al, "*Climate Change in the American Mind*," November 2019, Yale University and George Mason University. New Haven, CT: Yale Program on Climate Change Communication, 4. https://climatecommunication.yale.edu/publications/climate-change-in-the-american-mind-november-2019.

10 Andrew Hurst, "Most Americans Are Concerned About Climate Change, but That Doesn't Mean They're Prepared for It," Value Penguin, October 15, 2019, https://www.valuepenguin.com/homeowners-insurance-concerned-climate-change-unprepared.

11 American Psychological Association, "Majority of US Adults Believe Climate

Change Is Most Important Issue Today: Nearly Half of 18 – 34 Year Olds Say That Stress about Climate Change Affects Their Lives," *ScienceDaily*, February 7, 2020, https://www.sciencedaily.com/releases/2020/02/200207095418. htm.

12 Brené Brown, *Dare to Lead*, (London, UK: Vermilion, 2018), 247.

6강 상대의 시선에서 세상을 바라보라

1 Fred Rogers, *The World According to Mr. Rogers* (New York: Hachette, 2003).

2 Sarah Kaplan and Emily Guskin, "Most American Teens Are Frightened by Climate Change, Poll Finds, and About 1 in 4 Are Taking Action," *Washington Post*, September 16, 2019, https://www.washingtonpost.com/science/most-american-teens-are-frightened-by-climate-change-poll-finds and-about-1-in-4-are-taking-action/2019/09/15/1936da1c-d639-11e9-9610-fb56c5522e1c_story.html.

3 Mary Kilpatrick, "Men's Work or Women's? Who Mows the Lawn at Your House?," Cleveland.com, June 15, 2018, Updated January 30, 2019. https://www.cleveland.com/shatter/2018/06/who_mows_the_lawn_at_your_house.html.

4 Brad Harrington et al, "The New Dad: The Career–Caregiving Conflict," Boston College Center for Work & Family, Carroll School of Management, 2017. https://www.researchgate.net/publication/329950085_The_New_Millennial_Dad_Understanding_The_Paradox_of_Today%27s_Fathers.

5 "Gender and Climate Change: Strengthening Climate Action by Promoting Gender Equality," The International Union for Conservation of Nature, November, 2015, https://www.iucn.org/resources/issues-briefs/gender-and-climate-change.

6 Darcy Lockman, "What 'Good' Dads Get away with," *New York Times*, May 4, 2019, https://www.nytimes.com/2019/05/04/opinion/sunday/men-parenting.html.

7 "Motrin Mom Babywearing Ad," YouTube Video, 0:50, November 16, 2008, (accessed 6/20/20).

8 "Motrin Ad Makes Moms Mad," November 16, 2008, YouTube Video, 2:38, https://www.youtube.com/watch?v=LhR-y1N6R8Q. (accessed 6/20/20).

9 Krystle M. Dais, "20 Facts and Figures to Know When Marketing to Women," *Forbes*, May 13, 2019, https://www.forbes.com/sites/forbescontentmarketing/2019/05/13/20-facts-and-figures-to-know-when-marketing-to-women/#2cfc27eb1297. (accessed 8/2/20).

7강 저항감을 파고들라

1 Bryan Burwell, "Tossing Off Pebble Costs the Cardinals Mountain of the Bucks," *St. Louis Post-Dispatch*, November 23, 2003 as per The Quote Investigator, https://quoteinvestigator.com/2013/06/23/sand-in-shoe.

2 Daniel Kahneman, *Thinking Fast and Slow*, (New York: Farrar, Straus and Giroux, 2013), 307.

3 Brené Brown, *The Gifts of Imperfection: Let Go of Who You Think You're Supposed to Be and Embrace Who You Are*, (Center City, MN: Hazelden Publishing, 2010), 25.

4 Jane Praeger, Strategic Communications: Student Project, Columbia University School of Continuing Education, 2009.

5 Drew Boyd, "A Creativity Lesson From Betty Crocker: Subtracting an Essential Element Creates Unexpected Value," *Psychology Today*, January 19, 2014, https://www.psychologytoday.com/us/blog/inside-the-box/201401/creativity-lesson-betty-crocker.

6 Stan Richards, "Motel 6, Tom Bodett and the Ad Campaign That Put Us on the Map: The Story of the Richards Group's Defining Work," Muse by Clio, May 7, 2019, https://musebycl.io/clio60/motel-6-tom-bodett-and-folksy-campaign-put-us-map.

7 Kimberly D. Williams, "Actually, Motel 6 Doesn't Leave the Light on for You: Longtime Spokesman Tom Bodett Talks to Ad Age about Other Perks You Won't Get," *Ad Age*, August 30, 2007, https://adage.com/article/news/motel-6-leave-light/120172.

8 Mary Madden and Amanda Lenhart, "Teens and Distracted Driving: Major

Findings," Pew Research Center: Internet and Technology, November 16, 2009, https://www.pewresearch.org/internet/2009/11/16/teens-and-distracted-driving-major-findings.

8강 냅킨 한 장으로 끝내라

1 Jonathan Haidt, *The Righteous Mind: Why Good People Are Divided by Politics and Religion* (New York, NY: Vintage, reprint edition, 2013), 328.

2 Tim Walker, "The Big Ideas That Started on a Napkin—from Reaganomics to Shark Week," *The Guardian*, April 10, 2017, https://www.theguardian.com/us-news/shortcuts/2017/apr/10/napkin-ideas-mri-reaganomics-shark-week.

3 T. S. Eliot, *Four Quartets* (Boston: Mariner Books, 1968), 59.

4 "Extra Gum: Can't Help Falling in Love Feat," Haley Reinhart, YouTube Video, 1:57, October 14, 2015, https://www.youtube.com/watch?v=NemtQx0m0Ss.

5 (저자 불명), "Make Me Cry: The Story Behind Wrigley Gum & Haley Reinhart's Unforgettable 'Sarah & Juan' Ad," *Billboard,* October 21, 2015, https://www.billboard.com/articles/videos/popular/6737465/wrigley-gum-haley-reinhart-cant-help-falling-in-love.

6 Helen West, "Chewing Gum: Good or Bad," *Healthline*, October 27, 2016, https://www.healthline.com/nutrition/chewing-gum-good-or-bad.

7 Associated Press, "Burger King Ditches 'Have It Your Way' Slogan," Fox News, May 20, 2014, updated November 22, 2016, https://www.foxnews.com/food-drink/burger-king-ditches-have-it-your-way-slogan.

8 Angie Drobnic Holan, "PolitiFact's Lie of the Year: 'Death Panels'," *Politifact*, December 18, 2009, https://www.politifact.com/article/2009/dec/18/politifact-lie-year-death-panels.

9 Felicia Sonmez, Cleve R. Wootson, Jr., and Matt Viser, "Democrats Argue over Health Care and Other Core Issues—and the Direction of the Party," *Washington Post*, September 12, 2019, https://www.washingtonpost.com/politics/2019/09/12/september-democratic-debate-abc-univision-hous-

ton.

10 Luke Ameen, "The 25 Scariest Texting and Driving Accident Statistics," ICE-BIKE, (출판일 불명), https://www.icebike.org/texting-and-driving.

11 Sharot, *The Influential Mind*, 64.

12 Lauren A. Leotti, "Born to Choose," 457-63.

13 Lauren A. Leotti et al, "Born to Choose: The Origins and Value of the Need to Control," *Trends in Cognitive Sciences* 14, issue 10 (October 1, 2010), https://doi:10.1016/j.tics.2010.08.001.

14 Noah DeVico, "Drive Smart Scholarship Entry 2019," YouTube Video, 0:59, December 19, 2018, https://www.youtube.com/watch?v=iPOOmuXSN2I (accessed 6/26/20).

15 Sharot, *The Influential Mind*, 60.

9강 갈등의 힘: 핵심 갈등은 내적 투쟁

1 M. Esther Harding, *The I and the Not-I: A Study in the Development of Consciousness*, (Princeton, NJ: Princeton University Press; First Princeton/Bollingen Printing edition, 1974), 82.

2 Daniel J. Levitin, *The Organized Mind: Thinking Straight in the Age of Information Overload*, (New York: Dutton, reprint edition, 2015), 98.

3 Zak, "Why Inspiring Stories Make Us React."

4 Sharot, *The Influential Mind*, 117.

5 Zak, "Why Inspiring Stories Make Us React."

6 Andy Goodman, "The Vision Story and the F-Word," *Free-Range Thinking*, May 2019.

7 "4-Year-Old's Bucket List—Water Is Life," YouTube Video, 2:11, August 1, 2013, https://www.youtube.com/watch?v=XYf82F3CHYo (accessed 6/26/20).

8 Andy Goodman, "Stories or Data: Which Makes a Stronger Case? And What Happens When You Use Both? A 2007 Study Offers Some Surprising Answers," *Free-Range Thinking*, December 2009.

9 Jane E. Brody, "Changing Our Tune on Exercise," *New York Times*, August 27,

2012, https://well.blogs.nytimes.com/2012/08/27/changing-our-tune-on-exercise.

10 "Subaru They Lived," YouTube Video, 0:32, February 12, 2014, https://www.youtube.com/watch?v=DC9ItosKkak (accessed 6/20/20).

11 Diet Coke/Gillian Jacobs, YouTube Video, 0:30, February 2, 2018, https://www.youtube.com/watch?v=kEpuN7tRFRU (accessed 6/26/20).

12 The Coca-Cola Company, "Diet Coke Launches Campaign to Support Rebrand in North America—'Because I Can'," January 25, 2018, https://www.coca-colacompany.com/news/diet-coke-launches-campaign-to-support-rebrand.

13 Jo Ellison, "How Diet Coke Opened a Can of Correctness—and Went Flat," *Financial Times*, April 3, 2018.

14 Todd in the Shadows, @ShadowTodd, Twitter post, September 23, 2018, 5:43 PM, https://twitter.com/search?q=Coke%20is%20in%20fact%20deeply%20socially%20shameful&src=typed_query.

10강 구체성의 힘: 요약은 함정이다

1 Stephen Sondheim, *Sunday in the Park with George* (Lanham, MD: Rowman and Littlefield, Applause Libretto Series, 2000), 147.

2 CNN, "Elizabeth Warren just had her best moment of the 2020 campaign," March 19, 2019, https://lite.cnn.com/en/article/h_dc8f1d06a0f8fb7944d-573782921bacb.

3 Andy Goodman, "So Much Story, So Few Words," *Free-Range Thinking*, June 2019.

4 Office of the Secretary of the State of Missouri, "Missouri History: Why Is Missouri Called the 'Show Me' State?" https://www.sos.mo.gov/archives/history/slogan.asp (accessed 6/26/20).

5 Damasio, *Descartes' Error*, 106.

6 Jaime Harrison, Twitter post, November 4, 2019, https://twitter.com/harrisonjaime/status/1191464056500166656?lang=en.

7 Andrew Marantz, "Silicon Valley's Crisis of Conscious: Where Big Tech Goes

to Ask Deep Questions," *New Yorker*, August 19, 2019, https://www.newyorker.com/magazine/2019/08/26/silicon-valleys-crisis-of-conscience.

8 Boris Yeltsin, *Against the Grain: An Autobiography* (New York, NY: Summit Books, 1990), 255.

11강 인과관계의 힘: A라면 B이니 고로 C

1 C.G. Jung, *Alchemical Studies (Collected Works of C.G. Jung Vol. 13)* trans. Gerhard Adler, and R.F. C. Hull (Princeton, NJ: Princeton University Press; reprint edition, 1983), 154.

2 Oscar Wilde, *The Importance of Being Earnest*, (Mineola, NY: Dover Publications, 1990), 52.

3 Paul A. O'Keefe, "Liking Work Really Matters," *New York Times*, September 5, 2014, https://www.nytimes.com/2014/09/07/opinion/sunday/go-with-the-flow.html.

4 John P. Wright, *The Skeptical Realism of David Hume* (Manchester: Manchester University Press, 1983), 209.

5 "E*Trade Superbowl Commercial with Baby," YouTube Video, 0:37, February 3, 2008, https://www.youtube.com/watch?v=X4GZfvXx9Js (accessed 6/20/20).

6 Elena Malykhina, "E-Trade's 'Talking Baby' Returns for Super Bowl," *Adweek*, January 23, 2009, https://www.adweek.com/brand-marketing/e-trades-talking-baby-returns-super-bowl-105144.

7 Bruce Horovitz, "Will the E-Trade Baby Keep on Talking?," *USA Today*, June 28, 2013, June 30, 2013, https://www.usatoday.com/story/money/business/2013/06/28/etrade-baby-grey-new-york-super-bowl-advertising/2472711.

8 David Haglund, "Did Hemingway Really Write His Famous Six-Word Story?," *Slate*, January 31, 2013, https://slate.com/culture/2013/01/for-sale-baby-shoes-never-worn-hemingway-probably-did-not-write-the-famous-six-word-story.html.

9 Wired staff, "Very Short Stories," *Wired Magazine*, November 1, 2006,

https://www.wired.com/2006/11/very-short-stories/.

10 Paul Smith, "Not Sure You're Doing This Right" (Response to the Hemingway 6-Word Challenge) (Comment section, second comment), October 14, 2014, https://leadwithastory.com/not-sure-youre-doing-this-right-response-to-the-hemingway-6-word-challenge.

11 Volkswagen "Big Day" Commercial, YouTube Video, 1:10, December 20, 2007, https://www.youtube.com/watch?v=lSEnzs8AocY (accessed 6/20/20).

12 Anton Chekhov, letter to Aleksandr Semenovich Lazarev (pseudonym of A. S. Gruzinsky), November 1, 1889, *Polnoe Sobranie Sochinenii I Pisem V Tridsati Tomakh, Pis'Ma*, Vol. 3 (Moscow, 1976), 273.

13 Gazzaniga, *Human*, 270–73.

12강 깨달음의 힘: '아하!'의 순간

1 Seneca, trans. Robin Campbell, *Letters from a Stoic* (New York: Penguin Books Limited, 2004).

2 Marcel Proust, *Remembrance of Things Past*, trans. C. K. Scott-Montcrieff (New York: Random House, 1934), 559.

3 "E*Trade Babies" by Grey New York, Classic Advertising from the Adbrands Archive, 2008, Adbrands.net, https://www.adbrands.net/classics-etrade.htm.

4 "Lynda.com and the Making of the Mother of the Internet," Harvard Business School Digital Initiative, February 2, 2017, https://digital.hbs.edu/platform-digit/submission/lynda-com-and-the-making-of-the-mother-of-the-internet (accessed 6/26/20).

5 Chloe Sorvino, "A Q&A with Mother of the Internet Lynda Weinman, Co-Founder of Lynda.com," *Forbes*, June 5, 2016, https://www.forbes.com/sites/chloesorvino/2016/06/05/a-qa-with-mother-of-the-internet-lynda-weinman-cofounder-of-lynda-com/#5eee73bb4038.

6 Jane Porter, "From Near Failure to a 1.5 Billion Sale: The Epic Story of Lynda.com," *Fast Company*, April 27, 2015, https://www.fastcompany.

com/3045404/from-near-failure-to-a-15-billion-sale-the-epic-story-of-lyndacom.

7 Lynda Weinman, 저자와의 대화, 2019. 12. 6.

8 Jane Porter, "From Near Failure to a \$1.5 Billion Sale: The Epic Story of Lynda.com."

13강 스토리의 힘: 사람은 스토리가 필요하다

1 Jordan Bonfante, "Dianne Feinstein: Charm Is Only Half Her Story," *Time Magazine*, Monday, June 18, 1990, http://content.time.com/time/subscriber/article/0,33009,970385-2,00.html.

2 Soroush Vosoughi et al, "The Spread of True and False News Online," *Science* 359, no. 6380 (March 9, 2018): 1146 - 51, https://science.sciencemag.org/content/359/6380/1146.

3 Jonathan Crow, "The Curious Story of How Bootlegged Hollywood Movies Helped Defeat Communism in Romania," *Open Culture*, February 26, 2014, http://www.openculture.com/2014/02/how-bootlegged-american-movies-helped-defeat-communism.html.

4 〈척 노리스 대 공산주의Chuck Norris vs Communism〉, 감독 일린카 칼루가레아누Ilinca Calugareanu, 제작 Vernon Films/Passion Pictures, 배포 RatPac Documentary Films/Impact Partners/HBO Romania/WDR/Arte, 2015.

5 〈척 노리스 대 공산주의〉, 감독 일린카 칼루가레아누.